연세대학교 이승만연구원 교양총서 ⑥

이승만 시간을 달린 지도자 3

나라를 세우고 지킨 후 잠들기까지 1948-1965

연세대학교 이승만연구원 교양총서⑥

이승만 시간을 달린 지도자 3
나라를 세우고 지킨 후 잠들기까지 1948-1965

류석춘 지음

북앤피플

서문

이승만 대통령이 없었다면 우리는 아마도

　2024년 4월 동시 출판한 《이승만 시간을 달린 지도자》 1권과 2권의 서문을 쓴 지 1년 6개월 만인 2025년 10월 오늘 3권의 서문을 쓰고 있다. 아시다시피 1권은 이승만의 '성장부터 해방까지(1875~1945)' 그리고 2권은 '미군정과의 대립부터 UN 결의까지(1945~1948)' 다뤘다. 이번 3권은 '나라를 세우고 지킨 후 잠들기까지(1948~1965)' 다룬다. 1권과 2권 서문에서 3권은 1년 후 출판 예정이라 했으니, 결국 독자들과의 약속을 6개월 지체해 지키는 셈이 됐다.

　1권과 2권 서문에서도 밝혔듯이 이 책의 저본은 필자가 자유일보에 130회에 걸쳐 연재한 '시간을 달린 지도자 이승만'이다. 자유일보 창간에 맞추어 2021년 12월 1일 첫 글 '연재를 시작하며'부터 2024년 11월 12일 끝 글 '서울의 장례식'까지 매주 원고지 20매 분량의 '이승만 일대기' 원고를 사진과 함께 준비한 3년에 걸친 대장정이었다.

　애초에는 연재를 전부 마치고 세 권을 한꺼번에 출판하려 했다. 그러나 2024년 2월 1일 개봉한 영화 '건국전쟁'이 흥행에 성공하면서 1권과 2권을 이 성공에 편승해 2024년 4월 급히 출판했다. 반면 이번 3권은 연재를 모두 마친 후 비교적 여유를 가지고 원고를 다듬어 출판한다. 독자들과의 약속을 6개월 늦게 지키게 된 이유는 복합적이다.

우선, 2019년 9월 연세대 강의실 위안부 발언과 관련한 형사 및 민사 재판이 아직도 마무리되지 않아 법원에 제출할 의견서를 시도 때도 없이 준비해야 하는 부담이 발목을 잡았다. 여전히 재판이 진행 중이지만 이제는 거의 마무리되어 한숨 돌린 상황이다. 위안부 문제는 이 사건이 계기가 되어 국내의 인식은 물론 일본이나 미국 나아가서 국제사회의 인식도 조금씩 바뀌고 있다. 독일 베를린시 미테구에 설치됐던 위안부 동상이 2025년 10월 17일 철거된 사실이 이를 상징한다.

다음, 급히 출판한 1권과 2권에서 오탈자 그리고 추가로 보충할 내용이 의외로 많은 사실을 확인했기 때문이다. 3권에서는 이런 잘못을 절대 반복하고 싶지 않았다. 마침 3권 출판을 서두르는 시점에 1권과 2권의 기존 인쇄본이 소진됐다는 사실을 알게 됐다. 그래서 3권 출판을 준비하는 작업은 1권과 2권의 문제를 교정하는 작업과 병행하지 않을 수 없었다.

마침내 이 모든 어려움을 뚫고 3권 출판에 맞춰 1권과 2권의 2쇄 출판이 이뤄졌다. 물론 책으로 인쇄되고 나면 이런 노력에도 불구하고 역시나 고칠 곳이 여전히 발견되리라 짐작한다. '인간이 하는 일이니 어쩔 수 없지 않나'는 위안이 가능하다. 그러나 책이 빨리 팔려 다음 버전의 인쇄가 가능해지면 그때 또다시 고칠 기회가 생기리라는 기대도 없지 않다. 이번에는 하는 데까지 최선을 다했다.

이번 작업의 몇 가지 큰 방향과 특징을 독자들께 보고한다.

첫째, 연재물에서 미처 다루지 못한 자료와 새로운 연구 성과가 있는 경우 이를 최대한 반영했다. 대표적인 예가 3권 104번 꼭지에 실린 '한강 인도교 폭파로 희생된 민간인? 없다'라는 글이다. 영화 '건국전쟁' 상영과 함께 자유일보의 필자 글이 방아쇠를 당긴 이후 이 문제는 관련 전문가들이 대거 등장해 추가적인 사실과 자료 그리고 해석을 쏟아내며 논쟁을 거쳤다. 이번 기회에 이를 모두 소화해 책에 반영했다. 다행히 필자의 최초 주장이 틀리지 않았음도 확인할 수 있었다. 크고 작은 방식으로 이런 과정을 거친 글들이 무수히 많지만 여기서 일일이 열거하기 어렵다. 최선을 다했다고만 말씀드린다.

둘째, 1권, 2권, 3권 모두에서 한 꼭지로 소화하기 어려운 주제지만 해당 시기를 이해하는 데 꼭 필요한 전문성을 가진 필자의 기존 논문을 각각의 책 부록으로 추가했다. 1권 부록은 "만주국과 이승만·박정희 그리고 김일성"이라는 글이다. 2권 부록은 "이승만의 건국헌법과 정치제도"라는 글이다. 3권 부록은 "북한 친일(親日) 청산론의 허구와 진실"이라는 글이다. 각각의 논의 주제와 범위가 시간적 또 공간적으로 퍼져 있고 관련된 인물이나 사건이 우리 현대사의 가장 무겁고 굵직한 주제들이기 때문에 짧은 글로 다루기 어려운 내용들이었다. 부록 덕분에 책 내용이 더욱 풍성하게 되었다고 자부한다.

셋째, 이미 출판한 1권과 2권의 오탈자 및 편집 과정의 실수를 최대한 바로 잡았다. 이에 더해 각각의 책 표지에 등장하는 부제 또한 세 권의 책이 일관된 표현을 가지도록 다듬었다. 물론 이번에 처음 내는 3권에서는 앞의 두 책이 범한 실수를 반복하지 않기 위한 노력도 각별히 기울였다. 그러나 아무리 노력해도 완벽한 결과란 있을 수 없다. 기회가 닿으면 또 고칠 것이란 당연한 말씀을 드리며 이 글을 마친다.

이승만이라는 '시간을 달린 지도자'가 우리 현대사에 크나큰 봉우리로 존재하고 있음에 다시 한번 감사한다. 자유를 지키고 번영을 지속해야 하는 오늘날의 과제가 얼마나 어려운지 우리는 이승만을 통해 배우고 깨달아야 한다. 이승만 대통령이 없었다면 우리는 아마도 베트남처럼 공산당이 통일한 나라에 살고 있을지도 모르기 때문이다.

책을 마무리하는 과정에 2025년 8월부터 유튜브 '전광훈TV'에서 1주일에 한 번씩 방송하게 된 '근대화의 챔피언 이승만' 시리즈 준비가 책의 부족한 부분을 메꾸는 작업에 크나큰 도움이 됐다. 마지막으로 원고 준비는 물론 교정에 도움을 준 수많은 이들 그리고 책을 내는 과정에 헌신해 준 김진술 '북앤피플' 대표께 감사한다.

2025년 10월 29일
영종도 바다를 내다보는 서재에서
류석춘

차례

서문 이승만 대통령이 없었다면 우리는 아마도	004
89. 대한민국 건국 후 첫 현안은 친일청산 위한 '반민법' 제정이었다	010
90. 북한·프랑스가 과거사 청산을 잘했다고? 무식하면 용감한 주장	015
91. 노획한 '인민유격대 투쟁보고서'가 기록한 남로당 지령과 4·3폭동	022
92. 2003년 정부 보고서 책임자 양조훈, 12년 시차로 박갑동 인터뷰 두 번?	033
93. 1948년 제주 4·3 사건은 폭동이자 반란, 결코 봉기 아냐	040
94. 1948년 10월 19일 여순반란, 대한민국 국시(國是)를 반공으로 만들어	046
95. 김창룡, 여순반란 발생 한 달도 안 된 1948년 11월 11일 박정희 검거	053
96. 주한 미군 철수와 같은 시기 북은 대한민국 국회에 '프락치' 심어	059
97. 1949년 6월 청년 장교 안두희, 김일성 추종한 김구를 쏘다	065
98. 국군 전신 조선경비대, '빨갱이 소굴' vs '일본놈 앞잡이' 알력	072
99. 1950년 3월 이승만의 '개정 농지개혁법'은 대한민국 발전 초석	078
100. 이승만, 미군정 정책 보완한 귀속재산 불하로 시장경제 활성화 성과	085
101. 1949년 신생 대한민국을 덮친 5가지 복합위기와 이승만의 선택	092
102. 6·25 발발 원인은 북·중·소 3국이 공유한 '미국 불개입'에 대한 오판	098
103. 1950년 6월 27일 밤 10시 이승만 대통령 육성 방송 연설 전문	104
104. 1950년 한강 인도교 폭파로 희생된 민간인? 없다	116
105. 전쟁 중 보도연맹 요시찰 인물 제거 사건, 전쟁 일으킨 김일성 책임	135
106. 1950년 8월 칠곡 다부동 전투, 한미연합작전으로 남침 저지 성공	142
107. 이승만, 9월 29일 서울환도식 및 10월 29일 평양입성환영대회	148
108. 맥아더가 오판한 1950년 10월 19일 중공군 참전과 장진호 전투	155
109. 조갑제, 정일권·미 전문가 증언 근거로 맥아더 오판은 '의도적'	162
110. 우리가 잘 모르는 1951년 1월 휴전 제의, 미국 이승만 무시	168

111. 트루먼 대통령 1951년 4월, 반격에 성공하던 맥아더를 전격 해임	174
112. 1951년 상반기 '국민방위군사건' 정치적 배후는 이승만 아닌 신성모	179
113. 휴전 반대하며 반공포로 석방한 이승만, 한미상호방위조약 얻어내	185
114. 6·25 전쟁, 한미상호방위조약·국가 자율성·국민 정체성 확립 기여	191
115. 전쟁 중 이승만, 평화선 선포하고 인하공대·한국외대 추진	198
116. 1952년 통계국, '6·25 사변 중 피살자, 피납치자, 월북자' 명부 작성	205
117. 1952 여름 부산정치파동, 직선제 개헌과 미국의 내정간섭이 핵심 쟁점	212
118. 정전 3주 후 이승만 '혼자라도 자유 위해 싸우는 이유' 밝혀	218
119. 1952년 직선제 개헌부터 1954년 자유경제 개헌까지, 이승만 질주	224
120. 1954년 이승만, 미 의회 연설에서 '중공 자유화 전쟁' 불사 호소	231
121. 이승만, 1954년부터 1955년까지 7차례 유시로 불교 정화	238
122. 1956년 1월 김창룡 암살, 이승만 집권기 권력 생태계 변곡점	244
123. 1956년 김창룡 암살 배후, 단순한 원한 관계 vs 군내 파벌 갈등	250
124. 타공(打共)에 헌신하며 이승만 도운 김창룡이 비난받는 까닭은…	256
125. 김창룡 사후 현실정치 역관계, 이기붕·박마리아 중심으로 재편	263
126. 건국 헌법의 기형적 권력 배치 아래 후계 경쟁이 이기붕 띄워	269
127. 1959년 12월 14일 재일 한인 북송, 이승만 외교의 뼈아픈 실패	275
128. 3·15 부정선거 불러온 이승만의 노쇠: 판단력·인내심·기억력 감퇴	283
129. 4·19 전후 정국 전개와 이승만 부처의 하와이 여행 그리고 영면	291
130. 1965년 7월 19일 서거 이승만 유해, 23일 박정희 대통령 공항 영접	298
131. "우리 국민, 이승만에 대해 잘못 알고 있는 게 너무 많아 재평가 시급"	305
부록 북한 친일(親日) 청산론의 허구와 진실 류석춘·김광동	312
이승만 연보(年譜)	353
색인(Index)	363

89
대한민국 건국 후 첫 현안은
친일청산 위한 '반민법' 제정이었다

1948년 8월 15일 출범한 새 나라 대한민국의 대통령 이승만은 당장 무슨 일을 해야만 했나? 해방공간을 관리하기 위해 한반도 남쪽에 들어온 미군정은 물론 심지어 북쪽에 들어온 소군정까지 상대하며 '체제선택의 정치'를 승리로 이끈 이승만이었다. 그는 이어서 전개된 '국가형성의 정치'도 돌파하며 신생국 대한민국의 대통령으로 선출돼 일상적 정치인 '이해갈등 조정의 정치'로 넘어가는 길목에 있었다(김일영, 2004, 《건국과 부국》 생각의나무: 22-26).

그러나 '체제선택의 정치'는 끈질겼다. 자유민주 국가가 출발했음에도 남한에서는 북한식 공산 전체주의를 추구하는 갈등의 여진이 계속됐고, 건국 2년 후엔 마침내 6·25 전쟁이라는 전면전으로 비화했다. 건국부터 6·25 발발까지 신생 자유민주 국가 대한민국이 마주해야 했던 현안은 어떤 것들이 있었으며, 그중 무엇이 일상적 '이해갈등 조정의 정치'를 '체제선택의 정치'로 회귀시키는 단서가 됐는지 확인해 볼 필요가 있다.

건국의 가장 시급한 과제는 미군정으로부터 행정권을 이양받는 문제였다. 1948년 8월 15일 자정부터 한반도 이남의 '통치권'은 미군정 사령관 하지로부터 대한민국 대통령 이승만으로 넘어왔다. 그러나 '행정권' 이양을 포함한 구체적 문제들은 여전히 협의 중이었다. 대통령으로 취임한 7월 24일 당일부터 이승만은 '대한민국 정부와 미국 정부 간의 재정 및 재산에 관한 최초 협정' 안에 관심을 기울였다(이승만 시간을 달린 지도자 2권, 85. 7월 20일 선출된 대통령 이승만, 8월 5일 건국의 인적 구성 마무리).

일본의 항복에 따라 미군정이 접수한 적의 재산(적산, 敵産) 즉 일본 정부와 민간이 남기고 간 재산은 물론이고 미군이 남한에 들여온 온 무기와 군수품도 이양의 대상이었다. '최초 협정'은 9월 11일 한국 대표(국무총리 이범석 및 외무부 장관 장택상)와 미국 대표(무쵸, Muccio 특사)의 서명으로 조인되었다(손세일, 2015,《이승만과 김구》7권: 481). 한국 측에 최대한 유리한 결과였지만, 국회 비준 과정에서 논란이 일자 대통령 이승만은 국회에 직접 출석해 의원들의 의구심을 해소하는 성의를 보이며 9월 16일 국회를 통과시켰다.

또한 6·25 전쟁의 상황에 따라 공권력을 행사하는 주체가 남과 북으로 엇갈리면서 반민족행위자들은 서로 다른 기준의 처벌을 두 번이나 겪어야 하는 웃픈(웃기고 슬픈) 상황이 벌어지지 않는다는 보장도 없었다. 남북의 친일청산을 비교·평가하는 문제는 다음 꼭지(90. 북한·프랑스가 과거사 청산을 잘했다고? 무식하면 용감한 주장) 그리고 이 책의 부록에 실린 논문 "북한 친일(親日) 청산론의 허구와 진실"에서 따로 자세히 다룬다. 여기서는 다만 반민특위 활동이 6·25 발발 전 조기 종료된 사실이 오히려 역사적으로 다행이었음을 지적해 두고자 한다.

"반민특위는 총 688명의 반민족행위자를 수사하고 559명을 특별검찰부에 송치했다. 특별검찰부는 그중 293명을 특별재판부에 기소하였으며,

특별재판부가 재판을 종결한 것은 38명이었다. 재판 결과 체형은 12명, 공민권 정지가 18명, 무죄 또는 형면제가 8명이었다. 체형은 사형 1명, 무기징역 1명이었으며, 나머지는 2년 6개월 이하의 징역이나 집행유예였다. 이들은 모두 6·25 전쟁이 터지자 풀려나고 말았다"(이영훈, 2013, 《대한민국 역사》 기파랑: 171-2).

반민법 이후 주목해야 할 법률은 1948년 12월 1일 공포된 '보안법'이다. 이 법률이 제정된 배경에는 법률 공포 한 달 반 전인 10월 19일 여수·순천에 주둔하던 국군 14연대 소속 군인들이 제주 4·3 사건을 진압하라는 상부의 명령에 반발해 반란을 일으키고 좌익 시민들이 합세했다가 유혈로 진압된 이른바 '여순반란 사건'이 존재한다. 제주 '4·3 사건' 역시 남로당이 대한민국 건국의 첫걸음인 5·10 선거를 방해하기 위해 일으킨 사건이었다.

그러므로 보안법은 북한의 사주를 받아 대한민국 출범을 방해하는 일련의 사건을 일으키고 있던 남로당 세력에 대처하기 위해 만든 체제수호 법률이다. 여순 사건은 친일 청산을 위한 반민특위 구성이 한창이던 시점에 발생했다. 반년 후인 1949년 6월 21일 공포한 '농지개혁법' 또한 소작농을 자작농으로 바꾸어 자유민주 체제의 계급·계층적 기반을 공고히 하기 위한 법률이었다. 다시 반년 후인 1949년 12월 19일 공포한 '귀속재산처리법' 또한 시장경제를 주도할 기업을 위한 법률이었다.

그러므로 6·25 발발 전까지 공포된 주요 법률 중 체제의 선택 문제와 연관되지 않은 법률은 없었다 해도 과언이 아니다. 모두가 1949년 6월 30일 단행된 '미군철수'라는 국제정세 변화에 대비해 대한민국 체제를 지키기 위해 만든 법률들이었다. 그럼에도 6·25라는 체제전쟁은 결국 일어나고야 말았다. 그렇지만 다가오는 전쟁으로부터 나라를 지키기 위한 밑 작업을 이승만은 정말이지 할 만큼 했다.

포승줄에 묶여 반민특위 법정에 출두하는 피고인 3명. 왼쪽 등만 보이는 인물이 경찰 노덕술, 가운데 인물이 기업인 김연수, 오른쪽 인물이 일제의 조선 귀족 이풍한이다(경향신문 1949년 3월 3일).

'특경해산은 내가 명령' '반민체포는 한꺼번에 하라' '이 대통령 AP 기자에 언명'이라는 제목을 단 1949년 6월 8일 경향신문 기사.

90
북한·프랑스가 과거사 청산을 잘했다고?
무식하면 용감한 주장

얼마 전까지만 해도 '북한에서는 친일파 청산이 확실하게 이루어졌다'는 주장이 횡행했었다. 그리고 이 말은 으레 '남한은 친일파 청산을 제대로 못했다'는 주장으로 이어졌다. 대한민국 현대사를 부정하는 가장 중요한 논점이었다. 익명 뒤에 숨는 인터넷 글은 물론이고, 실명을 내세운 전문가라는 사람들의 글마저 주저 없이 내세우던 주장이었다. 그러나 어느 날부터 이 주장은 사라지기 시작해 지금은 거의 자취를 감추었다.

2013년 필자는 나중에 '진실·화해를위한과거사정리위원회' 위원장으로 활동한 김광동 박사와 공동으로 "북한 친일 청산론의 허구와 진실"이란 논문을 발표했다(《시대정신》 2013년 봄호 [통권 58호]: 238-276, 이 책 부록에 전재). 이 논문으로 '북한의 철저한 친일청산'이란 신화는 완전히 발가벗겨졌다. 그래서 이제는 누구도 북한이 남한보다 친일청산을 철저히 했다는 허접한 주장을 함부로 하지 못한다.

그러나 일부 좌파 매체는 여전히 앞뒤가 맞지 않는 글로 빈정이 매우 상해 있음을 드러내곤 한다. 대표적인 예가 2023년 10월 1일 오마이뉴스가 실은 '김종성의 히,스토리: 김일성 곁으로 간 열성 친일파… 뉴라이트가 덥석 물다'이다. 김종성은 이 글에서 일제시대 중추원 참의를 지내다 북한에서 사법부장(남한의 대법원장에 상응하는 북한의 당시 직책)으로 출세한 장헌근이 북한 친일청산의 허구를 드러내는 사례라는 류석춘·김광동의 논지에 동의한다.

그러나 그는 이 사례가 '철저한 북한 친일청산'의 구멍일 뿐이라 치부한다. "이런 사례가 북한의 친일청산이 남한보다 불철저했음을 증명하는 자료가 될 수는 없다. 북한 친일청산에 구멍이 있었던 것은 사실이지만, 남한의 경우에는 그런 구멍 자체를 운운할 여지가 별로 없다. 친일청산이 사실상 없었기 때문이다"라고 주장한다. 김종성은 북한은 구멍난 친일청산이라도 했지만, 남한은 그마저도 하지 않았다고 단언한다.

어이없다. 1948년 건국과 거의 동시에 공포된 반민법은 무엇이고, 이 법에 따라 1949년 벽두부터 반년간 온 나라가 매일 같이 하루에 한두 명씩 검거되는 친일파를 보며 흥분을 감추지 못했던 기록은 무엇인가? 포승줄에 묶여 반민특위 법정에 출두하는 노덕술·김연수·이풍한을 신문이 대문짝만하게 보도한 사실은 무엇인가? 법 절차에 따른 청산이 또박또박 진행되고 있었다.

그 결과 '총 688명 수사, 559명 특검송치, 293명 기소, 재판종결 38명, 재판 결과 체형 12명, 공민권 정지 18명, 무죄 또는 형면제 8명'이라는 사법적 판단이 나왔다. 또한 '체형 12명 중 사형 1명, 무기징역 1명, 그리고 나머지는 2년 6개월 이하 징역이나 집행유예'라는 결과도 나왔다. 아쉽게도 재판을 종결하지 못했거나, 체형을 받은 사람들에 대해 형 집행이 이루어지지 않은 경우가 꽤 있었다. 그러나 그 이유는 남한이 불철저한 청산을 지향했기 때문이 아니다. 북한이 기습적으로 일으킨 남침 전쟁 때문이다.

6·25 전쟁으로 3일 만에 서울이 점령되고 낙동강 이남을 제외한 남한 대부분이 북한의 수중에 넘어간 기간이 3개월가량 되었다. 반민법 시효가 6·25 발발 전 마무리되긴 했지만, 형 소추 중이거나 형이 확정되어 복역이 필요한 사람들은 전쟁 기간에도 감옥에서 법 집행을 기다리거나 감당해야 했다. 그러나 남한을 점령한 북한군은 감옥 문을 활짝 열어 죄수들을 풀어주면서 대한민국을 '해방'시키는 과업에 동참하라고 부추겼다. 반민법 수감자라고 예외였을 까닭이 없다.

그러므로 남한의 친일청산이 법절차에 따라 마무리되지 못한 이유는 북한의 남침 때문이지, 일부에서 주장하듯 이승만 때문이 아니다. 이승만 대통령은 "반민자 처단은 민의, 법 운영은 보복보다 개과천선토록 하라"는 1948년 9월 24일 담화를 시작으로, 1949년 2월에 3번 그리고 1949년 4월에 1번 반민특위 활동에 관한 담화를 발표하면서 '활동을 질질 끌지 말고 빨리 한꺼번에 마무리해야 한다'고 강조했다(공보처, 1953, 《대통령이승만박사담화집》).

류석춘·김광동은 북한이 철저하게 했다고 주장하는 친일청산은 선전·선동일 뿐, 실제는 처음부터 끝까지 엉터리였다고 분석했다. 근거는 세 가지다. 1) 북한에는 친일을 청산한 기록이 없다(반면에 남한에는 모든 기록이 남아 있다). 2) 북한의 친일청산은 공산전체주의에 저항하는 사람들을 제거하는 명분일 뿐이었다(반면에 남한은 친일 여부를 그 자체로 평가해 단죄했다). 3) 북한에서는 친일을 했더라도 공산화에 협조하면 문제 삼지 않았다(반면에 남한은 친일한 사람이 반공을 하면 엄청난 비난을 감수해야 했다).

물론 각각의 분석을 뒷받침하는 자료도 논문에 충분히 제시했다. 논문의 마지막에서는 대한민국이 북한보다 상대적으로 친일청산에 적극적이고 철저했으며 또한 합리적이었다고 평가할 수 있다고 결론 맺었다. 그런데도 김종성은 '남한에서는 친일청산이 없었기 때문에 구멍난 친일청산이라도 한 북한이 그나마 더 낫다'는 견강부회를 시도한다. 자신의 희망 사항을 역사에 투영시키는 집착이다. 우환이 깊다.

북한의 친일청산이 완전히 엉터리였다는 사실이 드러나자, 대한민국 현대사를 흠집 내고 싶어 하는 사람들은 요즘 들고나오는 포인트를 바꿨다. 북한 대신 프랑스를 예로 들면서 '과거사' 청산이 제대로 이루어지지 않았다고 주장한다. 이들은 나치 치하의 프랑스에서 부역하던 사람들을 전후 프랑스는 제대로 청산했는데, 일제 치하 조선에서 부역하던 사람들을 대한민국은 제대로 청산하지 못했다고 지적한다.

얼핏 들으면 그럴듯하지만, 사실 이 주장도 '북한이 했다는 철저한 친일청산 주장' 못지않게 황당한 주장이다. 비교의 기준을 제대로 잡지 못하고 있기 때문이다. 일제 치하 한반도는 일본의 '식민지'였다. 반면에 나치 치하 프랑스는 독일의 '점령지'였다. 식민지와 점령지는 전혀 다른 성격을 가진 범주다. 그렇기 때문에 식민지는 식민지와 비교해야 하고, 점령지는 점령지와 비교해야 한다. 그래야 의미 있는 비교가 된다.

우리 현대사에서 한반도가 점령지였던 기간은 일제가 미국에 패망한 1945년부터 대한민국과 북한이 각각 건국되는 1948년까지 3년간이다. 이 기간에 남한은 미군정 그리고 북한은 소군정이 주권을 행사했다. 그러나 이 기간 말고도 한반도가 점령지가 된 시기는 또 있다. 6·25 전쟁 초반 3개월, 대한민국은 낙동강 이남을 제외하고 북한의 점령지였다. 반면에 9월 인천상륙작전부터 다음 해 1·4 후퇴까지 3개월 북한 대부분은 대한민국 혹은 UN의 점령지였다. 이 점령지에서 벌어진 일과 나치 치하의 점령지 프랑스에서 벌어진 일을 비교해야 등가의 비교가 가능하다.

일제 35년간 한반도는 일본의 식민지였다. 인도가 영국, 베트남이 프랑스, 필리핀이 스페인 식민지였듯이 우리는 일본 식민지였다. 그러므로 일제 식민지 기간에 벌어진 일 그리고 독립 후의 식민지 청산은 우리 말고 다른 식민지에서 벌어진 일 그리고 그 식민지가 독립한 후 행해진 식민지 청산과 비교해야 한다.

쉽지 않다. 식민지를 겪은 기간부터 천차만별이고 연관된 조건들이 너무나 다르기 때문이다. 어렵지만 중요한 이 작업을 외면하고 '식민지'와 '점령지'를 '과거사'라는 공통의 틀에 묶어 단순 비교해 대한민국 현대사를 비하하는 작업은 정말이지 '무식하면 용감하다'는 금언 아니고는 달리 설명할 방법이 없다(박지현, 2004, "유럽중심주의에 투영된 오리엔탈리즘: 독일 점령과 프랑스 비시 정부와의 관계를 중심으로" 《담론》, Vol. 201, 한국사회역사학회: 225).

나치에 부역한 사람을 처벌한 전후 프랑스는 6·25 전쟁 직후 북한군이 점령한 지역을 국군이 수복하고 나서 부역자들을 어떻게 처벌했는지와 비교해야 한다. 마찬가지로 인천상륙작전 성공 후 국군이 점령한 북한 지역을 1·4 후퇴 후 북한이 되찾고 나서 국군 편에 섰던 사람들을 어떻게 처벌했는지도 전후 프랑스와 비교할 수 있다. 이 비교를 실제 수행한 연구를 아직 보지는 못했지만, 남북 모두 프랑스 못지않게 엄청난 처벌·보복을 했다. 김광동 위원장이 일했던 '진화위'가 밝힐 일이다.

1948년 북한의 초대 내각 단체 사진이다. 앞줄 왼쪽 세 번째가 홍명희(제2부수상), 네 번째가 김일성(수상), 다섯 번째가 박헌영(제1부수상) 이다. "홍명희를 비롯해 초대 내각 요직 중 16명 정도가 친일파였다"(출처: 주간조선, 2020. 8. 31).

표 2-1. 식민지배의 다양성

식민지	식민지배의 기간	역사문화적 상호이해	식민모국의 산업화 상황	식민지배 개입 제3의 민족
일본의 한국지배	1910-1945 (35)	매우 높음	후발국	없음
일본의 대만지배	1896-1945 (49)	비교적 높음	후발국	본토 중국인
프랑스의 베트남지배	1857-1956 (99)	비교적 낮음	선발국	현지 중국인
영국의 말레이시아지배	1824-1957 (134)	매우 낮음	선발국	현지 중국인
화란의 인도네시아지배	1602-1945 (343)	매우 낮음	선발국	현지 중국인
스페인(미국)의 필리핀 지배	1565-1945 (380)	매우 낮음	선발국	거의 없음

식민지배는 '기간, 역사문화적 상호이해, 식민모국 산업화 수준, 제3의 민족 개입' 등에 따라 천차만별이다. 서로 잘 아는 국가 간 식민지배는 두 나라 간 갈등을 키운다(예, 영국과 아일랜드, 독일과 폴란드, 한국과 일본). 반면에 식민지배를 오랫동안 받으면 식민지배를 청산할 마땅한 방법이 없다. 식민지배 자체가 피식민 국가의 정체성 형성과정이기 때문이다(예, 화란 지배 없는 인도네시아 불가능, 스페인 지배 없는 필리핀 불가능). 출처: 류석춘, 2002, "식민지배의 다양성과 탈식민지의 전개"《한국의 사회발전: 변혁운동과 지역주의》전통과현대: 58.

91
노획한 '인민유격대 투쟁보고서'가 기록한 남로당 지령과 4·3 폭동

    1948년 8월 15일 건국을 전후해서 북의 소련 군정과 김일성은 남로당을 통해서 끊임없이 대한민국의 건국을 방해하고 있었다. 가장 대표적인 사건이 제주도에서 5·10 선거를 방해하기 위해 1948년 4월 3일 남로당이 일으킨 폭동 사건이다. 이 폭동으로 제주도는 할당된 국회의원 3석 가운데 2석을 뽑는 선거가 무효가 되는 수모를 겪어야 했다(북제주 갑·을 선거구).

    이뿐만이 아니었다. 미군정이 진압하지 못한 4·3 폭동은 대한민국이 건국된 8·15 이후에도 계속되어 10월 발발하는 여순반란의 직접적 도화선이 되었다. 마침내 대통령 이승만은 1948년 10월 25일 제주도에 계엄령을 선포하고 반란군의 게릴라 활동 근거지였던 제주도 중산간 지역을 초토화시키는 진압 작전을 펼쳤다. 이 과정에서 2만 명 이상의 민간인이 희생되면서 4·3 폭동은 큰 후유증을 남겼다(이영훈, 2013, 《대한민국 역사》 기파랑: 135).

    4·3 폭동이 어느 정도 진압된 시점인 1949년 4월 9일 이승만 대통령은 제주도를 시찰했다. 그로부터 한 달 후인 1949년 5월 10일 제주도는 폭

동이 발발한 지 1년 만에 뽑지 못한 두 곳의 국회의원 선거를 비로소 치를 수 있었다.

그러나 4·3 폭동의 여진은 6·25 전쟁 기간에도 이어졌다. 반군의 게릴라 활동이 대부분 소탕되는 시점은 6·25 전쟁이 휴전으로 끝나고도 1년을 넘긴 1954년 4월이었다. 이 시점부터 주민의 중산간 부락 입주가 허용되기 시작했다. 최후의 공비를 생포한 시점은 1957년 4월 2일이었다. 4.3이 발발하고 만 9년 만이었다.

육군본부 정보참모부가 1971년 발행한 《공비연혁》은 4·3 발발 당일 상황을 다음과 같이 기술하고 있다(194-195쪽). "1948년 3월 말일경 제주도 폭동사건의 괴수 김달삼, 조노구 등은 [제주도에 창설된] 국방경비대 제9연대 내 공산 두목 문상길 중위 등과 암암리에 밀회하여, 민간 폭도들은 제주도 내 14개 [경찰] 지서를 습격·방화할 것과 [공산당이 장악한] 국방경비대 제9연대는 제주경찰감찰청 및 제주경찰서를 기습 점령하여 일시에 도내 전 경찰에 대하여 결정적 타격을 가하여 전 도를 공산계열의 수중에 넣으려는 계획을 수립하였다.

1948년 4월 3일 새벽 02시경 남로당원 김달삼의 총지휘로 일제히 행동을 개시하여 제주경찰서 관내… 지서를 비롯하여 모슬포경찰서 관내… 지서 및 서귀포경찰서 관내… 등 14개 지서를 모조리 습격하는 한편 수많은 애국 인사들을 함부로 살상하고 방화, 약탈하는 등 갖은 만행을 제멋대로 감행하면서 도내 각지를 점령, 횡횡한 유혈의 참화는 양민들로 하여금 불안과 공포에 휩싸이게 하였다."

"이 공격으로 당일 경찰관 10명을 포함하여 5·10 선거 선거관리위원과 어린이·부녀자·노인 등 27명이 피살되었고 공비는 단 4명이 사살되었다.

4월 3일부터… [공비들이 스스로 작성한 활동기록이 마지막으로 남아 있는] 7월 24일까지 113일 간… 경찰관과 양민은 307명이 사망한 데 비해 공비 사망은 16명에 불과했다"(김영중, 2021《제주 4·3 사건, 문과 답》제3판, 제주문화: 423-424). 제주도는 붉게 물들었다.

공격을 감행한 반군의 숫자는 기록에 따라 다르다. 폭동을 진압하는 과정에서 노획한 '제주도인민유격대 투쟁보고서'는 최초의 반군 병력이 320명이라 기록했다(문창송, 1995,《한라산은 알고 있다》대림인쇄사: 1995). 그러나 국방부 군사편찬연구소가 1967년 펴낸《한국전쟁사》는 무장병력 500명에 부화뇌동한 사람의 수가 1,000명에 이르러 반군 총수는 1,500명을 넘나들었다고 기록한다(437쪽). 김봉현·김민주가 공편해 1963년 오사카에서 출판한《제주도 인민들의 4·3 무장투쟁사》는 심지어 "동원된 무장병력 숫자가 3,000명에 이른다"고 말하기도 했다(오사카: 문우사, 83쪽).

무장반군의 숫자를 가장 많게 잡은 김봉현과 김민주는 누구인가? 김봉현은 일본 유학을 하며 공산당 경력을 쌓고 해방 후 귀국해 제주 오현중학교 역사 교사 및 제주 민전 문화부장으로 활동하다가 1947년 소위 '3·1 투쟁'과 '3·10 총파업투쟁'에서 전위적 역할을 담당하고 4·3 사건을 주도하고 나서는 검거를 피해 1948년 말 일본으로 도피한 인물이다(김영중, 위의 책: 480).

김민주는 4·3 당시 15세로 조천중학원 교사 이덕구를 따라 입산해 소년 게릴라로 활동하다 검거되어 복역하였으나 6·25 전쟁 중 인민군에 의해 석방되어 빨치산 활동을 하다가 미군 포로가 되었고 다시 반공포로 석방으로 풀려나 일본에 밀항한 인물이다(김영중, 위의 책: 480).

이 두 사람의 경력을 장황하게 밝힌 이유는 반군 편 기록이 무장반군의 숫자를 오히려 부풀리고 있는 사실을 강조하기 위해서다. 그러나 2003년 노무현 정부가 발행한 《제주4·3사건 진상조사보고서》는 반군의 숫자를 350명으로 돌려놨다(167쪽). 이 숫자는 진압과정에서 노획한 문서 '제주도 인민유격대 투쟁보고서'의 기록과 거의 일치하는 숫자다. 그렇다면 노획한 '제주도 인민유격대 투쟁보고서'(이하 투쟁보고서)는 도대체 어떤 문서인가? 사료적 가치를 인정할 수 있는 문서인가?

"이날[1949년 6월 7일, 4·3 폭동 발발 1년 2개월 후] 오후 4시쯤 속칭 작은 가오리 부근에서 경찰과 전투 중에 [김달삼의 뒤를 이어 제2대 제주도 인민해방군 사령관이 된] 이덕구가 사살되었다… 그리고 생포된 이덕구의 호위병 양생돌로부터 귀중한 문서가 나왔다. '제주도 인민유격대 투쟁보고서'다(김동일, 2016, 《제주 4.3 사건의 거짓과 진실》 비봉출판사: 100).

'투쟁보고서'는 김달삼이 [일행 5명과 함께 52,350명의 제주도민 지하선거 투표지를 가지고 1948년 8월 2일 제주를 탈출해 북으로 넘어가 같은 달 25일 해주에서 개최된 '남조선인민대표자대회'에서] 보고용으로 쓸 목적으로 작성된 것이었다. 여기에는 1948년 3월 15일부터 7월 24일까지 '제주인민해방군'의 투쟁상황이 자세하게 기록되어 있다"(김동일, 위의 책: 100).

그러므로 '투쟁보고서'는 제주도 '인민해방군'이 직접 작성한 것이어서 사료적 가치가 엄청나다. 이덕구 체포(사살) 작전에 결정적 역할을 한 제주경찰서 화북지서 주임 문창송 경위는 노획한 '투쟁보고서'를 복사하여 경찰관서에서 돌려보도록 하고, 1부를 보관하고 있다가 1995년 해설과 함께 《한라산은 알고 있다》(대림인쇄사)라는 단행본 책을 내면서 '투쟁보고서'를 영인해 같이 실었다.

따라서 2003년 노무현 정부가 간행한 《제주4·3사건 진상조사보고서》가 '투쟁보고서'의 기록을 따른 것은 당연한 일이었다. 그러나 어쩐 일인지 2003년 진상조사보고서는 '투쟁보고서'의 기록을 선택적으로만 활용했다. 예컨대 '투쟁보고서'는 상부에서 '무장 반격 지령'이 내려온 사실을 너무도 분명히 기록하고 있지만, 2003년 진상조사보고서는 그 내용을 전혀 언급하지 않는다.

"1948년 3월 중순 경 전라남도 당부에서 제주도 당부로 '올구(오르그, 조직책)' '이 동무'를 파견하여 무장 반격 지령과 함께 기존에 심어 두었던 국방경비대 프락치는 제주도당에서 직접 지도할 수 있으니 무장 반격에 국방경비대를 최대한으로 동원하도록 하라는 지시를 해왔다"(문창송, 위의 책: 9-11; 김동일, 위의 책: 102-103).

이같이 명백한 기록을 2003년 노무현 정부의 진상조사보고서는 비켜갔다. 비켜 간 정도가 아니라 오히려 의도적으로 감췄다. 2003년 진상조사보고서에서 '제주도 인민유격대 투쟁보고서' 내용을 검토하는 부분인 159쪽부터 160쪽까지에는 전남도당의 지령과 지시에 관한 내용이 전혀 언급되지 않는다. 4·3이 남로당 제주도당의 '독자적 봉기'라고 접근하기 위한 왜곡이다.

이뿐만이 아니다. 2003년 12월 고건 국무총리 명의로 간행된 노무현 정부의 《제주4·3사건 진상조사보고서》가 가진 문제점들에 관해서는 다음 꼭지(92. 2003년 정부 보고서 책임자 양조훈, 12년 시차로 박갑동 인터뷰 두 번?)에서 본격적으로 다룬다. 여기서는 다만 2003년 출판된 '보고서'의 작성기획단 단장이 박원순이었고, 진상조사팀 수석전문위원이 양조훈이었다는 사실만을 우선 지적해 두고자 한다. 양조훈은 제주신문과 제민일보에서 기자로 활동하며 4·3 취재를 집중적으로 한 인물이다. 후에 그는 '제주4·3평화재단' 상임이사와 이사장을 지냈다. 박원순에 관해서는 더 이상 설명이 필요 없다.

제주 4·3 폭동 진압이 어느 정도 마무리된 1949년 4월 9일 이승만 대통령이 현지에 내려가 진압의 선봉에 섰던 2연대 장병들을 격려하고 있다.

육본정보참모부가 1971년 펴낸 《공비연혁》 표지

이덕구 체포(사살) 작전에 결정적 역할을 한 제주도 화북지서 주임 문창송 경위는 1995년 《한라산은 알고 있다》(대림인쇄사)를 출판하면서 노획한 '제주도 인민유격대 투쟁보고서' 전체를 영인해 책에 실었다. 아래에 책의 표지, 서지사항, 목차, 일러두기, 영인된 일부 페이지, 편집후기 등을 발췌해 제시한다.

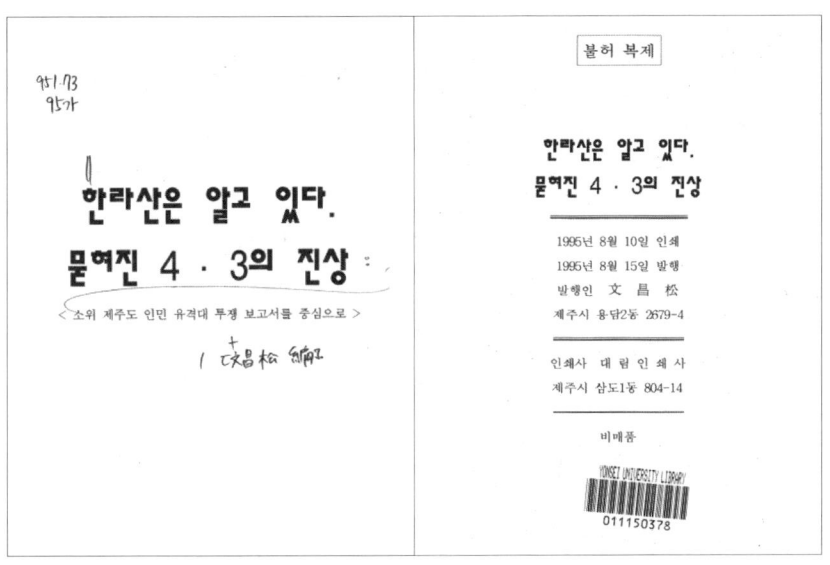

일러두기

◇ 이 책은 4·3사건 진압 과정에서 압수된 소위 "제주도 인민 유격대 투쟁 보고서"(이하 투쟁 보고서로 약칭)에 의하여 사건 준비 과정 및 초기 실상을 밝히는 책자이다.

◇ 이 투쟁 보고서는 1948년 3월 15일부터 7월 24일까지의 상황을 조직, 작전, 투쟁 등으로 구분 총괄적으로 또는 지역별, 날짜별로 자세하게 수록하고 있으며 국방 경비대 제9연대와의 연계 관계도 구체적으로 기록하고 있다.

◇ 이 투쟁 보고서 원문은 국한문 혼용의 종서체이나 사본은 누구나 읽을 수 있도록 국문 횡서체로 바꾸는 동시 맞춤법이 틀린 곳은 바르게 고쳐 전재하였고 등사 불명으로 판독이 불가능한 곳은 등사 불명이라 표시하였다. 다만 인명(人名), 지명(地名)등 고유 명사와 특수 용어에는 한자(漢字) 토를 달았다.

◇ 이 투쟁 보고서는 다소 왔다갔다한 점이 있으므로 사건 전파 당일 상황만은 원문 소개에 앞서 요점을 간추려 보다 분명하게 정리하였고 생소한 낱말들도 말미에 풀이하여 독자의 이해를 돕는 데 유의하였다.

◇ 이 투쟁 보고서 내용 중에는

○ 체계도는 있으나 책임자 이름은 어느 곳에도 나타나 있지 않으므로 그 인적 사항을 나름대로 수집하여 낱말 풀이에 이어서 첨가하였다.

○ 그리고 사건 당시 제주도는 도(島=지금의 시군에 해당)에서 도(道)로 승격되어 있었음에도 불구하고 남로당에서는 여전히 전라남도 당부 산하 도당(島黨)조직으로 그 지령에 따라 운영되어 온 것으로 되어 있다.

◇ 이 투쟁 보고서는 1948년 8월 2일 4·3사건 주모자 김달삼(金達三)이 일행 5명과 함께 목포 경유 해주로 월북하여 같은 해 8월 25일 소위 "조선 최고 인민 회의" 대의원 선출을 위한 해주 "남조선 인민 대표자 대회"에서 행한 보고 내용인 것으로 추측된다.

◇ 이 투쟁 보고서 원문 내용을 참조할 수 있도록 하기 위하여 선명치 못하지만 영인본을 말미에 추가하였다.

- 7 -   - 8 -

-사본-

＜극비＞(極秘)

제주도 인민 유격대 투쟁 보고서

(濟州道 人民 遊擊隊 鬪爭 報告書)

一. 조직면(組織面)

[조직의 시발(始發)과 발전 과정 및 조직 현세(現勢)]

1. 조직(組織)의 시발(始發)

① 조직(組織)의 동기(動機)

제주도(濟州道)에 있어서 반동(反動) 경찰을 위시한 서청(西靑), 대청(大靑) 의 작년 3·1 및 3·10 투쟁 후의 관인무도한 탄압으로 인한 인민의 무조건 대량 검거, 구타, 고문 등이 금년 1월의 신촌(新村)사건을 전후하여 고문치사 사건의 연발(조천=朝天=지서에서 김용철=金用喆=동무, 모슬포=募瑟浦=지서에서 양은하=梁銀河=동무)로써 인민 토벌 학살 정책으로 발전 강화되자 정치적으로 단선(單選),단정(單政)반대, UN 조위(朝委) 격퇴 투쟁과 연결되어 인민의 피 흘리는 투쟁을 징조(徵兆)하게 되었다.

3·1 투쟁에 있어서의 각급 선전(宣傳) 행동대(行動隊)의 활동은 기후(其後)의 자위대(自衛隊) 조직의 기초가 되었으며 3·1투쟁 직후 도당(道黨)의 지시에 의하여 각면(各面)에 조직부(면당=面黨) 직속 자위대(自衛隊)를 조직하게 되었으나 별로 진전을 보지 못하였다.

기후(其後) 사태가 거의 거쇠(去衰) 악화됨을 간취(看取)한 도상위(島常委)는 3월 15일경 도(道) 파견 "올구"를 중심으로 회합을 개최하여

첫째 조직의 수호와 방어의 수단으로서

둘째 단선(單選), 단정(單政) 반대 구국투쟁(救國鬪爭)의 방법으로서

적당한 시간에 전도민(全島民)을 총궐기(總蹶起)시키는 무장 반격전(武裝 反擊戰)을 기획 결정

25일까지를 준비 기간으로 하여 도상임(島常任)(특히 투위=鬪委 멤·버)으로써 군위(軍委)를 조직 투쟁에 필요한 자위대(自衛隊) 조직(200명 예정)과 보급, 무기 준비, 선전 사업 강화에 대하여 각각 책임을 분담

예정 기간을 넘어 3월 28일 비로소 재차 회합을 가져 기간(其間)의 준비 사업에 관한 각자의 보고를 종합 검토한 결과,

4월 3일 오전 2시~4시를 기하여 별항의 전술 하에 무장 반격전을 전개하기로 결정하였음.

② 4·3 투쟁(鬪爭) 직전(直前)의 조직 정세(組織 情勢)

- 16 -   - 17 -

폭동에 미참

3. 1948년 5월 말일 상사(上士) 계급으로 일행 7명 과 함께 칼빈 소총 1정과 99식 소총 7정을 휴대 탈영 입산하여 유격대 가담, 이후는 미상

〈影印〉

濟州道人民遊擊隊鬪爭報告書

（146쪽부터）

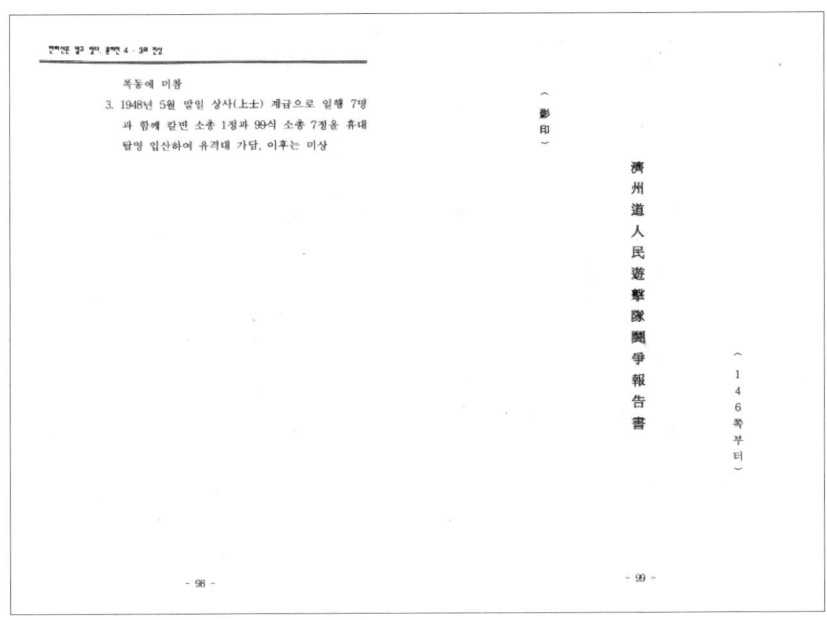

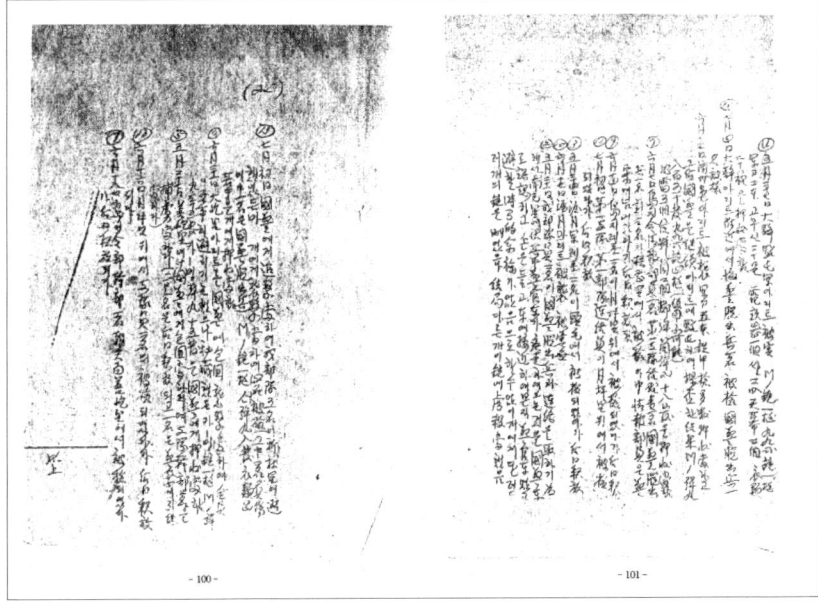

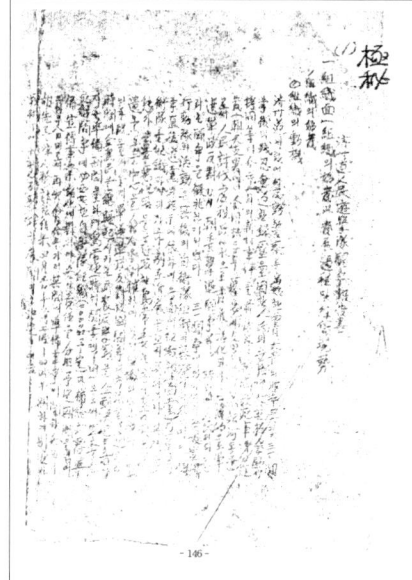

편집 후기

◇ 이 책자가 엮어지기까지는 오랜 상흔을 다시 건드리는 것 같아 무척 조심스럽기도 하였으나 막상 편집을 끝내고 나니 무거운 짐을 내려놓은 듯 한결 홀가분하다.

◇ 그 동안 4·3에 대한 진상 규명을 위하여 각계의 노력이 계속되어 온 것으로 알고 있으나 아직 진실 발견에는 이르지 못한 것을 매우 안타깝게 여겨 왔었다.

◇ 그래서 나는 오랜 생각과 망설임 끝에 광복 50주년을 계기로 4·3 수습 과정에서 얻어진 문건을 중심으로 더 꾸미거나 보탬이 없이 내용 그대로의 실상을 이 한 권의 책자에 담아 내어놓게 되었다.

◇ 여기에 인용된 문건은 비록 사건 초기의 문건이긴하나 그 주동자들에 의하여 투쟁 실적을 자세히 기록한 보고 내용인 만큼 그 신빙성이 최확함은 물론 사건 성격과 처절한 진행 과정 등 당시의 정황을 여실히 재조명할 수 있는 유일한 자료가 되리라 확신한다.

◇ 따라서 이 한 권의 책자가 오래 묻혀졌던 4·3의 실상을 적나라(赤裸裸)하게 밝혀 주는 증거가 되고 또한 왜곡되어 오던 사건 인식을 바로 잡는데 유용한 역할을 하게 된다면 편집자 망외의 보람이 되겠다.

편집자

92
2003년 정부 보고서 책임자 양조훈, 12년 시차로 박갑동 인터뷰 두 번?

2003년 노무현 정부가 내놓은 《제주4·3사건 진상조사보고서》는 4·3이 남로당 제주도당의 독자적 판단과 행동으로 발생한 '민중봉기'라는 주장을 관철하기 위해 나름 상당한 노력을 기울였다. 특히 '진상조사보고서작성 기획단장'이자 수석전문위원인 양조훈의 입장과 관점을 반영하고자 애쓴 흔적이 역력하다. 남로당 중앙당 개입이 없었다는 양조훈의 주장을 뒷받침하는 증거는 무엇이고, 이는 과연 설득력이 있는지 검토해 본다.

2003년 노무현 정부의 《진상조사보고서》는 '남로당의 개입 범위와 역할'을 진상 규명 대상의 핵심 요소 중 하나라 규정하면서, '남로당 중앙당 지령설 진위'에 관한 논의를 162쪽부터 164쪽까지 펼친다. 물론 남로당 중앙당 개입이 없었다는 결론으로 가기 위한 밑밥이다. 자세히 살펴보자.

논의의 도입은 이렇다. "남로당 중앙당 지령설의 근원은 박갑동의 글에서 비롯되고 있다. 남로당 지하총책을 [1950년] 지냈다는 박갑동은 1973년부터 중앙일보에 연재된 '남기고 싶은 글'에서… '남로당 중앙당의 폭동 지령에 의해 4·3 사건이 발생했다'고 [언급했고]… 박갑동의 연재 내용은

《박헌영》[부제: 그 일대기를 통한 현대사의 재조명]이라는 제목의 책자로 나왔다"고 지적하며 시작한다. 그러나 이 도입부터 문제다.

우선, 이 보고서는 마치 박갑동의 글 이전에는 4·3에 대한 남로당 중앙당의 지령에 관한 원전 사료가 전혀 없는 것처럼 기술하고 있다. 그러나 이는 전혀 사실이 아니다(김영중, 2021,《제주4·3사건, 문과 답》3판, 제주문화; 김동일, 2016,《제주 4·3사건의 거짓과 진실》비봉출판사; 현길언, 2016,《정치권력과 역사왜곡》태학사). 바로 앞글(91. 노획한 '인민유격대 투쟁보고서'가 기록한 남로당 지령과 4·3폭동)에서 밝혔듯이 4·3 진압 과정에서 노획한 반군의 극비문서 '제주도 인민유격대 투쟁보고서'는 남로당 중앙당 그리고 전남도당의 개입을 분명히 기록하고 있다. 그러나 2003년 보고서는 이 문제에 대한 진상 규명을 한다면서 '투쟁보고서'를 전혀 언급하지 않는다. 이래도 되는가?

다음, 2003년 보고서는 아래와 같은 박갑동의 증언을 인용하며 논의를 시작한다. "남한만의 단독 총선거에 대한 '적극적인 보이코트' 지령에 따라 남로당이 대대적인 무장폭동 장소로 택한 곳이 제주도다. 남로당이 굳이 본토에서 멀리 떨어진 제주도를 택한 이유는 지리적인 특수성 때문에 해방 직후부터 공산당의 조직활동이 가장 활발했고 따라서 그들의 선전과 조직활동 등으로 도민의 사상이 자못 붉은 쪽으로 기울어져 있다고 판단되었기 때문이다.

그러던 중 중앙당의 폭동지령이 떨어졌다. 아마도 그 지령은 3월 중순쯤에 현지의 무장행동대 김달삼에게 시달된 것으로 안다. …4월 3일 상오 2시, 문상길이 부대 장병들을 속여 완전무장 시킨 뒤, 3대의 트럭으로 제주경찰감찰청과 제주경찰서를 기습, 점령하는 것을 신호로 도내 14개 서를 모조리 습격했다.

당시 중앙당에서는 이 사건이 터질 무렵 당 군사부 책임자 이중업과 군 내의 프락치 책임자 이재복(민간인·중앙당 군사부원) 등을 현지에 파견하여 소위 현지 집중 지도로써 군사활동의 확대를 기도했다. 또 폭동의 두목 김달삼의 장인이며 중앙선전부장 강문석을 정책 및 조직 지도책임자로 선정하여 현지로 보냈었다"(《제주4·3사건 진상조사보고서》 2003: 162-163; 박갑동, 1983, 《박헌영, 그 일대기를 통한 현대사의 재조명》 인간사: 198-199).

그러나 2003년 노무현 정부의 보고서는 박갑동의 이 글이 '실제 상황과는 너무 동떨어진' 것이라 평가절하한다. 나아가서 이와 같은 내용이 '실증적으로 입증된 것은 없다'고 단언한다(163쪽). 황당하다. 너무나 많은 관련 기록이 특히나 반군 스스로 기록한 문건이 이를 사실이라 말하고 있음에도 2003년 노무현 정부 보고서는 아무런 논증 없이 이를 단칼에 부인한다. 그리고 바로 이어서 박갑동이라는 발화자(發話者) 공격으로 넘어간다.

"도쿄에 살고 있는 박갑동은 문제된 글에 대해 '내가 쓴 것이 아니고 내 글을 신문이 연재할 때 외부에서 다 고쳐서 그렇게 된 것'이라고 해명했다… 박갑동은 이어 '4·3이 5.10 선거 반대 투쟁이라지만 왜 유별나게 제주에서만 그랬는가? 4·3은 서청(서북청년단)과 경찰이 횡포를 부려 발생한 사건이다. 본격적인 무장투쟁이 아니며 경찰과 서청에 대항하기 위해 제주도 안에서 자체적으로 일어난 것'이라고 주장했다"고 이어간다(《제주4·3사건 진상조사보고서》 2003: 163).

이를 뒷받침하는 근거는 '2002년 7월 11일 박갑동으로부터 채록한 증언' 딱 하나다(《제주4·3사건 진상조사보고서》 163쪽의 각주 235번). 박갑동은 1919년 출생이다. 2002년 채록이면 박갑동의 나이가 만 83세 때였다. 이를 확인한 필자는 '설마 이 나이에 채록한 말을 독자들이 신뢰할 거라 기대하는가'라고 생각하며 관련 기록을 추가로 추적했다. '제민일보'에 양조훈이 2011년 3월 1일 쓴 기사 "중앙지령설 내가 [박갑동이] 쓰지 않았다"를 찾을 수 있었다.

이 기사에 따르면 양조훈은 김종민이라는 기자를 일본 현지에 취재차 파견했으나 박갑동이 만나주질 않아 전화 인터뷰를 한 결과 '중앙지령설은 내 [박갑동] 글이 아니고 1973년 신문 연재할 때 정보기관에서 고쳐서 쓴 것'이란 충격적 답변을 들었고, [박갑동은] '그 당시 남로당의 노선은 전면적인 비합법 무력투쟁 단계가 아니'라면서 제주도당의 돌출성을 상기시켰고, '[1983년 출판된]《박헌영》이란 책은 정말 부끄러운 글'이라고 박갑동 스스로가 인터뷰할 때 말했다고 한다.

이 기사는 이어서 이 인터뷰 내용을 제민일보가 1990년 6월 28일 보도했다고 밝히고 있다. 필자는 1990년 해당 기사를 확인할 수 없었다. 제민일보는 2023년 현재 '과거보기'를 2000년부터만 제공하고 있었기 때문이다. 그러나 이 대목까지 확인한 상황을 기초로 다음과 같은 의문이 꼬리에 꼬리를 물고 피어올랐다.

만약 1990년 6월 28일 기사가 사실이라면 이때 박갑동의 나이는 71세다. 83세 때와 달리 건강하다면 정확한 기억을 말할 수 있는 나이라 인정할 수 있다. 그러나 의문은 여전히 남는다. '2003년 노무현 정부 보고서의 2002년 채록'이라는 기록과 '1990년 6월 28일 보도했다는 기사의 전화인터뷰' 기록은 12년의 시차가 있는 서로 다른 인터뷰 기록이기 때문이다. 12년의 시차를 두고 각각 인터뷰한 기록을 양조훈은 마치 하나의 동일한 기록인양 필요할 때마다 오가며 마음대로 활용한다.

과연 두 인터뷰는 완전히 동일한 내용을 말하고 있다고 믿을 수 있는가?

2002년 채록을 수행한 사람은 누구인가? 1990년 기록에서 전화 인터뷰를 한 사람이라고 밝힌 김종민과 동일한 인물인가? 만약 아니라면 누구인가? 각각의 인터뷰에서 사용한 질문과 답변의 정확한 워딩은 무엇인가? 그리고 무엇보다 가장 결정적인 의문은 각각의 인터뷰에 대한 녹음 원본 혹은 믿을 수 있는 녹취록이 존재하는가 하는 문제다. 혹시 있다면 그 자료에 대한 제3자 접근도 가능한가? 만약 녹음 원본이나 녹취록이 존재하지 않고 또한 자료 접근이 거부된다면 양조훈의 기록을 어떻게 믿을 수 있는가?

이 질문에 대한 객관적이고 설득력 있는 답변이 없다면 양조훈이 두 번에 걸쳐 쓴 '1990년 기사'('2011년 기사'에 등장) 및 '2003년 노무현 정부 보고서' 내용이 사실에 기초한 동일한 것이라 결코 받아들일 수 없다. 양조훈 본인의 글을 따르더라도 인터뷰를 두 번 했기 때문이다. 양조훈이 12년 간격을 두고 혼자 북 치고 장구 치며 기록했다는 내용을 동일한, 나아가서 믿을 수 있는 기록이라 어떻게 받아들일 수 있는가?

한 걸음 더 나가 보자. 모두가 알다시피 양조훈은 4·3 사건을 바라보는 눈이 처음부터 편향된 인물이다. 편향성이 체화된 사람이 1983년 《박헌영》 책 말미에 수록된 박갑동의 다음과 같은 '필자후기'(310-312쪽)를 보면 무슨 생각을 할까?

"이 책의 원고는 73년 2월부터 9월까지 중앙일보에 연재된 것이다. 이때 성균관대학교 이명영 교수의 소개로 중앙일보사로부터 원고청탁을 받았을 때 사실 나는 주저하였다…. 그래서 나는 나름대로 객관적으로 서술하려 애를 썼으나 데스크 자체에서 상당히 가필한 것이 발표되었던 것이다"(박갑동, 1983, 《박헌영》 인간사: 310). 이 대목을 보면서 양조훈이 '중앙일보 데스크'를 '정보기관'으로 둔갑시키는 일을 생각하지 않았을까?

아니나 다를까 박갑동의 '필자후기'는 거기서 끝나지 않았다. 다음과 같이 이어진다. "그런데 이번에 '인간사'에서 이 원고를 출판한다고 하여, 나는 '인간사'에서 편집한 것을 토대로 수정·보완할 수 있는 기쁨을 가지게 된 것이다. 물론 이것은 한국의 발전된 정치상황에 전적으로 힘입은 것이다. 나는 이를 파란만장하게 보낸 한 평생의 끄트머리에서 얻은 기쁨이라 생각하고 있다"(박갑동, 위의 책: 310).

1983년 책을 내면서 박갑동은 전두환 정권의 '학원자유화' 조치에 힘입어 중앙일보 데스크가 가필한 내용 중 잘못된 것을 바로잡을 기회를 가진 것이 '생의 끄트머리에서 얻은 기쁨'이라 표현하고 있다. 그런데 양조훈은 이마저도 '정보기관'이 고쳤기 때문에 믿을 수 없다고 주장하는 셈이다. 누구 말에 믿음이 가는가? 독자들이 판단하고도 남을 일이다.

김대중 정부가 1999년 공포한 '제주4.3특별법'에 따라 2003년 노무현 정부가 간행한 《제주4.3사건 진상조사 보고서》 표지. 이 보고서는 '제주4.3사건진상조사보고서작성기획단'(단장 양조훈)이 썼다.

2003년 노무현 정부가 간행한 《제주4·3사건 진상조사보고서》의 문제를 지적하는 3권의 책. 왼쪽: 김영중(2021, 제주문화), 가운데: 김동일(2016, 비봉출판사), 오른쪽: 현길언(2016, 태학사). 이들 말고도 다른 많은 문헌이 엇비슷한 문제를 제기하고 있다.

박갑동의 박헌영 일대기에 관한 책(1983, 인간사). 이 책에서 박갑동은 4·3에 남로당 중앙당이 개입한 사실을 매우 구체적으로 기록하고 있다.

93
1948년 제주 4·3 사건은 폭동이자 반란, 결코 봉기 아냐

4·3 사건은 미군정이 책임을 맡은 5·10 선거를 방해하기 위해 폭력을 행사하며 시작됐고, 8·15 건국 이후에는 집권한 이승만 대통령을 '처단'하기 위해 즉 대한민국에 반역하기 위해 폭력을 행사하며 1957년 4월 2일 최후의 공비 오원곤이 생포되기까지 무려 9년간 지속된 사건이다. 4·3 사건이 진행되는 내내 폭력 즉 무장투쟁이 이어졌던 사실을 부정할 방법은 결단코 없다.

심지어 제2대 '제주도 인민군 사령관 이덕구'는 1948년 10월 19일 발생한 여순반란에 고무되어 그로부터 5일 후인 10월 24일 대한민국을 향해 다음과 같은 '선전포고문'을 공포했다. "잔인하기 이를 데 없는 경관들이여, 미 제국주의와 이승만의 개들이여… 인민의 원한에 대한 복수심을 가지고 너희들을 '처단'하기 위해서 가까운 시일 내에 권토중래 하기로 결정하였다"(김영중, 2021, 《제주 4·3사건, 문과 답》 제주문화: 425).

그렇다면 4·3은 무엇인가? 폭동인가? 반란인가? 봉기인가? '폭동'은 정부를 전복하겠다는 목적 없이 폭력적 집단행동을 벌이는 사건을 지칭한다. 정부 역할을 하던 미군정을 타도 대상으로까지 삼지는 않았지만 5·10 선거를 방해하기 위해 벌인 4·3의 초기 무장투쟁이 이에 해당한다. 그러나 같은 해 8월 15일 대한민국이 건국되고 나서부터 4·3은 대한민국 대통령 이승만을 '처단'하겠다는 즉 반역을 목표로 한 무장투쟁이었다. 그렇기 때문에 8·15 이후 4·3은 '반란'이다. 즉 '4·3은 폭동으로 시작해 반란으로 끝난 사건'이다(김영중, 위의 책: 125).

물론 그 과정에 무고한 민간인들이 엄청나게 희생된 사건이기도 하다. 민간인 희생은 폭동 혹은 반란을 일으킨 세력은 물론 이들을 진압하던 국군이나 경찰 심지어는 서북청년단 같은 민간단체에 의해서도 이루어졌다. 낮에는 대한민국 편, 밤에는 반란군 편을 강요당하는 생활이 장기간 이어지면서 민간인들은 양쪽에서 고통받고 또 희생됐다. 이렇게 무고하게 희생된 민간인을 기리는 일을 누가 반대하겠는가.

그러나 아무리 민간인 희생이 많았다 하더라도 이 사건의 본질은 변하지 않는다. 4·3은 '폭동'이자 '반란'이다. 이와 같은 명백한 사실을 2003년 노무현 정부가 발표한 《제주4·3사건 진상조사보고서》는 '봉기'라는 용어로 포장해 4·3의 폭력성과 반역성을 감췄다. '봉기'라는 용어는 폭력 즉 무장투쟁을 동반한 저항에 사용하는 적절한 용어가 아니다. 저항을 위해 평화적으로 시위를 하는 것을 봉기라고 표현하기 때문이다.

4·3 사건이 2003년 노무현 정부 보고서에서 '봉기'라는 이름으로 불리면서 무고하게 희생된 사람들을 기리는 명단에 폭동과 반역을 주도한 인물까지도 포함되지 않았느냐 하는 의혹이 끊임없이 제기되어 왔다(뉴데일리, 2014, "좌익폭도 4·3 사건, 폭동주모자들이 희생자냐" 김태림·엄슬비 기자; 뉴데일리, 2015, "불량위패 퇴출 없는 4·3 공원, 유족 가슴 멍들어" 유경표 기자). 심지어 2001년 9

월 4·3 사건에 대한 헌법재판소 결정문은 헌법의 기본이념인 '자유민주적 기본질서'를 훼손하려 한 자들에 대해서는 희생자로 인정하거나 명예를 회복시켜 줄 수 없다고 다음과 같이 못을 박았다.

"자유민주적 기본질서를 부정하며 인민민주주의를 지향하는 북한 공산정권을 지지하면서 미군정 기간 공권력의 집행기관인 경찰과 그 가족, 제헌의회 의원 선거 관련 인사, 선거종사자, 자신과 반대되는 정치적 이념을 전파한 자와 그 가족을 가해하기 위해 무장세력을 조직하고 동원해 공격한 행위까지 무제한적으로 포용하는 것은 우리 헌법의 기본원리인 자유민주적 기본질서와 대한민국의 정체성에 심각한 훼손을 초래한다"(헌법재판소 결정문, 2000헌마238·302).

김대중·노무현 정부의 '과거사 진상규명'이 현대사를 의도적으로 전복하고자 하는 목표를 숨기고 있는 것 아니냐는 의심이 지속적으로 제기되어 왔다. '4·3' 희생자 명단은 물론이고 '친일'한 인사들 명단에서부터 '1980년 광주' 유공자 명단까지 기려야 할 혹은 반대로 경계해야 할 대상이 과연 적절히 분류·정돈되어 있는가 하는 의혹이 끊이지 않고 문제가 되고 있기 때문이다. 전체 명단을 동시에 모두 공개하는 투명성이 반드시 필요한 이유다.

김달삼(1923~1950)은 남조선 로동당 제주도당 군사부 책임자이자 제1대 제주도 인민유격대 사령관으로 1948년 제주 4·3 사건에서 무장투쟁을 주도하다 같은 해 8월 월북해 북한의 최고인민회의 주석단 중 한 사람으로 선출된 인물이다. 그 후 그는 북한 정권에 부역하면서 김일성으로부터 국가 훈장 2급도 받았다. 1949년 8월에는 북한 빨치산 양성소 '강동정치학원' 출신 300여 명을 데리고 38선을 넘어 경북 보현산 일대에서 공비활동을 하다, 6·25 전쟁 직전인 1950년 3월 국군에 의해 사살됐다. 북한의 현충원인 '평양렬사릉'엔 그의 묘비가 있다.

김달삼은 제주도 출신으로 유년 시절 부모를 따라 대구로 이주했고, 다시 아버지를 따라 일본 오사카로 넘어가, 경도(京都) 성봉중학교를 거친 후, 동경 중앙대학 재학 중 학병으로 일본군 소위로 임관한 인물이다. 해방 후 대구 형 집에 기거하면서 10월 폭동의 도화선이 된 이른바 가짜 '시체투쟁' 주모자로 맹활약했다. 경찰의 체포를 피해 제주도 대정면으로 돌아온 그는 남로당 대정면 조직부장을 맡는 동시에 대정중학교 사회과 교사로 근무하면서 공산주의 이념 교육에 전념하다 4·3 사건 주모자가 되었다. 김달삼은 남로당 중앙당 선전부장 강문석의 사위이기도 하다(김영중, 위의 책: 478).

설마 이렇게 '화려한' 경력을 가진 4·3의 우두머리를 노무현 정부가 희생자로 둔갑시키기까지 했으리라고 믿지 않는다. 그러나 이 글을 쓰는 2023년 12월 9일 현재 '4·3평화공원' 홈페이지에서 '희생자 명단' 검색창에 '김달삼'을 치면 지역 배경이 북제주군 조천면으로 기록된 김달삼(金達三)이란 이름이 뜬다. 설마 '이 사람이 그 사람?' 하는 의심을 지울 수 없다. 이와 같은 문제를 해결하기 위해서는 희생자 전체 명단의 동시 공개가 반드시 필요하다. 공개를 못할 이유 또한 없다. 희생자는 낙인의 대상이 아니기 때문이다. 오히려 기림의 대상이지 않은가.

4·3을 '봉기'로 미화하는 작업에 반드시 등장하는 연구서가 한 편 있다(존 메릴 지음, 이종찬·김충남 공역, 2004, 《한국 전쟁의 기원과 진실》 두산동아; John Merill, 1989, *Korea: the Peninsular Origins of the War*, Newark: U of Delaware Press). 이 책은 두 측면에서 4·3에 대한 노무현 정부의 보고서 입론 즉 '4·3은 봉기'라

는 해석에 기여한다(김용삼, 2017, 《대구10월폭동, 제주4.3사건, 여순반란사건》 백년동안: 123-124). 그러나 두 측면 모두 동의하기 어렵다. 각각을 살펴보자.

첫째, 이 책은 4·3이 북한이 의도하지 않았던 시기에 난데없이 벌어진 사건이라 해석한다(메릴 지음, 위의 책: 75). 4·3을 전후한 시기 북한은 남한의 김구와 김규식을 끌어들여 남북대표자회의를 성사시키고자 했다. 그렇기 때문에 긴장을 극대화하는 4·3과 같은 폭동을 북한이 남로당을 통해 사주할 까닭이 없다고 이 책은 단언한다. 그렇다면 1948년 2월 7일 남로당 지령으로 이루어진 '5·10 선거 반대 파업투쟁' 또한 같은 부정적 효과만 가져왔을 뿐 아닌가?(양동안, 2001, 《대한민국 건국사》[개정신판] 현음사: 451-452).

둘째, 이 책은 남로당 중앙당이 제주도 폭동에 개입하지 않았다고 해석한다. 그러나 이는 '제주도 인민유격대 투쟁보고서'라는 부정할 수 없는 기록을 외면하는 엉터리 해석이다. 박갑동의 회고록 《박헌영》(1983, 인간사) 역시 이 해석을 부정한다. 그러나 설사 이 주장이 맞다 치더라도 도대체 개입한 것과 개입하지 않은 것의 차이가 무엇인가? 남로당 중앙당이 개입하면 폭동이고, 제주도당 단독이면 봉기라는 말인가? 아무런 의미 없는 논란이다(현길언, 2014, 《섬의 반란, 1948년 4월 3일》 백년동안: 45). 어찌됐건 폭동이란 사실은 변하지 않는다.

1948년 제주 4.3 폭동의 주범 김달삼(당시 나이 25세). 무장투쟁의 지도자 모습과는 전혀 어울리지 않는 인텔리풍의 외모를 가졌다(왼쪽). 북한의 현충원 '혁명열사능'에 서 있는 김달삼의 비석에는 '남조선 혁명가'라고 새겨져 있다(오른쪽).

94
1948년 10월 19일 여순반란,
대한민국 국시(國是)를 반공으로 만들어

　미군정은 1946년 1월 태릉의 제1연대부터 1948년 5월 마산의 제15연대까지 각 도에 1개 연대씩 총 15개 연대를 창설해서 '남조선국방경비대'를 만들었다. 1948년 8월 16일 대한민국이 건국된 다음 날 이범석 국방장관은 훈령 제1조로 '남조선국방경비대'를 '대한민국 국방군'이라 바꾸고 통수권을 넘겨받았다.
　그러나 국토방위 능력이 부족하고 미국의 군사원조가 여전히 필요하다고 판단한 대통령 이승만은 하지 사령관과 8월 24일 '한미잠정군사협정'을 체결하고, 미군 철수 완료 시까지 주한미군 사령관이 '대한민국 국방군'에 대해 전면적인 작전상의 통제 권한을 보유하도록 했다. 이에 따라 미군은 임시고문단을 두고, 단장으로 로버츠(William Roberts) 준장을 임명했다.
　"남로당은 (그 당시는 공산당) 해방 직후 제일 먼저 이른바 자기 자신의 군대를 조직하였다. 건국준비위원회 산하의 '국군준비대'라는 것이 그것이다. 국군준비대는 서울 시내의 각 국민학교 교정에서 공공연히 군사훈련을 하고 있었다. 그러나 국군준비대는 얼마 안 가서 미군정의 명령에 의해서 해산당하고 간부들은 체포당하고 말았다.

이 때문에 공산당은 전술을 변경하여 미군정이 편성하기 시작한 '남조선국방경비대' 속에 파고 들어가는 전술을 취하기 시작했다. 이 전술은 어느 정도 성과를 가져왔다. 당시 미군정은 국방경비대에 지원해 오는 자에 대하여 사상검열을 철저히 하지 않았다… 당시 군 내에는 상당수의 남로당원과 그 동조자가 있었던 것은 사실이었다"(박갑동, 1983, 《박헌영》 인간사랑: 212).

"이때 수많은 공산당원들이 당[의] 명[령]에 의하여 재빨리 입대하여 난소(卵巢, 알집)를 만들었고 여기서 조직을 확대해 나갔다. 이들은 해방 후 사설 군사단체 중에서 가장 규모가 컸던 '국군준비대' 출신이었는데 그 세력은 8만 7천 명에 달하였다. 이 단체는 내용적으로는 공산당의 당군(黨軍)이었다. 그런데 군정 명령으로 해체되자(1946. 1. 21) 즉시 경비대로 스스럼없이 전환을 한 것이다"(유관종, 1989, "여수 14연대 반란사건" 上, 《현대공론》 2월호: 418).

남로당 총책을 지낸 박갑동 그리고 한국전쟁연구소장을 지낸 유관종 모두 대한민국 국군이 만들어지는 과정에 공산당의 침투가 일상화되어 있었음을 분명히 증언하고 있다. 대한민국이 건국된 지 딱 두 달 만인 1948년 10월 19일 여수에 있던 국군 14연대가 반란을 일으키는 배경이다. 여순반란의 직접적 원인은 10월 19일 07시 대한민국 육군총사령부가 14연대에 "10월 19일 20시에 여수항에서 해군 수송선(LST) 편으로 1개 대대를 출발시켜 제주도 폭동을 진압하라"는 명령을 남로당이 가로챌 수 있었기 때문이다.

여수우체국에 근무하던 남로당원이 '우체국 전보'로 전달된 군의 명령을 빼돌려 14연대장보다 먼저 여수인민위원장에게 보고했다. 여수인민위원장은 이 정보를 남로당 전남도당 책임자 김백동에게 보고했고, 이는 다시 남로당 군사부장 이재복과 남로당 빨치산 군사책 이중업에게 보고됐다. "이중업은 이 기회를 이용해… 14연대 내의 남로당 조직책인 인사계의 지창수 상사에게 반란을 일으키라는 지령을 내렸다"(김용삼, 2017, 《대구10월폭동, 제주4·3사건, 여·순반란사건》 백년동안: 155).

이승만 대통령은 동경의 극동군사령관 맥아더와 회담하기 위해 10월 19일 오전 출국했다. 14연대 장병들은 19일 종일 제주로 보낼 군수품 선적 등 출동을 준비하다 저녁이 되어 식사 준비를 하고 있었다. 이때 지창수 상사가 남로당 핵심세포 40여 명을 이끌고 무기고와 탄약고를 점령한 다음 비상나팔을 불었다. 병사들은 비상나팔이 울리자 출발 신호로 생각하고 연병장에 집합했다. 지창수 상사가 단상에 올랐다.

"지금 경찰이 우리를 습격해 들어온다는 정보가 입수됐다. 최대한 실탄을 나눠 갖고 응전태세를 갖추자. 동족을 살상하기 위한 제주도 파병에는 절대 반대한다. 경찰을 타도하고 남북통일의 염원을 이루기 위해 궐기하자. 실은 지금 북조선 인민군이 38선을 돌파하고 서울을 향해 내려오고 있다. 우리는 지금부터 인민해방군이 된다. 조국 통일을 위해 미국의 괴뢰들을 쳐부수자. 제국주의의 앞잡이인 장교들도 모두 죽이자"(김용삼, 위의 책: 160-161).

저항하는 3명의 하사관 그리고 장교 24명이 순식간에 살해됐다. 폭동을 진압하기 위해 제주에 파견된다는 소식이 불편했던 다수의 남로당 계열 사병들이 반란군 편에 섰다. 20일 새벽 1시 부대를 장악한 지창수는 자신이 '해방군' 연대장임을 선언하고 여수 시내로 진출을 명령했다. 여수 읍

내의 경찰서와 관공서가 불타고 은행과 신문사는 점령됐다. 불바다였다.

오후 3시가 되자 반란군은 지금의 중앙동 광장에서 인민대회를 개최하고 다음과 같은 요지의 '혁명과업 6개 항'을 채택했다. 1) 인민위원회가 여수 접수, 2) 조선인민공화국 보위하고 충성, 3) 조국을 미 제국주의에 통째로 팔아먹는 이승만 분단정권 분쇄, 4) 무상몰수·무상분배 토지개혁 실시, 5) 미 제국주의를 위해 한국을 식민화하는 비민주적 법령 철폐, 6) 친일 민족 반역자와 악질 친일 경찰관 처단(김용삼, 위의 책: 177-178).

인민대회는 '이북의 인민군대가 38선을 돌파하여 서울을 점령하고 남진 중에 있으며 남조선 전체 해방이 목전에 도달했다… 이승만도 오늘 아침 일본으로 도망쳤다. 우리 인민은 총궐기하여 남조선을 완전히 해방시키는 데 앞장서야 한다'며 주민을 선동했다(김용삼, 위의 책: 180-181). 인민재판도 열었다. 반동으로 분류된 경찰과 그 가족 그리고 우익 인사들이 처벌 대상이었다. 천일고무공장 사장 김영준, 대한노총 여수지구위원장 박귀환, 사찰계 형사 박찬길, 경찰서 후원회장 연창희 등이 처형되었다(김용삼, 위의 책: 184).

여수를 장악한 반란군 일부는 20일 오전 순천으로도 진출했다. 토착 좌익세력과 합세한 반란군은 순천에서도 인공기를 게양하고 인민위원회를 조직한 후 여수와 마찬가지의 만행과 학살을 저질렀다. 400여 명의 경찰을 포함한 900여 명이 살해됐다(김용삼, 위의 책: 188-189).

충격과 경악을 면치 못하던 정부는 21일 육군 총사령관 송호성 준장을 토벌사령관으로 임명하고 한신, 김점곤, 박정희 등 사령부 참모들을 대동시켜 광주로 급파했다. 제임스 하우스만 등 미 군사고문단도 동행해 광주에 토벌군 지휘본부를 설치했다. 다음 날인 10월 22일에는 여수와 순천에 계엄령을 선포했다. 10월 24일에는 동경에 체류하다 20일 급거 귀국한 이승만 대통령이 "공산분자와는 한 하늘 아래 같이 살 수 없다"는 경고문을 발표했다.

인근으로 확산되던 여순반란은 22일 곡성과 구례, 23일 순천, 24일 광양·보성·벌교, 25일 고흥, 그리고 마지막으로 27일 여수가 진압되면서 마무리됐다. 그러나 반란군 잔당은 지리산으로 들어가 빨치산 활동을 이어갔다. 이들이 완전히 진압돼 지리산 입산 금지가 해제된 것은 6·25 전쟁을 휴전하고도 2년이 지난 1955년 4월 1일이었다. 1949년 1월 10일 군사재판에 회부된 반란군 혐의자 2,817명 중 사형이 410명, 종신형이 568명이었다. 정확한 숫자는 알 수 없지만 반란군은 물론 진압군 그리고 민간인 희생자도 엄청났다.

이승만 대통령은 14연대를 영구히 해체했다. 1948년 6월 18일 제주 9연대 박진경 대령 암살을 계기로 시작된 숙군작업이 여순반란 이후 본격적인 물살을 탔다. 특무대장 김창룡의 활약은 우리 군이 6·25 전쟁에서 내부의 적에 흔들리지 않게 하는 면역체계를 만들었다. 그중 한 명이 박정희였다. 1948년 12월 1일 법률 10호로 제정된 국가보안법이 12월 20일 공포되었다. 여순반란은 반공을 국시로 만들었다.

4·3과 마찬가지로 좌익은 여순'반란'을 여순'봉기'라 주장하면서 남로당 지령을 부인한다. 그러나 김창룡에 의해 1948년 12월 18일 검거된 이재복과 1949년 2월 15일 검거된 이중업에 관한 당시 보도가 이들의 지령을 확인해 준다. "본명이 李重業(38세)은… 박헌영의 콩그룹 하의 인원으로… 남노당 특수부 책임자 이재복에게 지령하여 여수순천 지방에서 폭동을 일으키게 하였던 것이다"(동아일보, 1949년 4월 10일, 2면, 아래 기사 사진 참조).

"이중업 등 60명 체포, 여순반란사건 총 주모, 공산당 수괴로 암약, 국군 3삭(3개월)의 활약에 개가" 제목을 달고 있는 동아일보 1949년 4월 10일 2면 기사.

불바다가 된 여수 시가지.

95
김창룡, 여순반란 발생 한 달도 안 된 1948년 11월 11일 박정희 검거

1948년 8월 건국을 전후해 남로당이 주동한 폭동과 반란을 겪으며 대한민국에는 공산주의를 반대하는 흐름이 확실하게 자리 잡았다. 제주의 '4·3 폭동' 그리고 '여수·순천의 10·19 반란'은 대통령 이승만으로 하여금 다음과 같은 두 번의 담화를 연달아 발표하도록 했다. "지하공작으로 전국을 혼란에 빠뜨리고 있는 공산주의자들을 단호하게 숙청하겠다"는 10월 24일, 그리고 "각급 학교와 정부기관을 조사해 공산 사상이 만연되지 못하도록 법령을 발표할 것이니 국민들은 절대 복종하라"는 11월 4일 담화였다.

마침내 대한민국 제10호 법률 '국가보안법'이 1948년 12월 1일 제정되었고 12월 20일 공포되었다. 또한 국가보안법 제정을 전후로 '군에 침투한 공산주의자들을 색출해서 사법처리'하는 숙군(肅軍)작업 역시 본격적으로 전개되기 시작했다. 육군본부 정보국 3과장 김안일 소령이 주도했고, 제1연대 정보주임 김창룡 대위가 활약했다.

숙군에 필요한 제도적 정비는 정보국 3과인 특별조사과(SIS: Special

Investigation Section)를 1948년 11월 1일 특별정보대(SIS: Special Intelligence Service)로 개편하면서 이루어졌다(정주진, 2022,《김창룡 특무대장 암살사건 해부》북랩: 352). 이로부터 1년 후인 1949년 10월 21일 특별정보대는 다시 방첩대(CIC: Counter Intelligence Corps)로 이름을 바꾸면서 숙군을 이끌었다.

이때부터 1950년 6월 남침 전쟁이 벌어지기까지 숙군은 4회 그리고 1951년 8월 특무부대 창설부터 1954년 10월까지 다시 3회에 걸쳐 이루어졌다(정주진, 위의 책: 120). 총 7회에 걸친 숙군의 결과 군법회의에 회부된 현역 군인은 모두 1,120명, 군속과 민간인은 모두 557명이었다(국군보안사령부, 1978,《대공삼십년사》66-67).

숙군작업을 통해 대공활동의 중심인물로 떠오른 인물은 김창룡(1916~1956)이었다. 함경남도 영흥 출신인 김창룡은 해방 전 만철에 입사한 후 관동군 헌병대에서 대공업무를 맡았다. 그는 해방 직후 북한에서 소련군에 체포되었으나 탈옥에 성공해 월남했다.

1947년 조선경비사관학교 3기생으로 입학 및 졸업한 김창룡은 군에서 정보업무를 맡으면서 공산주의와 치열하게 싸웠다. 그 결과 숙군의 주역으로 떠오른 김창룡은 이승만의 반공노선에 없어서는 안 될 인물로 자리매김하게 됐다(김창룡 저, 남정옥 편, 2022,《숙명의 하이라루: 육군 특무부대장 김창룡 장군 비망록》청미디어; 이대인, 2011,《대한민국 특무부대장 김창룡》기파랑).

"1956년에 40세로 암살될 때까지 '빨갱이'란 말에 이를 갈면서 군내의 좌익 숙청을 일생의 천직으로 삼았던 그[김창룡]에 대한 평가는 천당과 지옥만큼이나 엇갈린다. '일제시대의 고문기술자들을 부리면서 관제(官制) 빨갱이를 양산한 이승만의 충복'에서 '군내의 공산 세포를 미리 제거하여 6·25 동란 때 국군의 붕괴를 예방한 구국의 영웅'까지 인물평이 극과 극으로 갈리기 때문"이다(조갑제, 2007, 《박정희: 한 근대화 혁명가의 비장한 생애》 13권 중 2권: 44).

김창룡의 숙군은 후에 대한민국 발전의 영웅으로 떠오른 박정희를 죽음의 문턱에까지 몰아넣었다. 자세한 상황을 알아보자. 여순반란 직후인 1948년 10월 21일 국군은 광주에 반란군 토벌사령부를 설치했다. 사령관은 육군총참모장 송호성 준장, 작전참모는 김점곤 소령이었다. 한신, 박정희 등 작전 장교들이 함께 광주로 내려갔다. 10월 22일 여수와 순천에는 계엄령이 선포됐다.

10월 24일 반군을 토벌하는 과정에서 사령관 송호성은 여수시 미평동 전투의 선두에서 사령관으로서는 낙제에 가까운 무능한 모습을 보였다. 철모에 총탄을 맞고 장갑차에서 떨어져 고막이 터지고 허리를 다치는 중상으로 결국 후송되었다(황남준, 1986, "전남지방 정치와 여순사건" 《해방전후사의 인식 3》 한길사).

송호성의 실패는 진압과정의 소극적 행보와 맞물리며 이승만 정부를 궁지에 빠뜨렸다. 그럼에도 송호성은 10월 29일 서울에서 가진 기자회견에서 '이번 사건에서 얻은 것은 오직 눈물밖에 없다'는 흐리멍텅하고 감성적인 발언을 이어갔다(김용삼, 2017, 《대구10월폭동/제주4.3사건/여순반란사건》 백년동안: 206-207). 결국 송호성은 6·25 전쟁이 벌어지자 국군과 함께 한강을 건너지 않고 서울에 남았다가 인민군에 투항했다.

송호성의 이와 같은 모습에도 불구하고 토벌군 사령부 작전 장교 박정희 소령은 특별한 돌출행동 없이 임무에 충실했다. 박정희는 김점곤을 도와 상황판 정리, 작전관계 보고서 작성 등의 업무를 차분하게 수행했다. 여순반란이 진압되자 박정희는 바로 서울로 복귀해 육군본부 작전교육국과장 발령을 받았다. 그러나 1948년 11월 11일 김창룡은 박정희를 체포했다(정주진, 위의 책: 129). 여순 발발로부터 채 한 달도 안 되는 시점이었다.

박정희 체포를 기록한 공식 문서는 국내에서 현재까지 발견된 것이 없다. 그러나 하버드 대학의 카터 에커트 교수가 미국 국립문서보관소에서 찾은 1948년 11월 12일 자 보고서는 다음과 같은 대목을 보여준다. 한국군 헌병사령관 담당 군사고문관 W. H. 세코 대위가 한국군 참모총장 담당 미군 군사고문관에게 보낸 문서에 박정희가 '반란행위로 구금된 장교 명단'에 포함되어 있다는 기록이다(조갑제, 위의 책: 43).

"박정희는 1949년 2월 8일에 고등군법회의에서 사형 구형에 무기징역과 파면, 급료 몰수형을 선고받았다. 이날 선고를 받은 피고인은 박정희 소령을 필두로 69명(장교 42명, 사병 27명)이었다. 이들의 공통 죄목은 국방경비법 16조 위반(반란기도)이다. 1949년 4월 18일 자 '고등군법회의 명령 18호'에는 박정희 소령에게 적용된 구체적 죄명이 '병력제공죄'로 되어 있다. 이 문서는 이들 피고인이 '1946년 7월경부터 1948년 11월에 걸쳐 서울 등지에서 남로당에 가입, 군내에 비밀 세포를 조직하여 무력으로 합법적인 대한정부(大韓政府)를 반대하는 반란을 기도했다'고 적고 있다.

박정희는 설치장관(이응준 육군 총참모장) 확인과정에서 징역 10년으로 감형되고 동시에 형의 집행을 면제받았다. 파격적인 특례였다. 박정희는 또 불구속 상태에서 이런 재판절차를 밟은 것으로 추정된다. 군법회의 재판관 김완룡(초대 육군 법무감)은 '박정희는 남로당에 가입하긴 했으나 적극적으로 활동하지는 않았고 군내에서도 인물이 아깝다는 여론이 일어나 그런 감형이 가능했을 것이다'고 말했다"(조갑제, 위의 책: 57-58).

그렇다면 김창룡이 박정희를 체포하게 된 계기는 무엇이었나? 김창룡은 남로당 군사책임자 이재복을 추적하는 과정에서 이재복의 비서 김영식을 먼저 검거했다(김창룡 저, 남정옥 편, 위의 책: 128-131). 김영식은 남로당 조직부장 이중업과 그의 부하 이재복이 군에 잠입한 세포들에게 지령을 전달하는 중간고리 역할을 맡고 있었다. 김영식이 보관하던 비밀문건을 압수해 암호를 해독한 김창룡은 군에 침투한 프락치들 명단을 확보할 수 있었다(정주진, 위의 책: 118). 박정희가 그 명단에 포함되어 있었음은 의문의 여지가 없다.

박정희를 체포한 김창룡은 1948년 12월 18일 이재복 그리고 1949년 2월 24일 이중업을 각각 추가로 검거하는 데 성공했다(김창룡 저, 남정옥 편, 위의 책: 131-146). 이들의 검거로 박정희가 이재복의 바로 아래 조직책이었음이 다시 한번 다시 확인되었다.

사형을 구형 당한 박정희가 구명되는 과정에는 여러 사람의 도움이 있었다. 수사를 담당하던 김창룡은 물론 김창룡의 바로 위 상관인 김안일 그리고 다시 그 윗선 책임자 육본 정보국장 백선엽은 물론 육군 항공사관학교 교장 김정렬 그리고 육군 총참모장의 고문이었던 하우스만(James H. Hauseman) 까지도 거들었다(정주진, 위의 책: 123; 이대인 위의 책: 105-111; 하우스만·정일화 공저, 1995, 《한국대통령을 움직인 미군대위 하우스만 증언》 한국문원: 33; 김용삼 위의 책: 279-297; 김정렬 회고록, 2010, 《항공의 경종》 대희: 101-111).

1948년 10월 21일 광주에 설치된 반군토벌사령부 작전회의 모습. 가운데 담배를 문 인물이 송호성 사령관이고, 그 왼쪽이 박정희다.

이승만 대통령으로부터 태극무공훈장을 수여 받는 김창룡(일자 미상).

96
주한 미군 철수와 같은 시기
북은 대한민국 국회에 '프락치' 심어

건국 한 달 후인 1948년 9월부터 철수하기 시작한 미군은 1949년 1월이 되자 주둔 병력의 숫자가 7,500명으로 줄었다(손세일, 2015, 《이승만과 김구》 7권: 635). 이승만은 미군이 떠나야만 한다면, 국군이 북한의 침략에 대비할 수 있도록 무기를 주고 떠나야 한다고 주장했다. 1949년 5월 8일 발표한 대통령 성명이 이를 잘 드러낸다(동아일보, 1949년 5월 8일, "국토 양분(兩分)은 미소 책임").

"대한민국은 우리 자신이 조성하지 않은 공산계열의 위협에 대항하여 우리들의 생명을 걸고 투쟁하고 있다. 일본이 항복할 당시에 한국에는 공산주의자가 하나도 없었다. 그러므로 이 위협은 미소협정에 의하여 한국 중부를 분할한 데서 야기된 것이며, 미국은 공산당을 타협적 기지(基地) 위에서 대하고자 노력했기 때문에 남한에서 공산당들은 크게 힘을 얻고 강력해진 것이다….

공산당들이 38도선을 끊임없이 침범하고 우리들을 파괴하는 이때에 우리들은 가만히 앉아 반항도 하지 않고 우리를 해하려는 것을 허락할 수는 없는 것이다. 우리들은 그들이 남한을 침범하므로 말미암아 그들에게 다대한 손실을 주도록 하여야 할 것이며, 이 목적을 위해서는 자위에 필요한 적당한 무기를 충분히 공급받아야 할 것이다."

이승만의 우려에도 불구하고 미군은 국군에 제대로 된 무기를 공급하지 않고 마침내 1949년 6월 30일 완전히 철수했다. 1945년 9월 한국에 들어온 7만 명가량의 미 육군 24군단 병력은 군사고문단 500명으로 바뀌었다. 이에 더해 여·순 반란에 따른 숙군 그리고 반민특위 활동이 본격화되면서 1949년 상반기 대한민국은 혼돈 그 자체였다.

이승만은 혼돈을 극복하고 강력한 반공체제 구축을 위한 정신전력 확보를 위해 1949년 4월 20일 서울중앙방송국 방송을 통해 '일민주의(一民主義) 정신과 민족운동'이라는 정치철학을 선보였다(손세일, 위의 책: 652). "우리 민족은 하나다. 국토도 하나요, 정신도 하나요, 생활에도 하나요, 대우에도 하나요, 정치상 문화상 무엇에도 하나다. 하나가 미처 되지 못한 바 있으면 하나를 만들어야 하고, 하나를 만드는 데 장애가 있으면 이를 제거하여야 한다… 헤어지면 죽고 뭉치면 산다"고 갈파했다(이승만, 1949,《일민주의 개술》일민주의보급회: 9-10).

일민주의는 공산주의의 '갈라치기' 즉 '계급혁명'을 경계하는 이념이었다. 핵심은 다음 4가지 평등 즉 1) 신분이나 계급의 철폐, 2) 농지개혁을 포함한 이익분배의 평등, 3) 남녀의 평등, 4) 지역의 평등 추구를 통해(손세일, 위의 책: 655-658), 민족공동체 구성원들의 동질성과 단합을 유지해야 한다는 주장이었다(양동안, 2017,《이승만의 민족통합주의 연구》연세대 출판부: 75). 이승만의 1923년 하와이 글 '공산당의 당부당(當不當, 옳고 그름)'을 배경으로 한 정치철학임은 두말할 필요가 없다(이승만 시간을 달린 지도자 1권, 33. '태평양잡지'

1923년 3월호, 이승만의 '공산당의 당부당(當不當)' 게재).

　방송 이틀 후인 4월 22일에는 서울운동장에서 반공체제 강화를 위한 '학도호국단' 결성식도 치렀다. 학도호국단은 민족청년단 이데올로그로 초대 문교부 장관이 된 안호상의 주도로 결성되었다. 총재 대통령 이승만, 부총재 국무총리 이범석, 단장 문교부 장관 안호상 등이 조직의 책임자로 추대되었다(손세일, 위의 책: 661-663).

　같은 날 이승만은 특별열차 편으로 3남 지방을 도는 '안보강연'도 시작했다. 3년 전 미소공위가 추진하는 신탁통치를 받아들이면 한반도 전체가 공산화될 것이라 우려하며, '남한 단독정부'라도 세워야 북한에 이미 세워진 정부 즉 1946년 2월 출범한 '임시인민위원회'에 맞설 수 있다고 밝힌 '정읍발언'이 나온 바로 그 방식의 지방순회 일정이었다(인보길, 2024년 1월 26일, "김구 암살⋯ 안두희⋯ 간첩 성시백도 잡혀 죽다" 뉴데일리).

　4월 29일까지 1주일간 남한의 주요 도시를 모두 방문한 이승만은 "삼천만이 뭉쳐서 조국을 소련에 바치려는 공산당을 없이하자" 등의 발언으로 가는 곳마다 구름 같은 인파를 모았다. 그럼에도 불구하고 5월로 들어서자 춘천을 지키는 8연대 1대대장 표무원 소령과 2대대장 강태무 소령이 훈련을 핑계로 병력 400여 명을 이끌고 38선을 넘어 집단으로 월북하는 사건이 벌어졌다.

　다른 한편 서울시 경찰국은 1949년 5월 17일 남로당이 포섭한 '국회 프락치(공작원)' 혐의로 이구수·최태규 의원을 그리고 다음 날 18일에는 이문원 의원을 각각 체포했다. 그로부터 대략 한 달 후인 6월 21일에는 노일환 포함 6명의 의원을 추가로 체포했고(명단은 사진 참조), 4일 후에는 국회 부의장 김약수도 체포했다. 4차에 걸쳐 구속된 의원은 총 15명이었다. 이른바 '국회 프락치 사건'이 벌어졌다(양동안, 2019, 《대한민국 건국사 바로알기》 대추나무: 232-240).

이 사건은 남로당의 5·10 선거 개입에서부터 시작됐다. 남로당은 한편으로 선거를 방해하는 투쟁을 전개했지만, 다른 한편으로 국회 내의 동조세력 확보를 위해 당선 가능성 있는 후보자들을 개별적으로 지원하기도 했다. 건국 후 지하당으로 전환한 남로당은 기업인으로 위장해서 국회의원들을 포섭해 비밀당원으로 가입시키는 공작을 펼쳤다.

노일환과 이문원이 가장 먼저 포섭되었다. 남로당은 이들에게 국회 내 동조자 포섭을 위해 매달 200~300만 원의 공작금을 주었다. 당시 요정에서 국회의원 20명이 하룻밤 연회를 하는데 20만 원 정도가 소요되었으므로, 이 돈은 매우 큰 돈이었다. 두 의원은 모두 남로당의 김사복이라는 동일 인물에 의해 포섭되었지만 그런 사실을 두 사람은 체포될 때까지 전혀 몰랐다.

이들은 이승만 대통령에게 반대하는 경향이 있는 의원들 가운데 주로 젊은 소장파 의원들을 포섭했다. 포섭된 의원들은 대한민국에 해를 끼치는 활동을 주로 전개했다. 예컨대 1948년 9월 '한미 재정 및 재산에 관한 협정 동의안'을 두고는 국토를 미국에 팔아먹는 매국적 행위라 비난하며 '을사조약'의 재판과 다름없으므로 찬성하면 이완용 후손과 같다고 주장했다. 그러나 국회는 이 동의안을 압도적 다수 찬성으로 가결시켰다.

1948년 10월 이들은 박종남 외 45인의 서명을 받아 '외군(미군) 철퇴 결의안'을 본회의에 상정했다. 미군철수에 반대하는 의원들이 제안설명을 못하게 막아 의사진행은 이루어지지 않았다. 1948년 12월 '한미원조협정 동의안'이 국회에 상정되었을 때도 엇비슷한 일이 벌어졌다. 이 동의안은 미국이 우리에게 주는 원조를 받기 위한 안임에도 불구하고 이들은 한국에 불리한 것이라고 억지 주장을 폈다.

국회에서 미군철수 촉구 결의가 좌절되자 이들은 유엔한국위원회에 외군철수를 위해 유엔한국위원단이 노력할 것을 촉구하는 서한 즉 '진언서'를 보내기로 작정하고, 동조하는 의원 62명의 서명을 받아 결국 제출에 성공했다. 이들은 또한 미군은 철수하지만 군사고문단이 남을 것이라 알려지자 군사고문단 설치 반대투쟁을 전개하기도 했다. 이들이 국가보안법 제정에 반대했음을 더 말할 것도 없다.

국회프락치 사건은 사건 당시부터 조작이 아니냐는 주장이 제기되었다(남시욱, 2009, 《한국진보세력연구》 청미디어: 127). 그러나 러시아 정부가 1993년 한국 정부에 제공한 한국전쟁 관련 구소련 극비 군사외교 문서에는 국회프락치 사건의 실상에 관한 중요한 기밀보고서가 포함되어 있었다. 1949년 4월 북한 주재 소련 대사가 된 스티코프가 스탈린에게 보내는 '남북 조선의 정치경제 상황 개요, 1949년 9월 15일'이라는 비밀보고서다.

이 문서에는 다음과 같은 구절이 등장한다 "노동당은 남조선의 국회의원 중 일부를 자신의 편으로 끌어들이는 사업을 조직했습니다. 노동당의 지령에 따라 이들 국회의원은 국회 안에서 남조선에서 시행되는 미국 정책 및 남조선 정부 당국의 권위를 무너뜨리기 위해 여러 요구 사항을 제기하고 있습니다"(전현수·기광서 역, 2006, 《한국전쟁, 문서와 자료, 1950~53년》 국사편찬위원회: 36). 조작은커녕 소련의 지령까지 받은 사실을 적나라하게 드러낸다.

1950년 대구에 있던 '군사고문단(KMAG: Korean Military Advisory Group)' 모습. 1949년 6월 미 제5연대 전투부대를 마지막으로 한반도 미군이 모두 철수하자, 1949년 7월 1일 '군사고문단'이 출범했다. 정식명칭은 'United States Military Advisory Group to the Republic of Korea'이다.

국회 프락치 사건으로 구속된 국회의원 15명의 계보. 이삼혁, 오관 두 사람은 사진이 없다 (출처: 양동안, 2019, 《대한민국 건국전후사 바로알기》 대추나무: 236).

이승만 저, 《일민주의 개술》 표지(1949년).

97
1949년 6월 청년 장교 안두희, 김일성 추종한 김구를 쏘다

　국회 프락치 사건으로 뒤숭숭한 정국은 김구(1876~1949) 암살이라는 엄청난 사건으로 다시 한번 소용돌이쳤다. 1949년 6월 26일 낮 12시 40분, 73세 김구는 자신의 거처인 경교장을 방문한 32세 청년 장교 안두희(1917~1996: 범행 당시 육군 포병 소위이자 한독당 비밀당원)의 총탄 4발을 맞고 그 자리에서 즉사했다. '내가 죽였다'고 자백하는 안두희를 현장에 출동한 경찰이 연행하는 순간, 현역 군인에 대한 관할을 내세운 헌병이 들이닥쳐 안두희를 데리고 갔다(손세일, 2015,《이승만과 김구》7권: 746-749).

　육군본부가 7월 20일 발표한 장문의 수사 결과를 요약하면 다음과 같다. "안두희는 아래와 같은 내용의 지도를 받으면서 한독당과 김구의 사상 및 정치노선에 대하여 점차 회의를 느꼈다. 그것은 1) 5·10 선거에 의한 대한민국 정부수립 부인, 2) 평화통일의 이름 아래 공산당과 제휴를 기도하고 한독당 주요 간부에 대한 북로당원의 포섭, 3) 남북정치협상에 의한 연립정부 수립 기도, 4) 미군 철퇴를 주장하고 철퇴 뒤에는 군사고문단 설치 절대 반대, 5) 미국의 대한 경제원조 반대, 6) 북한정책의 합리성은 찬양, 7) 남한 정부의 혁명가에 대한 박대를 공격, 8) 남한에서 조만간 쿠데타 단행 예언 등이었다.

그리하여 안두희는 탈당을 의도했으나 탈당한 뒤의 테러 위험성을 우려하여 고민하다가 [마침내] 김구의 진의를 타진하기 위해 범행 당일 경교장을 방문했다. 이날 김구는 안두희에게 대포의 성능에 대하여 자세히 물었고 안두희가 영등포 포병대에서 경무대[청와대]나 중앙청을 향하여 정확히 조준할 수 있다고 대답하자, 김구가 만열(滿悅, 만족하여 기뻐함)하는 것을 보고 김구의 노선이 대한민국을 전복하려는 공산당의 노선과 완전히 일치하는 것을 확인하고 논쟁 끝에 사살하게 되었다"(손세일, 위의 책: 757).

안두희의 김구 살해 동기는 쉽게 말해 '김구가 김일성을 추종하는 노선'을 보였기 때문이었다. 오늘날 운동권 정치인들이 보여주는 '종북노선'에 실망해 운동권을 버리고 돌아서는 젊은이들의 판단과 크게 다르지 않은 모습이다. 다만 실망을 넘어 분노에 치를 떨며 사람을 죽이는 행동으로까지 나간 것이 다르다면 다른 차이점이었다. 안두희는 8월 고등군법회의 재판 끝에 종신형을 선고받았지만, 6·25 전쟁으로 서울이 점령되기 직전인 6월 27일 석방되어 육군에 복귀했다(손세일, 위의 책: 758).

안두희는 휴전 후 군 납품업 등에 종사했으며, 4·19 이후에는 협박과 테러에 시달렸다. 그는 1965년 곽태영의 칼에 맞았고, 1987년에는 권중휘의 '정의봉'에 골절상을 당했다. 이때부터 안두희는 사면초가의 심리적 압박에 쫓겨 횡설수설 혼란을 일으켰다. 1955년 학예사에서 출판한 자신의 옥중수기 《시역(弑逆)의 고민》을 두고 '내가 안 썼다'와 '내가 썼다'를 오락가락하며 말을 바꾸기도 했다.

1994년 국회법사위 '김구암살진상조사위원회'에 나가서는 실어증을 이유로 증언을 피하며 침묵했다. 마침내 2년 후인 1996년 79세에 안두희는 박기서의 '정의봉'에 맞아 결국 절명했다(인보길, 2024, "김구 암살, 안두희는 왜 쏘았나? 거물간첩 '명동백작' 성시백도 잡혀 죽다" 뉴데일리).

안두희의 김구 암살 배후에 관한 논란은 아직도 계속되고 있다. 수사기록과 공판기록이 모두 사라진 상태에서 사건 발생 44년만인 1993년부터 3년 동안 국회법사위는 '김구암살진상조사위원회(위원장 강신옥)'를 가동해 그 결과를 1996년 '김구암살진상조사보고서'로 발표했다. 이 기록은 '김구전집편찬위원회'가 1999년 펴낸 《백범김구전집》'제12권: 암살 진상'에 포함되어 있다. 그러나 이 '보고서'조차 김구 암살 사건의 진상 특히 사건의 배후와 관련된 논란을 완전히 불식시키는 데 실패했다(손세일, 위의 책: 743-746).

예컨대 2024년 2월 3일 현재 '김구기념사업회' 홈페이지의 '암살에 대한 보고' 버튼 아래 떠 있는 '김구암살진상조사보고서'의 '맺음말'에는 다음과 같은 의문이 제기되어 있다.

"암살범 안두희의 마지막 증언을 면밀히 분석하면 김구 암살 사건은 안두희에 의한 우발적 단독 범행이 아니라 면밀하게 준비 모의되고 조직적으로 역할 분담된 '정권적 차원'의 범죄였다…. 김구 암살에서 가장 큰 쟁점은 역시 이승만과 미국의 관련성이다. 이승만 대통령의 경우 '정권적 차원'의 범죄라는 차원에서 우선 도덕적 책임이 있다. 또한 사건 뒤처리에서 개입한 것이 확인된다. 다만 암살 사건에 대한 사전 개입과 지시는 불투명한 편이다.

미국의 경우 우선 김구의 정치노선에 대한 거부감을 가지고 있었고, 암살 사건의 내막을 알 수 있었을 것으로 판단된다. 다만 미국 역시 암살에 대한 구체적 지시나 명령을 한 흔적은 보이지 않는다. 암살사건에서 최고위층의 개입을 구체적인 지시명령의 대목까지 확인할 수 있는 경우는 극히 드물다. 다만 최고위층 자체가 하나의 상황을 만들기 때문에 도덕적 책임, 상황적 책임을 물을 수 있다."

김구의 죽음에 이승만과 미국이 책임이 '있다'는 말인지 아니면 '없다'는 말인지 분명한 판단이 없는 표현이다. 최대한 적극적 해석을 하면 직접적 증거는 없더라도 김구의 암살이 '정권적 차원'의 범죄이기 때문에 당시 정권의 책임자인 이승만은 물론 이승만을 지원한 미국도 도의적, 상황적 책임을 져야 한다는 말인 듯싶다. 그러나 여전히 아리송하다. 직접적 증거가 없는 '정권적 차원'의 범죄가 구체적으로 무엇을 의미하는지 이해할 수 없기 때문이다.

반면에 안두희가 펴낸 《시역의 고민》은 단독 범행이었음을 주장하고 있다. 이 책은 옥중에서 쓴 일기의 형식을 따라 검거된 다음 날인 6월 27일부터 재판정에 서는 8월 3일 바로 전날인 8월 2일까지의 일기로 구성되어 있다. 9쪽 분량을 차지하는 1955년의 서문 첫머리에서 안두희는 이 책을 '삼가 이북에 계신 아버님께 올립니다'라고 밝히고 있다.

서문에서 안두희는 "범행 자체가 비록 우둔하였으나마 순수한 나 자의(自意)의 행동이었고, 필형(畢刑, 형을 마침)의 경위 또한 혼란 중에서도 소정의 법절차를 밟았음에도 불구하고 사회 일부의 방담자(放談者)들은 '모 고위층 인물에 사주된 범의(犯意)'이니 '모 군부의 지령에 의한 범행'이니 '불법의 석방'이니 하는 별의별 왜곡된 풍설을 유포시키고 있사오니 이 일을 어찌하면 좋겠습니까"라고 하소연하며 단독 범행임을 주장했다(안두희, 1955,《시역의 고민》 서문: 5-6).

이 책에서 가장 눈길을 끄는 대목은 6월 30일 일기에서 암살 당일 김구와 가졌던 논쟁의 주제를 구체적으로 밝히는 대목이다(같은 책, 53-57). "국회 소장파와 선생님 사이에 일찍부터 내통되어 있다는 것은 세상의 정평이요… 그들과의 관계는 정말 어떤 것입니까?" "선생님께서 남북협상 당시 서울을 떠나시며 뭐라고 말씀하셨습니까?" "협상 다녀오신 뒤에 태도는 어떠셨습니까? 미군의 철퇴를 주장하셨고, 미국의 원조를 거부하셨고, 유엔의 처사를 비방하시면서 급기야는 5·10 선거까지 부인하신 것, 어찌 그 주장하심이 공산당과 꼭 같으십니까?"

"전라도 방면을 순회하실 적에 정부를 부인하시고, 미국을 침략자로 규정하시며, 이승만 박사를 사대주의자로 매도하셨으니, 그렇게도 국민 전체가 쌍벽으로 모시던 두 분의 교의가 끊겼다고 생각될 때에 겨레의 실망이 어떤 것인지 아십니까?" "건국실천원양성소는 무엇하는 기관이며, 혁신탐정소는 누구의 것이며, 또 한독당의 비밀당원 조직망이란 무슨 사명을 부여한 결사입니까?" "여순반란은 누가 사주한 것입니까?" "[1949년 5월 부대를 끌고 월북한] 표 소령, 강 소령과 기거를 같이 한 놈은 어떤 놈입니까?" "송진우 씨는 누가 죽였습니까?" "장덕수 씨는 누가 죽였습니까?"

질문을 퍼붓던 안두희가 김구에게 마지막으로 울부짖는다. "영감과 나라를 바꿉시다." 안두희의 이 질문들은 《이승만 시간을 달린 지도자 2권》 '84. 북로당 간첩 성시백·서영해 공작으로 김구·김규식 남북협상 참여' 꼭지에서 설명한 김구와 김일성이 대한민국에 직파한 북로당의 거물 간첩 성시백의 관계를 이해해야만 답이 나온다(정안기, 2024, 《테러리스트 김구》 미래사).

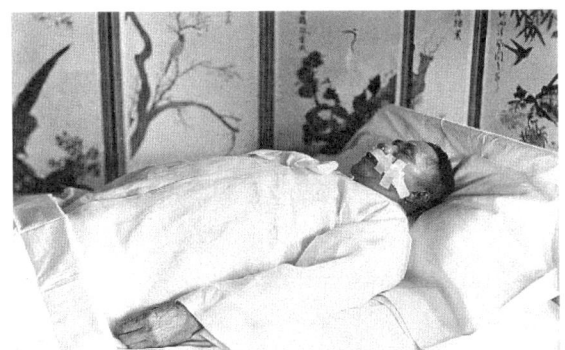

저격 직후 김구의 유해.

경교장 2층 김구의 집무실 유리창을 뚫은 총탄 자국 너머로 지지자들이 울면서 절하고 있다.

《안두희 수기 시역의 고민》 1955, 학예사.　　《나는 왜 김구 선생을 사살했나》 2020, 타임라인

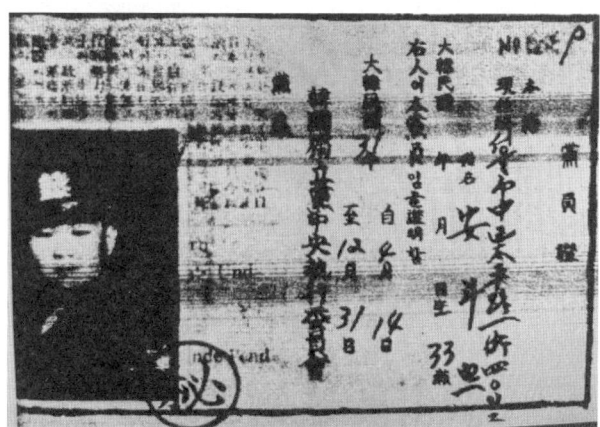

안두희가 1949년[상해 임시정부 대한민국 31년] 4월 14일부터 12월 31일까지 한국독립당 제9호 비밀당원임을 증명하는 한독당 중앙집행위원회 발행의 당원증. "이 사료는 1965년 '희망출판'이 발간한 《해방 20년사》에 수록되어 있다. 안두희가 한독당 비밀당원이었다는 사실은 1949년 6월 26일 안두희의 김구 시해가 내부소행이라는 강력한 증거가 된다. 다시 말해 이승만이나 미군 등의 외부 사주를 받은 행동이 아니었음을 확인해 주는 기록이다"(2024년 1월 3일. 정안기 박사 페이스북 공개 게시글).

98
국군 전신 조선경비대,
'빨갱이 소굴' vs '일본놈 앞잡이' 알력

1949년 상반기는 새로 생긴 자유민주주의 국가 대한민국이 안착하느냐 혹은 무너져 내리느냐 하는 기로였다. 1948년 8월 어렵사리 출범한 신생 대한민국은 9월 영토의 북단에서 '조선인민민주주의공화국'이란 이름으로 정권 수립을 공식화한 공산 세력과 대치해야만 했다. 동시에 대한민국은 영토의 남단 제주에서 건국을 위한 총선을 부정하는 공산 세력이 4월 일으킨 폭동이 진압은커녕 10월에 들어서면서 여수·순천으로 확산되는 위기도 마주해야 했다.

그럼에도 불구하고 군정을 마친 미군은 1948년이 저물면서 떠날 준비에 여념이 없었다. 미 육군성은 이미 그해 4월 하지 주한미군 사령관에게 '1948년 말까지 주한 미군이 완전히 철수할 수 있도록 모든 환경을 조성하라'는 명령을 내려보냈다(하우스만·정일화, 1995, 《한국 대통령을 움직인 미군 대위》 한국문원: 157).

미군은 한국에서 철수하기 전까지 '조선경비대'가 불안한 지정학적 조건의 한국을 성공적으로 지킬 수 있도록 조직, 인원, 장비를 확대하는 한편 관련 법규를 만드는 일에 매진했다. "경비대 병력은 [1946년 1월] 시작 무렵 5천 명 선이었다. 이것이 1만 명, 2만 5천 명, 5만 명으로 늘었다가 6·25 직전에는 10만 명쯤 됐다"(하우스만·정일화, 같은 책: 133).

남로당은 그러나 이와 같은 경비대의 급격한 증원을 틈타 군에 세포를 침투시키고 있었다. 조선경비대가 증원되면서 초반의 주력이었던 경찰과 경비대에 뒤늦게 합류하기 시작한 군인들 간에는 알력이 생기기 시작했다. 일본이 패망할 때 한반도 경찰 병력의 30%는 한국인이었다. 미군정은 1945년 10월 15일 경찰학교를 열고 경찰 단기 교육과정을 거친 새 경찰을 양성하기 시작했다(하우스만·정일화, 같은 책: 136).

"이들은 국내 치안과 국경 경비를 다 같이 책임지고 있었는데, 때문에 앞으로 신생 독립국가의 군이 조직된다면 당연히 경찰이 그 핵을 이룰 것이라 믿고 있었다. 48년 독립 정부가 수립돼 정식으로 대한민국 군대가 발족할 때까지 경찰이 무기고 통제권을 갖고 있었다. 경비대는 경찰의 허가를 받아 탄약을 사용했다. 경비대 측은 이를 매우 못마땅하게 생각했다"(하우스만·정일화, 같은 책: 136).

"반면 경비대원들은 경찰을 정신적으로 얕보고 있었다. 일제하의 그 악질적인 경찰 기구에 종사했던 사람들이라는 것과 독립 정부수립 후에 군대가 정식으로 탄생하면 당연히 군인들로 구성돼 있는 경비대가 핵심이 돼야지 경찰이 이를 도맡을 수는 없다는 것이었다"(하우스만·정일화, 같은 책: 137).

경찰과 경비대 간의 알력은 건국 후 여순사건과 같은 사상전이 불붙으면서 더 심해졌다. "경찰은 '군이 빨갱이 소굴'이라고 비난했고, 군은 경찰을 '일본놈 앞잡이' 하던 사람들이라고 맞섰다"(하우스만·정일화, 같은 책: 138).

그러나 미군은 경비대 병력을 적어도 방어군 수준으로는 올려놓은 후 철수해야 했으며, 따라서 48년 말까지 한정된 시한 안에 경비대를 증강 개편하지 않으면 안 됐다(하우스만·정일화, 같은 책: 155). 북한이 이미 상당 수준의 무력을 갖추고 있었기 때문이었다.

미국은 여순반란 진압을 국내 안정화로 판단했다. "49년 2월부터 주한 미군 철수가 본격화됐고, 그해 6월 말에는 주한미군의 마지막 부대인 제5전투기동연대가 하와이를 향해 떠나가 버림으로써 한국은 스스로의 힘에 국방을 의지할 수밖에 없게 됐다"(하우스만·정일화, 같은 책: 193). '국가가 독립하자면 군대가 있어야 한다'는 명제가 시험대에 오르는 상황이었다.

군정 초기 미군은 "'국방부'라는 것을 만들어 주로 경찰 병력을 수습했다. 때가 되면 조선인 경찰·군인들에게 내부치안 및 국경경비 업무를 맡기고 미군은 떠난다는 계획"이었다(하우스만, 같은 책: 120). 미군정은 "경찰업무를 관장하면서 국경을 수비할 부대 창설을 상부에 상신했다… 그러나 태평양전쟁을 막 끝낸 미 국방부 사정은 이를 승인하기가 쉽지 않았다. 미국인의 관심은 온통 전쟁복구사업, 마샬플랜 등에 집중될 뿐이어서 국방예산은 깎여 나가고 있었다. 군병력도 2차대전 막바지 수준의 1/3로 감원할 때였다"(하우스만·정일화, 같은 책: 120-121).

"한국 국내의 사정도 어려웠다. 당시 한반도에는 쓸 수 있는 재원이 제로 상태였다. 경찰, 재무, 보건, 행정 등 분야에는 그런대로 일제 식민지 시대의 기구표가 있었고, 여기에 경험을 쌓은 한국인들이 비록 직책은 낮지만 존재했다. 그러나 국방이니 군대니 하는 조직은 지난 36년간 경험해본 일이 없었다"(하우스만·정일화, 같은 책: 121).

일본은 식민지배 시작과 함께 내선일체를 내세우며 조선인을 대상으로 내지인(일본인)과 동일하게 세금을 부과했지만, 조선인을 대표하는 국회의원(제국의원) 선출 불허는 물론 병역의무도 부과하지 않았다. 그나마 1937년 중일전쟁 시작부터 1945년 태평양전쟁 패망까지 전시체제에서 상당한 규모의 조선인이 일본군에 특별지원병, 학도지원병, 그리고 징병 등의 방식으로 동원되었다. 그러나 이들 대부분은 전쟁터에서 희생되어 해방 후 조선에서는 군 경력을 가진 사람이 많지 않았다(정안기, 2020, 《충성과 반역: 육군특별지원병》 조갑제닷컴).

급한 대로 미군정은 미 국방부의 인가가 나기까지 필리핀의 '경찰예비대'와 같은 형식의 '조선경비대'를 1946년 1월 창설키로 결정했다. 경찰의 예비병력을 기른다는 명분이 군대를 창설하는 것보다는 훨씬 정치적 부담이 적었기 때문이었다(하우스만·정일화, 같은 책: 121).

동시에 미군정은 "미국의 군사 지식을 전달받을 수 있는 한국 장교 예비생을 모집했다… 1946년 1월 14일 서대문 감리교신학교 자리에 '군사영어학교'를 만들고… 군 경험자를 모집해 미군식 군대 교육을 했다. 한국군 창설을 위한 첫 발걸음이었다. 일본 육사 출신들, 만주군 출신들, 더러는 광복군 출신들이 모여들어 영어로 미 군사 용어를 배워갔다"(하우스만·정일화, 같은 책: 121-122).

미군정은 약 200명의 입학생을 받은 군사영어학교를 1946년 4월 말 폐지하고 대신 '조선경비사관학교'를 열었다(정안기, 같은 책: 370). 1946년 5월부터 1948년 7월까지 조선경비사관학교는 제1기부터 제6기까지 입교자 1,511명에 대해서 1,255명의 장교를 배출하였다. 이 가운데 1947년 입학하고 졸업한 3기생 338명의 경우 약 60%에 달하는 임관자들이 여순사건을 계기로 숙군이 단행되면서 군적을 박탈당했다(정안기, 같은 책: 374-

375). 당시 남로당의 군 침투가 얼마나 심각했는지 여실히 보여주는 자료다.

여순반란은 군 내부의 공산주의자 정리를 최우선 과제로 밀어 올렸다. 그때까지 미군은 공산주의자에 대한 명확한 지침을 갖고 있지 않았다. "아직 소련과의 우방 관계가 공식적으로 유지되고 있었고, 한국의 입장은 공산주의자라고 하는 사람들의 상당수가 일본 식민지로부터의 독립을 찾기 위해 공산주의에 뛰어든 것이었기 때문에 경비대 조직 초기에는 공산주의자 성분 조사를 철저히 하지 않았던 것이다.

그리고 전문 인력의 부족으로 공산주의자를 가려내려 해도 손쉽게 할 수 없는 형편이었다. 그러나 47년 미소공동위원회가 완전히 결렬되고 북한의 대남 게릴라 정책 내지 남한 공산주의자들의 남한 내 반자본주의 운동이 활발해짐에 따라 서서히 숙군작업에 들어갔다. 수사망이 좁아지면 스스로 경비대를 이탈해 버리는 사람도 생겼다. 김안일, 김창룡 등 젊은 장교들의 활약이 눈부실 때였다"(하우스만, 같은 책: 157-159).

다른 한편 여순반란 직전인 1948년 10월 13일 44명의 무소속 소장파 의원들은 '외국군 철수 결의안'을 국회에 제출했다. 이듬해인 1949년 3월에는 63명의 의원이 같은 내용의 진언서를 작성해 유엔한국위원단에 제출했다. 그러나 같은 해 6월 김약수, 노일환, 강욱중 등 13명의 국회의원들이 남로당의 조종을 받는 프락치(공작원) 혐의로 체포되면서 공산주의는 확실한 제재를 감수해야 하는 위치로 전락하고 말았다.

하우스만·정일화 공편, 1995, 《한국 대통령을 움직인 미군 대위 하우스만 증언》한국문원.

미군정 경찰 창립 행사(1945년 10월).

조선경비대 제1연대 단체사진 (1946년 1월).

99
1950년 3월 이승만의 '개정 농지개혁법'은 대한민국 발전 초석

농지개혁 혹은 토지개혁은 국가가 주도해 지주들이 소유한 대토지를 소작인들에게 인위적으로 분배하는 개혁을 말한다. 자생적으로 자본주의를 발전시키지 못한 후발국에선 경제적 지배계급인 지주의 영향으로 생산과 유통 방식을 혁신하는 기업인 즉 자본가의 등장이 억제된다. 경제발전을 목표로 하는 후발국들은 그래서 모두 인위적으로라도 지주계급을 해체하는 농지개혁을 추구한다.

대토지를 잘게 나눈 농지를 소유한 자작농이 많아지면 이들이 경쟁을 통해 생산과 유통에서 혁신을 추구하여 경제발전을 주도하는 기업인 즉 자본가로 성장할 수 있기 때문이다. 바로 이런 이유로 2차대전 이후 탄생한 신생국은 모두 농지개혁을 건국의 최우선 과제로 삼았다. 대한민국도 예외가 아니었다. 이승만 또한 건국 전부터 농지개혁을 새 나라의 최우선 과제로 생각하고 있었다.

이승만은 1946년 3월 1일 미군정 자문기관인 '남조선 대한국민대표 민주의원' 의장 자격으로 서울중앙방송을 통해 '토지개혁'을 포함한 '과도정부 당면정책 33항'을 발표했다. '민주의원'은 같은 달 19일 이 33항을 살짝 다듬어 '임시정책 대강(大綱, 큰 강령)'으로 결의해 앞으로 세울 나라의 헌법 뼈대로 삼았다. 대한민국 건국 헌법 86조에 농지개혁 조항이 들어간 이유다.

그러므로 이승만 농지개혁의 출발은 북한의 임시인민위원회 위원장 김일성이 토지개혁을 선포한 1946년 3월 5일에 비해 결코 뒤지지 않는다. 북한이 농민의 마음을 얻은 토지개혁을 먼저 실시했기 때문에 대한민국 혹은 이승만도 어쩔 수 없이 농지개혁에 따라나서게 되었다는 일부의 주장은 전혀 사실과 다른 억지다. 틈만 나면 대한민국과 이승만을 폄훼하는 일을 업으로 삼는 반(反)대한민국 세력의 헛소리다.

더구나 북한의 토지개혁은 시장경제의 기본을 전혀 지키지 않은 소련식 공산주의 '무상몰수·무상분배' 토지개혁이었다. 말로는 토지가 '농민의 것'이라 선전했지만, 사실은 토지가 '국가의 것'이기 때문에 농민은 '국가의 소작인'이 될 뿐이었다. 그러나 이승만의 농지개혁은 시장경제의 기본을 지킨 '유상몰수·유상분배' 개혁이었다. 그런 까닭으로 대한민국 농지는 농민의 소유가 됐다.

이렇게 추진되기 시작한 대한민국 농지개혁은 여러 곡절과 고비를 넘기며 마침내 1950년 3월 10일 '개정된 농지개혁법'이 공포되고 이어서 시행령 및 시행세칙이 발표되면서 완성됐다(아래 도표 참조). 6·25 전쟁 이전 마무리된 농지개혁 덕택에 자영농이 된 남한의 농민들은 낙동강 전선까지 밀리면서도 북한의 선전·선동에 놀아나지 않았다. 지켜야 할 땅을 가진 농민들은 공산주의와 싸웠다.

반면 베트남에서는 농지개혁이 제대로 이루어지지 않아 미군의 지원으로 우세한 화력에도 불구하고 민심을 얻지 못한 남쪽 군대가 결국 전쟁에서 패했다. 베트남이 적화된 근본적인 이유다. 그러나 대한민국은 일본 및 대만과 같은 방식으로 우익이 주도해 시장경제에 기반한 농지개혁을 성공시켜, 이후 '동아시아 경제발전'의 주역 가운데 하나로 발돋움할 수 있었다.

요즘은 이승만의 '농지개혁'이 대한민국 발전의 계기를 만든 '대성공'이라 대부분 인정한다. 그러나 필자가 대학 그리고 대학원에 재학 중이던 1970년대와 1980년대만 하더라도 정반대의 평가가 지배적이었다. 왜 이런 변화가 생기게 되었는가? 여러 가지 이유가 있지만 가장 중요한 이유는 농지개혁 역사를 실증적으로 집대성한 무려 1,256쪽에 달하는 연구서가 세상에 나왔기 때문이다(김성호·전경식·장상환·박석두, 1989, 《농지개혁사연구》 한국농촌경제연구원).

이 책 이후 농지개혁에 대한 평가는 제자리를 찾기 시작했다. 특히 작고한 성균관대 김일영 교수의 저서 《건국과 부국》(생각의나무, 2004)이 이런 흐름에 크게 기여했다. 김일영은 김성호 등의 1989년 연구에 기초해 이승만이 농지개혁에 소극적이지 않았고 또한 농지개혁을 통해 당시 경제활동인구의 70% 이상을 차지하던 농민들을 포섭해 안정적 지지기반을 확보할 수 있었다고 분석했다(위 책: 106-137).

이런 흐름은 최근까지 이어진다. 2024년 2월 개봉한 영화 '건국전쟁'이 120만 관객을 동원하며 이승만의 농지개혁 성과를 대중에게 소개했다. 중앙대 경제학과 명예교수 김승욱 또한 이를 이어받아 대중잡지 《월드뷰》(2024년 8월호)에 '대한민국을 구한 이승만의 농지개혁'을 기고해 농지개혁이 일제시대 부농 즉 '식민지 지주'를 해체한 실질적 '친일청산' 과정이었음도 밝혔다.

2차대전 이후 독립한 국가들은 모두 농지개혁을 원했지만 대부분 실패하고 말았다. 지주계급의 반발과 저항을 이겨내지 못했기 때문이다. 그러나 이승만은 김성수와 한민당으로 대표되는 지주계급의 저항과 회피를 물리치고 농지개혁에 성공했다. 이를 위해 반공주의자 이승만은 조봉암으로 대표되는 사회주의 성향의 국회 소장파 세력과 전략적 제휴 및 거리 두기를 반복했다.

이 과정에서 소장파는 농지개혁을 '친농민·반지주' 방향으로 몰아가고자 했다. 농림장관에서 6개월 만에 물러난 조봉암을 엄호하는 소장파 '동성회(同成會: 김약수의 同仁會+이문원의 成仁會)' 소속 의원들은 국회 토론에서 유상원칙을 비판하고 북측 방식인 무상분배를 주장했다. 조봉암이 임명한 '농림차관 강정택, 농지국장 강진국, 그리고 그 아래 과장 셋 윤택중(지정과장)·안창수(사정과장)·배기철(분배과장)' 또한 모두 6·25 전쟁통에 자진 월북한 저쪽 사람들이었다(김성호, 1991, '농지개혁연구: 이데올로기와 권력투쟁을 중심으로'《국사관논총》 25집: 198, 201-202). *)

이승만은 이들을 견제하며 국회와 밀고 당기기를 이어갔다. '밀당' 끝에 국회는 1949년 4월 27일 농지개혁법을 통과시켰다. 그러나 이승만은 이 법이 1) 조문의 선후 모순, 2) 보상지가와 상환지가의 불일치로 인한 재정 부담, 3) 국회 통과일로부터 시행한다는 조문 상 착오 등을 이유로 국회에

---

*) 그러나 서울대 인류학과 명예교수 이문웅은 최근 출판한 책《농정학의 개척자 강정택》(YBM, 2024: 201-210)에서 강정택이 자진 월북한 것이 아니라 납북되었으며 강진국 또한 월북하지 않고 남한에 남아있었다는 사실을 지적하고 있다. 그럼에도 일본에서 실증적 농경제학을 전공한 강정택이 해방공간에서 느닷없이 좌익단체 민전(민주주의민족전선) 활동을 한 사실을 두고는 해석이 분분하다(주익종, 이승만학당 유튜브, [인물이야기] "조선-일본 협력으로 태어난 농정학자 강정택" 2023 6 19).

이 법안의 '소멸'을 통고했다(김성호, 1991:196-201; 1989: 546-550).

국회와 정부 사이의 갈등은 결국 법을 일단 공포하지만(1949년 6월 21일) 집행하지 않고 바로 개정에 착수한다는 조건으로 타결됐다. 이 기회를 이용해 국회에서는 지주 대변 세력과 농민 대변 세력이 서로 자신의 이해를 입법에 반영하려 했다. 그러나 때마침 드러난 1949년 6월의 이른바 '국회 프락치 사건'이 농지개혁에 관한 이승만의 입장을 강화했다. 마침내 1950년 3월 10일 개정된 농지개혁법이 선포됐다. 이승만은 결국 자신이 원한 '균형 잡힌' 입법을 완성했다.

개정된 법은 개혁 대상 농지를 3정보 이상으로 제한하고, 지주가 받고 농민이 부담하는 보상과 상환 가격을 모두 해당 농지 한 해 소출의 150%로 정했고, 이를 시행하는 기간도 양쪽 모두 5년으로 나누어 집행하도록 했다. 농지개혁에 정부의 재정적 부담이 없고, 지주와 농민 간 부담이 균형을 이룬 방식이었다. 그럼에도 지주는 하루아침에 땅을 헐값에 넘기게 되었고, 농민은 하루아침에 땅을 헐값에 사게 되었다.

2024년 노벨경제학상을 받은 학자들 표현을 따르면 농지개혁은 이른바 '포용적 제도' 즉 '중산층을 확대하는 제도'를 만들어 안착시킨 대표적 성공 사례다(아세모글루·로빈슨 저, 최완규 역, 2012, 《국가는 왜 실패하는가(Why Nations Fail)》 시공사). 농민들은 환호했고, 지주들은 징징댔다. 지주를 달래기 위해 이승만은 지주가 기업가로 변신하기 위한 전업을 알선하고 이에 필요한 자금도 지원하는 길을 열었다. 이 배려와 함께 1949년 12월 공포된 '귀속재산처리법'은 지주가 자본가로 넘어가는 길을 열어 주었다.

이 과정을 이끌며 이승만은 완성된 법이 공포되기도 전에 긴급명령 등의 행정조치로 농지개혁에 필요한 기초 작업을 모두 준비했다. 그리하여 개정된 법 공포 직후인 1950년 3월 중하순에 정부는 '농가별분배농지일람표'를 공람시킬 수 있었다. 같은 해 4월 15일 정부는 '농지개혁 완료'를 선언했다. 6·25 발발 2달 전이었다. 이승만은 정녕 '시간을 달린 지도자'였다.

농지 개혁
준비부터 실시까지

- **1946년 3월 1일**: 민주의원 의장 이승만, '토지개혁' 포함한 '과도정부 당면정책 33항' 발표
- **1946년 3월 19일**: 민주의원, '과도정부 당면정책 33항'을 '임시정책 대강'으로 의결 (1948년 헌법 제정 기초)

1946년
- 3월 5일: 북조선임시인민위원회, 토지개혁법 공포

1948년
- 3월 22일: 미 군정, 귀속농지 매각령 공포
- 9월 13일: 조봉암 농림부 장관 취임
- 30일: 이승만, 시정연설에서 농지개혁 주장
- 11월 22일: 농림부, 토지개혁법 시안 공개
- 12월 7일: 이승만, 라디오 방송에서 농지개혁 주장

1949년
- 1월 4~28일: 농림부, 각 도청 소재지에서 공청회 개최
- 2월 4일: 조봉암 농림부 장관 사의
- 5일: 기획처의 농지개혁안 국회 송부
- 4월 27일: 농림부, 각 시·도에 농지개혁 지침 시달
- 6월 20일: 정부, 농가 실태조사 착수
- 21일: 정부, 농지개혁법 공포
- 7월 1일: 국회, 농지개혁법 개정 착수
- 12월 21일: 농림부, 농가 실태조사 결과 발표

1950년
- 2월 3일: 정부, 각 시·도에 농지소표 작성 지시
- 3월 10일: 정부, 농지개혁법 개정 법령 공포
- 15~24일: 농가별 분배 농지 일람표 공람
- 25일: 정부, 농지개혁법 시행령 공포
- 4월 15일: 정부, 농지개혁 완료 발표
- 28일: 정부, 농지개혁법 시행세칙 공포
- 5월 27일: 정부, 분배농지상환대장 작성 지시
- 6월 25일: 한국전쟁 발발

1949년 6월 21일 농지개혁법 공포사실을 보도한 신문.

1949년 7월 1일 발행된 우표.

농지개혁 때 정부가 발행한 지가증권(地價證券).

출처: 중앙일보, 2008년 8월 27일, "농지개혁… 땅 갖게 된 농민 대한민국 국민 정체성도 갖게 돼." ⎡⎦ 부분은 필자가 수정·보완한 것이다.

'농지개혁법, 동법시행령, 동법시행세칙'을 홍보하기 위해 '중외경제연구회'가 발행한 안내서 표지. 농민들 관심을 끌기 위해 '읽기 쉬운 책' 및 '알아야 할 책'이란 문구가 표지에 등장한다. 발행 시점은 1950년 5월로 추정된다.

100
이승만, 미군정 정책 보완한
귀속재산 불하로 시장경제 활성화 성과

1945년 9월 12일 군정을 시작한 미국은 같은 달 25일 군정법령 2호를 공포해 38선 이남 일본의 국·공유 재산 전부에 대한 소유권을 미군정 아래 귀속시켰다. 같은 해 12월 6일에는 군정법령 33호를 공포해 38선 이남 일본의 민간단체나 민간인 소유 사유재산마저도 모두 미군정에 귀속시켰다. 이렇게 소유권을 귀속시킨 재산을 일컬어 '귀속재산(歸屬財産, vested property)'이라 부른다.

귀속재산에 관한 연구는 1980년대 사회구성체 논쟁이 불붙면서 활성화되기 시작했다. 그러나 당시 연구는 이념적 편향으로 인해 귀속재산의 구체적 실체는 물론 그것의 형성과정 및 관리 실태 나아가서 그와 같은 식민지 유산이 한국 경제의 진로에 미친 영향 등을 종합적으로 또한 균형 있게 살피지 못했다.

2015년 이대근이 출판한 전문서적 《귀속재산 연구》(이숲)가 나오면서 이 문제에 관한 접근이 비로소 실증적인 동시에 입체적으로 이루어져 균형을 찾게 되었다. 여기서는 이대근 책을 중심으로 최근의 연구 성과를 정리하고, 귀속재산 처리에 대한 이승만 정권의 역할을 간략히나마 살핀다.

논의 시작 전 개념을 정리할 용어가 하나 있다. 지금까지 '귀속재산'은 많은 경우 '적산(敵産, 적의 재산)'과 같은 의미로 뒤섞어 쓰여 왔다. '적'을 '일본'이라 생각했기 때문이다. 그러나 이대근의 연구는 전혀 반대의 사실을 말하고 있다. 이 문제는 위안소에서 일한 여성인 '위안부'와 군수공장에서 일한 여성인 '정신대'를 구분하지 못한 경우와 마찬가지로 너무나 어처구니없는 착오다.

"1941년 태평양전쟁의 발발과 함께 조선총독부는 당시 조선에 있던 일본과의 적대국이라 할 연합국(미·영·불)의 개인이나 일반회사 재산 또는 종교단체 재산 등에 대해 그것이 전쟁에 악용될 우려가 있다고 하여 '적산'이라는 이름으로 동결하고 '적산관리법'(1941년 12월 제정)에 의해 특별관리했다." 전후 미군정은 이 역시 귀속재산으로 처리해 한국 정부에 이관하면서 반드시 원(元) 소유자에게 반환하라는 조건을 붙였다. 한국 정부는 이를 충실히 이행했다(이대근 2015: 478, 522). 그러므로 적산은 '적의 재산' 즉 '일본의 재산'이 아니라, '일본의 적의 재산' 즉 '우리 편 재산'이다.

본격적인 논의로 돌아간다. 우선, 1945년 미군정이 접수한 귀속재산의 범위가 과연 어디까지인지 범주를 열거하며 살펴보자. 귀속재산은 정부청사 등 각종 국·공유 건물과 대지 학교, 병원 등과 같은 공익시설 공장, 광산, 발전소, 도로, 철도, 항만, 전력 등과 같은 기업체, 조합, 협회 등 사회단체 재산, 전답, 임야, 염전 등과 같은 1차 산업시설, 민간 가옥은 물론 식당 및 여관 등과 같은 개인 사업소 그리고 일본인 소유 사찰과 신사, 유가증권 등 각종 금융 자산, 자동차, 선박 등 동산까지도 포함한다.

해방 후 미군정은 일본인이 본국으로 돌아갈 때 1인당 소지할 수 있는 현금의 상한을 1,000엔으로 막았다. 그리고 이를 확인하기 위해 개인별 검색을 엄격히 시행했다. 단순한 여행용품을 제외한 장신구 예컨대 금반지 등은 모두 압수했다. 그리하여 일본인은 1) 개항부터 식민지 시대를 거쳐 유입시킨 자본, 2) 일본 정부와 조선총독부의 국고 및 재정자금, 3) 투자수익의 재투자 등으로 형성한 재산을 모두 한반도에 남겨 두어야만 했다.

1946년 '미일합동조사단'은 해방 후 일본이 한국에 두고 온 재산의 총가치를 750~800억 엔(円)[52억 달러] 정도로 추정했다. 이는 당시 총 국부(국내총재산)의 80~85% 비중을 차지하는 엄청난 규모였다. 재산의 분포는 대략 남이 45%, 북이 55%였다. 귀속재산에 관한 북의 우위는 일본의 식민정책 때문이다. 일제는 '산미증식계획'을 통해 남에는 농업을 그리고 '식민지공업화정책'을 통해 북에는 중화학공업을 육성·발전시켰다(이대근: 46-7, 344-5, 385, 388-9).

엄청난 규모의 귀속재산을 확보한 미군정은 그러나 이 재산의 관리에 그렇게 성공적이지 못했다. 몇 가지 이유가 있었다. 우선, 관리해야 할 재산이 너무 많아 행정력이 따라갈 수 없었다. 그리하여 미군정은 각각의 재산에 대해 '중간 관리인'을 두고 사후적으로 실적을 보고받는 간접관리 방식을 채택했다. 그러나 이는 결국 방만한 관리로 이어져 재산이 늘기는커녕 오히려 가치가 잠식되는 결과로 대부분 이어졌다(이대근: 409).

이를 타개하기 위해 미군정은 1946년 12월 관재령 8호를 공포하고 사업체별로 경영 능력이 있는 '미국인 고문관'을 임명하는 제도를 도입했다. 고문관 책임하에 운영을 맡을 '한국인 관리인'도 두었다. 그러나 이 방식도 문제였다. 군정 업무는 '한국화'한다면서 기업 운영은 왜 '미국화'를 하느냐? 고문관 때문에 관리인의 자유로운 선택이 제한된다는 불만이 터졌다

(이대근: 412).

관리인 선정 또한 뚜렷한 기준이 없었다. 객관적 자격 조건을 갖춘 인물을 찾는 인사 시스템이 부재한 가운데 해당 기업과 '연고'를 가진 인물이 우선 고려됐다. 이에 더해 같은 분야 유경험자 혹은 일정 규모 이상의 자산가 혹은 영어/일어 통역 가능한 자 등과 같은 기준도 우대했다(이대근: 413). 이대근을 포함한 연구자 대부분은 이와 같은 관리인 선정 기준을 매우 비판적으로 평가한다.

군정 담당 부서 책임자와 고문관 그리고 관리인 간에 결탁이 이루어져 '귀속공장은 망해도 관리인은 살찌는' 문제가 만들어졌다고 생각하기 때문이다. 그러나 다른 한편 대안적 기준은 과연 무엇이 있으며, 나아가서 구체적으로 어떤 방식의 충원이 당시 상황에서 보다 좋은 결과를 낼 수 있었는지를 분명하게 제시하는 연구는 없다. 더구나 이 문제는 한국 경제가 세계 10위권 경제가 된 오늘날도 마찬가지다.

이런 이유로 귀속재산에 관한 미군정 정책은 '관리'에서 '처분'으로 방향을 틀었다. 수많은 종류의 귀속재산 중 무엇을 먼저 처분 즉 불하(拂下, 민영화)하느냐 하는 문제가 떠올랐다. 고심 끝에 미군정은 집행에 비교적 부담이 적지만 주민의 일상생활에 큰 영향을 미치는 두 종류의 귀속재산을 우선 대상으로 삼았다. '소규모귀속사업체' 그리고 '도시지역민간주택'이다. 적절한 판단이었다(이대근: 414-21).

다음, 미군정은 동경의 맥아더 사령부가 1946년 단행한 일본의 토지개혁 성공 경험을 배경으로 남한에서도 같은 개혁을 추진하는 안을 검토했다. 그러나 지주들의 반대에 더해 이승만조차도 이 문제는 새 나라가 선후에 해야 한다며 반대했다. 미군정은 타협안으로 전면적 토지개혁 대신

과거 동양척식회사가 소유한 땅을 관리하던 신한공사 소유 농지만을 대상으로 한 개혁을 추진했다.

신한공사는 당시 남한 전체 농지의 15%가량을 소유하고 있었다(한국민족문화대백과사전). 미군정은 1948년 3월 군정법령 173호 '귀속농지 매각령' 및 174호 '신한공사 해산령'을 통해 자작농 창출을 목표로 신한공사 소유 농지를 장기저리 헐값으로 농민에게 팔아 상당한 성과를 올렸다. 1948년 8월 대한민국 정부로 통치권이 넘어왔을 때 피(被) 분배 대상 농가 86%가 계약을 완료했고, 면적 기준으로는 전체의 61%가 자작농 소유 농지로 바뀌어 있었다(이대근: 422-30).

이승만 정부는 출범 직후인 1948년 9월 '한미 간 재정 및 재산에 관한 최초 협정'을 체결하고 미군정이 처분하지 못한 귀속재산 전체를 고스란히 인수했다. 1949년 12월에는 '귀속재산처리법'을 제정하고, 이듬해 3월 시행령, 5월 시행세칙을 발표하면서 귀속재산 불하를 서둘렀다. 그러나 6·25 발발로 본격적 시행은 휴전 후에야 이루어졌다(이대근, 514).

만성적 재정적자에 시달리던 이승만 정부는 전후 1954년과 1955년 불하에 엄청난 성과를 냈다. 1958년이 지나면서부터는 규모가 큰 전력, 광공업, 운송업 등 기간산업 중심의 이른바 '중앙직할기업' 21개만이 미처분 상태로 남게 됐다. 불하되지 않은 기업은 5·16 후 국유화됐다(이대근: 516-9). 이와 같은 이승만 시대 귀속재산 처분은 미군정 시대 정책을 이어받았지만, 다음과 같은 특징을 추가한 것이었다.

관리인 선정에 보다 적극적으로 대처했다. 까다로운 조건을 제시하고 그에 맞는 인물을 발탁하는 노력을 배가했다. 또한 외부 간섭과 압력을 배제하는 노력도 기울였다(이대근: 493-4). 정부의 만성적 재정적자가 불하를 촉진했을 뿐만 아니라, 자유시장경제 원칙을 신봉한 이승만의 국정철학 역시 건국 헌법의 사회주의적 요소를 시장경제 원칙으로 1954년 개정해 불하를 앞당겼다(이대근: 557).

이대근, 2015, 《귀속재산연구》 이숲.

철도는 일제가 남긴 귀속재산 중 가장 대표적 공공재다. 사진은 일제의 남만주철도 (주)가 3년간 공사 끝에 1925년 10월 완공한 경성역 모습이다. 지금도 서울역 역사로 쓰이고 있다(출처: 서울역사박물관).

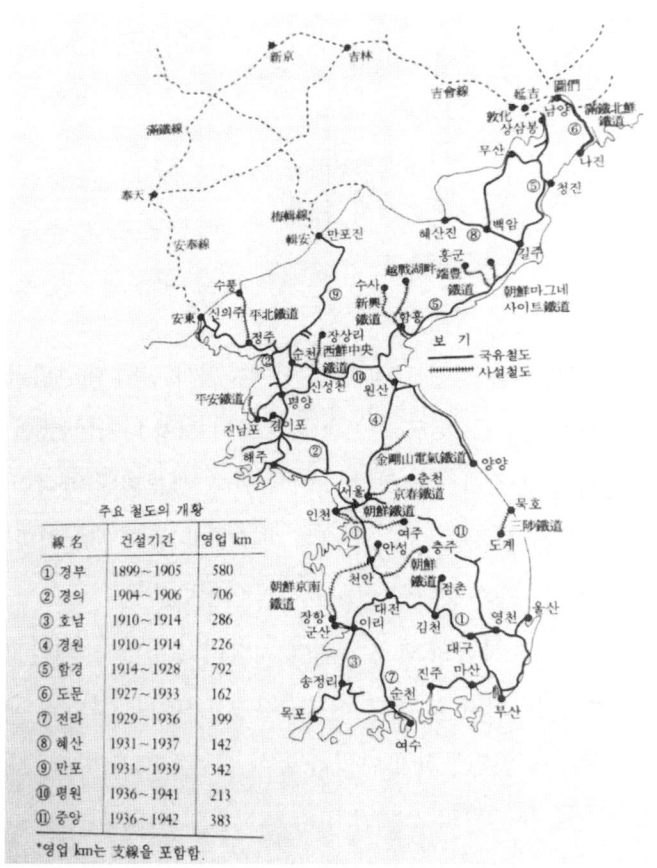

1945년 8월 해방 당시 일제가 남긴 한반도 철도망 모습(출처: 정재정, 1999, 《일제침략과 한국철도》 서울대학교출판부).

101
1949년 신생 대한민국을 덮친
5가지 복합위기와 이승만의 선택

 건국 후 갓 5개월을 넘긴 1949년에 접어들면서 신생 대한민국은 복합위기의 한복판에 있었다. 대통령 이승만이 당시 헤쳐 나가야 했던 문제 하나하나를 살피면 무엇 하나 녹록한 것이 없었다. 그뿐만이 아니었다. 더욱 힘든 것은 그 모든 문제를 그는 동시에 마주해야 했던 사실이다. 중요한 것만 꼽아도 아래 5가지 현안이 얽히고설켜 있었다.
 첫째, 대한민국은 북한의 남침 위협에 시달리고 있었다. 대한민국을 건국한 지 채 한 달도 되지 않은 1948년 9월 9일 북한은 분단의 책임을 남한에 돌리며 북조선인민공화국 수립을 공식 선언했다. 이북에 단독정부를 수립하라는 1945년 9월의 스탈린 명령을 받들어 김일성은 이미 1946년 2월 임시인민위원회 이름으로 정부를 세우고 권력을 잡았다. 같은 해 3월에는 토지개혁도 했다.
 그러나 분단의 책임을 남한에 떠넘기기 위해 김일성은 '임시'라는 단어를 활용해 마치 북한에는 그때까지 제대로 된 정부가 들어서지 않은 듯한 느낌을 주는 언어 전술까지 구사했다. 거짓 선동을 위한 사기극은 북한의 출범과 함께 이미 시작되었고, 그렇게 시작한 북한은 소련의 지원을 받아 군사력을 확장하면서 대한민국을 침공하기 위한 준비에 몰두하고 있었다.

이 사실은 놀랍게도 1948년 7월 김구의 발언으로 확인된다. 《시간을 달린 지도자 이승만 2》 '83. 1948년 7월 '김구·유어만 대화 비망록'에 드러난 김구의 위선'에서 설명한 극비문서 '김구·유어만 대화 비망록'이 그 증거다. 비망록에서 김구는 '북한에 가서 봤더니 소련의 지원을 받는 북한군이 남침하면 남한이 무너지는 것은 시간문제일 뿐'이라는 취지로 발언하면서 중국 공사 유어만의 대한민국 건국 참여 제안을 거절했다. 1949년 대통령 이승만에게 가장 신경 쓰였던 대목이었음은 말할 것도 없다.

둘째, 동시에 이승만은 남로당이 사주한 1948년 4월의 제주폭동 그리고 10월의 여수·순천 반란으로 12월 국가보안법을 제정하지 않을 수 없었고 이듬해인 1949년 초부터는 국군 내부에서 공산 세력을 정리하는 숙군 과제도 해결해야 했다. 이 상황은 1948년 12월로 예정되어 있던 미군 철수로 인해 더욱 절실한 문제가 되었다.

이승만의 반대로 철군은 6개월 연장되어 결국 미군은 1949년 6월 30일 완전히 떠났다. 미군은 군사고문단만 덜렁 남겨 놓았다. 이 상황에서 대통령 이승만은 국방을 자체적으로 책임져야 하는 과제를 추진하기 위해 군대의 규모를 늘려야 하는 동시에, 군의 증원을 틈타 침투하는 공산세력을 도려내야 하는 부담을 동시에 짊어져야 했다. 2중의 부담이었다.

셋째, 친일청산도 대통령 이승만이 외면할 수 없는 현안이었다. 1948년 9월 제정된 '반민족행위처벌법'에 따라 국회는 '반민특위'를 구성하고 '특별경찰대(특경대)'를 설치했다. 법 집행에 필요한 기구의 설치를 마친 반민특위는 1949년 초부터 이른바 '친일파'들을 체포해 법정에 세우기 시작했다. 1949년 상반기는 친일청산 문제로 온통 나라가 매일 시끄러웠다.

이광수, 최남선 등 당대 최고의 지식인들은 물론 박흥식, 김연수 등 당대 최고의 기업인들까지 차례로 불려 왔다. '치안유지법'을 배경으로 1940년 11월 '경성콤그룹'을 일망타진한 경력이 있는 노덕술 또한 '친일경찰'이라는 이유로 1949년 1월 24일 체포됐다. 노덕술은 일제시대 공산당을 수사한 경험을 바탕으로 건국 전후 폭력을 휘두르며 준동하던 남로당 공산세력 제압에 선두를 달리던 대공수사 전문가였다.

그는 1945년 12월 30일 송진우를 암살한 한현우 일당을 체포했을 뿐만 아니라, 미군정이 공산당을 불법화하는 계기가 된 1946년 5월의 조선정판사 위폐사건 주범 이관술도 체포한 경력이 있었다. 그런 까닭으로 노덕술이 체포된 보름 후인 2월 8일 대통령 이승만은 다음과 같은 담화를 발표하며 '치안전문가'에 대한 특별한 배려 필요성을 강조했다(《대통령이승만박사담화집》 1953, 공보처).

"지금 반란 분자와 파괴 분자가 처처(곳곳)에서 살인, 방화하여 인명이 위태하며, 지하공작이 긴밀한 이때 경관의 기술과 진력이 아니면 사태가 [수습이] 어려울 것인데, 기왕에 죄범이 있는 자라도 아직 유보하고 목하의 위기를 정돈시켜 인명을 구제하며, 질서를 유지하는 것이 지혜로운 정책이 아닐까 한다.

만일 왕사(往事, 지나간 일)를 먼저 징계하기 위하여 목전의 난국을 만든다면 이것은 정부에서나 민중이 허락지 않을 것이므로 경찰의 기술자들을 아직 포용하는 것이 필요하며, 따라서 기왕에 반공 투쟁이 격렬할 때에 경찰의 기술자들이 직책을 다하여 치안에 공효(功效, 힘써 행한 효력)가 많을 때에는 속죄한다는 성명이 여러 번 있었으므로 정부의 위신상으로나 인심

수습책으로 보나 조사위원들은 이에 대하여 신중히 조처하기를 바란다."

노덕술은 1949년 6월 국회 프락치 사건 직후인 7월 반민법 재판부에 의해 결국 병보석으로 풀려났고 무죄판결을 받은 후엔 경찰로 복귀했다. 1950년부터 노덕술은 군에 입대해 헌병으로 활약하면서 군의 대공수사 업무에도 종사했다(《친일인명사전》인명편 1, 2009, 민족문제연구소: 노덕술, 751-754).

넷째, 대통령 이승만은 취임 직후 공산당 이력이 있는 조봉암을 농림부 장관으로 발탁해 자신의 최우선 관심인 농지개혁법을 준비시켜 1949년 2월 국회에 제출하고 6월 통과 및 공포했다. 북한의 김일성 정권이 이미 1946년 3월 시행한 토지개혁을 이승만은 3년이나 늦게 시행한 셈이었다. 그나마 1949년 6월 공포된 법은 시행도 하기 전 개정의 필요성이 인정돼 최종적인 농지개혁법은 1950년 3월에야 공포되었다(김성호, 1989, 《농지개혁사연구》 한국농촌경제연구원).

법 개정으로 농지개혁의 마무리는 늦어졌지만, 이승만의 독려로 일선에서는 농민들에게 소유권을 넘길 행정적 준비가 치밀하게 준비되고 있었다. 그리하여 1950년 3월 법이 공포되자 농민들은 소유권을 바로 이전받을 수 있었다. 3개월 후 발발한 6·25 전쟁 중 남한의 농민들이 공산당의 감언이설에 넘어가지 않은 중요한 이유이기도 하다.

북한의 토지개혁은 '무상몰수·무상분배' 방식이었고, 남한의 농지개혁은 '유상몰수·유상분배' 방식이었다. 북한은 지주의 토지를 국가가 뺏어서 농민에게 경작권만 나눠주었기 때문에 농민은 소유권을 가질 수 없었다. 북한의 농민은 소작의 대상이 지주에서 국가로 바뀌었을 뿐 계속 소작인이었다. 사실상 변한 게 없었다.

그러나 남한은 지주의 토지를 국가가 산 다음 다시 농민에게 소유권을 파는 방식의 개혁을 선택했다. 따라서 남한의 소작인은 농지개혁을 통해 자신의 농지를 소유한 자작농으로 바뀌었다. 다른 한편 지주는 농지를 국가에 판 돈으로 다른 산업에 투자할 수 있었다. 지주가 산업자본가로 변신하는 길이 열린 셈이다. 대한민국 산업화의 발판이 된 엄청난 선택이었다(배진영, 2016, '옛다 땅이다' 남정욱·윤서인 지음,《시간을 달리는 남자》백년동안).

다섯째, 일본이 남기고 간 '귀속재산' 처리 문제 또한 1949년이 고비였다. 이승만은 대통령 취임 직후인 1948년 9월 '한미 간의 재산 이양에 관한 최초 협정'에 따라 미군정 관리 하에 있던 일본이 남기고 간 재산 전부를 이양받았다. 1945년 일본이 남긴 재산의 대략 80% 수준이었다. 이 재산의 비중은 당시 대한민국 총 국부의 80~85% 수준으로 엄청난 것이었다(이대근, 2015,《귀속재산 연구》이숲).

국회는 이를 국유화해야 한다고 주장했지만, 이승만은 민영화를 고집했다. 1949년 내내 논란이 벌어진 이 문제는 결국 그해 12월 제정된 '귀속재산처리법'에 따라 처리됐다. 법은 귀속재산에 대한 불하(拂下)의 우선권을 연고자나 종업원 혹은 농지개혁에 참여한 지주들에게 주는 방식을 택했다. 특혜시비가 없지 않았지만, 민간 주도의 시장경제 원칙을 관철한 이승만의 선택은 산업화의 씨앗을 뿌린 탁월한 선택이었다.

1949년 이승만이 마주한 현안 5가지는 하나하나가 모두 신생국 대한민국으로서는 엄청나게 부담스러운 문제들이었다. 더구나 이 문제들은 하나하나 순차적으로 발생하지 않았다. 동시다발로 대한민국을 덮치고 있었다. 그 와중에도 이승만은 어느 것 하나 소홀함 없이 자유 대한민국을 위한 선택과 결정을 차곡차곡 이끌며 새 나라를 꾸려나가고 있었다. 그러나 전쟁이 모든 것을 엉망으로 만들었다.

1946년 2월 8일 '북조선임시인민위원회' 성립 경축대회 현수막과 김일성 사진. 세로로 드리운 현수막에 '(임시인민위원)회는 우리의 정부이다'라고 쓴 글자가 또렷이 보인다(출처: 국사편찬위원회).

1946년 3월 5일 시행한 북한의 토지개혁 포스터. '토지는 농민의 것'이라 쓰고 있지만, 농민은 경작권만 가졌고 소유권은 국가에 있었다(출처: 국사편찬위원회).

102
6·25 발발 원인은 북·중·소 3국이 공유한 '미국 불개입'에 대한 오판

요즘은 6·25 전쟁이 '북침' 때문에 혹은 '남침을 유도'해서 벌어졌다는 주장을 찾기 어렵다. 1989년 냉전이 해체되면서 구소련 문서가 공개되자 이러한 주장은 자취를 감췄다. 그러 1980년대만 해도 상황은 달랐다. 1981년 브루스 커밍스가 영문으로 출판한 《한국전쟁의 기원》이 등장하면서부터는 6·25 전쟁이 '내전(civil war)'이란 주장까지도 세를 얻었다.

김일성이 스탈린의 허락을 얻어 전쟁이 시작된 사실, 그리고 전쟁이 전개되면서 미국을 비롯한 UN 회원국이 참전한 사실은 물론 이에 대항한 모택동의 '항미원조(抗美援助)' 참전 또한 뻔히 알면서도 그런 주장들이 나돌았다. 그러나, 누가 뭐래도 6·25 전쟁은 북한 공산정권이 대한민국을 적화하기 위해 일으킨 국제전이었다. 2차대전의 종전과 함께 시작된 소련의 팽창을 미국이 봉쇄하는 '냉전'의 틈새를 뚫고 발생한 '열전'이었다.

2023년 《끝나지 않은 전쟁 6·25》를 출판한 구자룡은 책에서 6·25 전쟁이 '미국이 개입하지 않을 것이란 북·중·소의 오판' 때문에 벌어진 전쟁이라는 새로운 주장을 전개했다. 구자룡은 전쟁이 벌어지기까지, 1) 대한민국 국군은 전쟁 대비를 철저히 하지 못했고, 2) 미국은 이승만의 항의에도 불구하고 한국의 전략적 가치를 저평가하며 1949년 6월 주한미군을 철수시켰고, 3) 1950년 1월 12일 발표한 애치슨 미 국무장관의 태평양 방어선이 한국을 빠뜨렸기 때문에 남한을 적화통일하고자 하는 김일성의 설득이 스탈린에게 먹힐 수 있었다고 분석한다.

그러나 구자룡은 애치슨 라인에 대한 지금까지의 평가 즉 '남침의 초대장'이라는 단순한 평가를 넘어 보다 깊이 있는 새로운 해석을 제시했다. 구자룡은 애치슨 라인이 국공내전에서 승리한 모택동의 새로운 나라 중공이 스탈린의 소련과 동맹으로 가는 것을 저지하기 위한 미국의 전략적 떡밥이었음을 지적했다. 왜냐하면 애치슨 라인은 한국은 물론 대만도 방어선에서 제외했기 때문이다.

미국이 모택동에게 대만을 차지해도 좋다고까지 공개적으로 말하면서 중공이 소련과 동맹으로 가는 것을 저지한 노력이 애치슨 라인이라는 새로운 해석이다. 그러나 이 노력은 결과적으로 실패했다. 애치슨 선언이 나온 지 한 달만인 1950년 2월 14일 중공과 소련이 새로운 동맹을 맺었기 때문이다. 대륙을 차지한 중공의 새로운 요구에 미온적이던 스탈린은 중공과 소련을 갈라치기하는 미국의 모습을 보고 중공을 껴안는 방향으로 급격히 노선을 변경하지 않을 수 없었다.

스탈린은 일본이 항복하기 하루 전날인 1945년 8월 14일 국민당의 장개석과 중소조약을 체결했다. 러일전쟁 이전의 장춘철도, 대련항, 여순항 등에 관한 소련의 이권을 원상회복시키는 불평등 조약이었다. 국공내전에서 승리한 모택동은 이를 바로잡고자 했으나 스탈린은 들은 척도 하지 않았다. 그러자 모택동은 서방 국가들과의 관계 정상화를 지렛대로 중소 관계를 대등한 관계로 재정립하고자 모색하고 있었다. 바로 그 시점에 미국이 판을 제대로 깔아주는 떡밥을 던진 셈이었다.

대만을 포기한 미국이 모택동의 중공과 가까워지는 꼴을 볼 수 없었던 스탈린은 모택동의 요구를 전폭적으로 수용하며 새로운 중소동맹에 전격 합의했다. 결과적으로 미국의 의도는 완전히 빗나갔고, 미국은 아시아 정책을 다시 바꾸어야만 했다. 이제 미국은 소련을 봉쇄하기 위해서 소련과 동맹을 맺은 중공까지도 봉쇄해야만 했다.

바로 이 역사의 변곡점에서 김일성은 스탈린에게 남침에 대한 승인을 요구했다. 스탈린은 김일성의 남침이 미국과 모택동이 서로 적대관계로 가는 지름길이라 생각했다. 그것도 중공이 대만을 무력으로 점령하기 전에 그렇게 만들어야만 했다. 바로 그 시점인 1950년 3월 30일부터 4월 25일까지 김일성은 박헌영과 함께 모스크바를 방문해 스탈린을 설득했다.

김일성은 미국이 참전하지 않을 이유를 네 가지 들었다. 1) 기습공격으로 3일 내 승리, 2) 20만 남조선 공산당원 봉기, 3) 남한 빨치산의 지원, 4) 미국 참전 준비 부족. 스탈린은 "미국이 개입하지 않고 중국[중공] 지도부가 승인하는 경우 해방전쟁은 시작될 수 있다"고 승인했다(구자룡, 2023, 《끝나지 않은 전쟁》 화정평화재단: 33-34).

김일성은 중공으로부터 병력을 보강했다. "북한은 국공내전 중 인민해방군에 편입된 한인 병사들의 귀환을 요구했다. 중공은 내전이 끝난 뒤 병력 감축 필요성도 있었던 터여서 흔쾌히 동의하고 속속 돌려보냈다. 전쟁 전까지 돌아온 한인 병사 6만 3,000여 명은 북한 병력의 1/3에 달하는 데다 국공내전으로 실전 경험도 풍부해 남침의 주력이 됐다"(위의 책: 34).

1950년 5월 13일부터 16일까지 김일성은 박헌영과 함께 북경으로 모택동을 찾아갔다. 스탈린의 남침 지원 의사를 전해 들은 모택동은 자신과 상의 없이 그런 결정이 내려진 사실에 놀랐다. 모택동은 스탈린에게 직접 사실을 확인한 뒤 "중국[중공]이 먼저 대만을 점령한 뒤에 통일에 도움을 주겠다"고 했다. 모택동은 북한이 6·25 남침을 감행한 것을 외신 보도를 보고 알았다고 한다. 북한이 남침을 모택동에게 알리지 않고 기습적으로 했기 때문이다(위의 책 36).

이 방문에서 모택동은 김일성에게 "미국은 이처럼 조그만 국가를 위해 3차 세계대전을 일으키지 않을 것이다"라고 말했다. 미군이 참전하면 돕겠다고 하면서도 미군이 불참할 것이라는 생각을 깔고 있었다. 4월 스탈린은 모스크바를 방문한 김일성에게 "미국이 한반도 전쟁에 참전하는 경우 소련은 미국과 싸울 의사가 전혀 없다. 미군이 개입하면 모택동에게 도움을 청하라"고 말했었다. 미국의 불개입에 대한 희망적인 사고가 북·중·소 3국 간에 이처럼 공유되고 있었다. 그렇지 않았다면 북한의 남침은 이루어질 수 없었다(위의 책: 37-38).

6·25 전쟁이 벌어진 후 UN에서 보인 소련의 태도 또한 스탈린의 모택동에 대한 견제의 모습을 확인해 준다. 소련 대표 말리크의 안보리 퇴장이 UN에 대한 소련의 협박으로 받아들여지면서, 모택동의 중공을 안보리에 가입시키려는 소련의 노력은 물거품이 되었다. 소련은 1950년 8월 1일에야 안보리에 복귀했다. 그러나 그 사이 미국은 UN을 동원해 남침을 저지하는 데 필요한 모든 결정을 이끌어낼 수 있었다. 물론 중공은 UN에 가입조차 할 수 없게 되었다.

김일성이 벌인 6·25 전쟁 때문에 대만의 운명도 바뀌었다. 6·25 직전까지 모택동의 중공은 대만 주변의 섬들을 대부분 점령하면서 대만을 공격하는 날짜까지 거론하는 상황이었다. 애치슨 선언이 대만을 포기하고 있었기 때문이다. 그러므로 북한의 기습은 대만을 먹으려는 모택동에게도 기습이었다. 6·25 전쟁이 발발하자 미국은 대만에 대한 정책을 180도 선회했다. 미국의 새로운 아시아 정책이 대한민국의 적화를 막았듯이 대만 또한 미국의 방어선 속으로 다시 돌아왔다.

한국과 대만은 1950년 1월 발표된 미국의 방어선에서 벗어나 있었다.

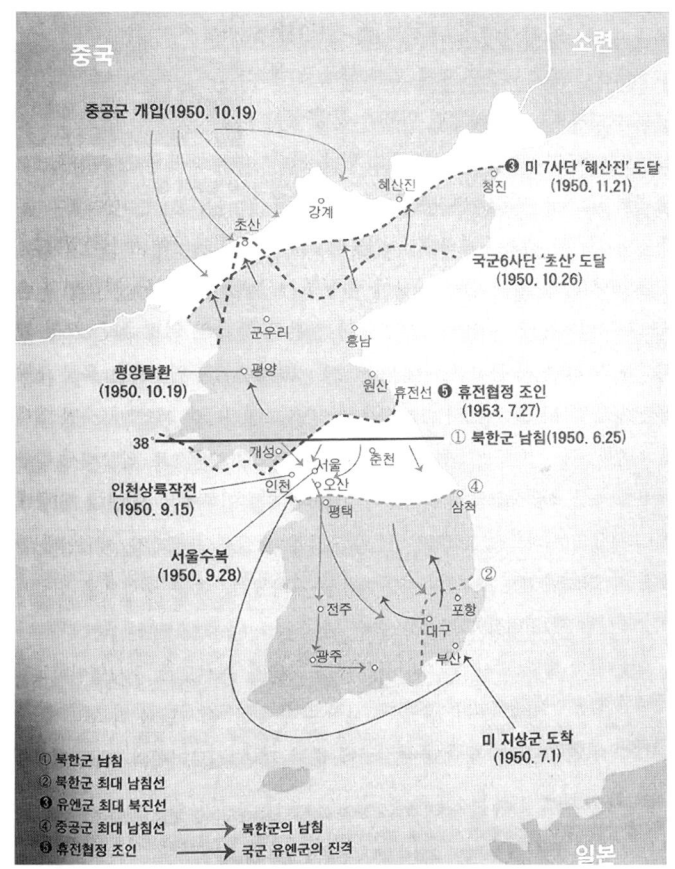

1950년 6월 25일 시작된 남침 전쟁은 1953년 7월 27일 휴전협정이 조인될 때까지 3년 1개월 동안 한반도 전역을 잿더미로 만들었다. 한강을 중심으로 시작된 전선이 아래로는 낙동강 그리고 위로는 압록강까지 휩쓸자, 주민들은 전선을 따라 마치 모래시계가 뒤집힌 것처럼 생명과 재산을 보전하기 위해 발버둥을 쳐야 했다. 그 결과 전쟁은 전통적 지주 중심의 계급 구조를 무너뜨리고 새로운 질서에 기초한 국민적 정체성을 만들어 나갔다. 전쟁은 바닥으로부터 '조선'을 해체하면서, 새로운 나라 '대한민국'의 기초를 닦았다(사진 출처: 정안기, 2020, 《충성과 반역》 조갑제닷컴, p. 431).

103
1950년 6월 27일 밤 10시
이승만 대통령 육성 방송 연설 전문

　이승만 대통령은 6·25 전쟁이 벌어진 지 이틀 반만인 1950년 6월 27일 밤 10시 육성으로 라디오 방송 연설을 했다. 이 방송은 오늘날까지 이승만을 '런승만(도망가는 이승만)'이라 비난하는 근거로 지목되곤 했다. 그러나 사실을 알고 보면 전혀 그럴 일이 아님을 확인할 수 있다. 악의적인 왜곡일 뿐이다. 방송의 녹취록이 이를 증명한다. 자세한 사정을 알아보자.
　"이승만은 인민군이 서울을 점령하기 직전인 6월 27일 새벽 2시에 국회에 통보도 하지 않고 대전으로 줄행랑을 쳤다. '서울시민 여러분, 안심하고 서울을 지키시오. 적은 패주하고 있습니다. 정부는 여러분과 함께 서울에 머물 것입니다.' '국군의 총반격으로 적은 퇴각 중입니다. 이 기회에 우리 국군은 적을 압록강까지 추격하여 민족의 숙원인 통일을 달성하고야 말 것입니다'라는 거짓 녹음 연설만 라디오 방송에 되풀이하도록 해놓고 시민들이야 죽든 말든 내 버려둔 채 자신과 그 수족들 그리고 정부 각료들만 줄행랑을 놓은 것이다"(김삼웅, 2012, 《독부(獨夫) 이승만 평전》 책보세: 254).
　이승만을 '런승만' 즉 '도망가는 이승만'이라 희화(戲畫)하는 이 글을 쓴 이는 김삼웅(金三雄)이다. 1943년생으로 현재 성균관대학교 언론정보대학원 겸임교수이자 신흥무관학교 기념사업회 공동회장으로 활동하고 있다. 민주당 비례 국회의원을 1992년 잠깐 했고, 1998년 김대중 정부 출범과 함께 제호를 '대한매일'로 바꾼 '서울신문' 주필을 역임했으며, 독립기념관 관장(2004~2008) 그리고 2005년 출범한 '친일반민족행위진상규명위원회' 위원 등으로 활동했다.

비단 김삼웅만이 아니다. '전쟁이 나자 전황을 거짓으로 알리는 방송을 하고 정작 본인은 누구보다 먼저 도망친 지도자'로 이승만 대통령을 폄훼하는 이른바 '런승만' 프레임은 언론과 방송은 물론 전교조의 학교 교육 현장을 통해 어린 학생들에게까지 널리 퍼진 지 오래다. 황현필, 최태성 등 학원가의 인기 강사들까지 가세한 이 프레임은 지금 거의 국민 상식처럼 유통되며 대한민국을 '기회주의가 득세한 태어나지 말아야 할 나라'라고 비방하는 단골 소재로 활용되고 있다.

그러나 영화 '건국전쟁'은 이 모든 비방이 완전 엉터리라 고발했다. 영화는 이승만 대통령의 "방송 어디에도 '서울시민 여러분 안심하고 서울을 지켜달라'는 말은 존재하지 않았다"고 단언한다. 대신 영화는 27일 방송에서 대통령 이승만이 "적군은 전차로 무장하고 진격 중, 국군은 맞서 싸울 수단이 없다." 나아가서 "맥아더 장군이 우리를 위해 장교와 군수물자를 보낼 것"이라고 말하는 자막도 붙였다. 영화 '건국전쟁'의 김덕영 감독은 대체 무엇을 근거로 이와 같은 판단을 자신 있게 내릴 수 있었는가?

이를 뒷받침하는 기록은 두 가지 버전으로 존재한다. 하나는 방송을 녹음한 음성 파일이고, 다른 하나는 방송을 녹취한 문서 파일이다. 둘 다 미군 CIA 자료다. 미국 CIA 소속 해외방송정보국(FBIS: Foreign Broadcast

Information Service)은 전쟁 당시 방송을 감청하는 임무를 수행하며, 일일 보고서(Daily Report) 형태로 기록을 남겼다.

미국 국립문서기록관리청(NARA: National Archives and Records Administration) 문서 분류 번호 'RG263, Daily Reports, FBIS, 1941-1959, No.126'로 남아있는 기록이다(장민영, 2013, "한국전쟁 발발 직후 이승만 대통령의 라디오 특별방송 관련 자료"《한국근현대사연구》겨울호, 제67집: 980-1001).

이 음성 파일은 현재 유튜브 채널 'Archives KBS(Modern History)'에서 '1950년 6월 27일 이승만 대통령 라디오 연설(원본음성)'이란 제목을 달고 공개되어 있다. 총 12분 47초 분량이다. 또한 '대한민국역사박물관' 홈페이지 '움직이는 현대사' 버튼 아래에도 '이승만 대통령 대전 라디오 연설 복원본'이란 제목을 달고 역시 같은 파일이 공개되어 있다.

그러나 두 경우 모두 그냥 들으면 이해가 불가능하다. 녹음 상태가 나쁘기 때문이다. 다행히 방송을 녹취한 영문 문서 파일도 존재한다. 역시 'KBS Archives'에 공개되어 있다. 인터넷 주소는 다음과 같다. https://archives.kbs.co.kr/download/kbs-archives_deposition.pdf 3쪽 분량의 문서는 아래 사진과 같은 모습을 하고 있다.

아래 이 문서 전부를 번역한 글을 옮긴다. 음성 식별이 가능한 부분이 없지 않지만, 전체 내용을 정리하기엔 녹음 상태가 너무 좋지 않다. 그래서 대신 녹취록 문서를 번역하는 방식을 기본으로 전문을 옮겼다. 따옴표 속의 글에 등장하는 괄호는 영문 문서에 있는 것을 그대로 옮겼음을 밝힌다.

미국 군사원조

이승만이 대중에게 미국의 군사원조를 말하다
[서울, 한국어로 한국에, 1950년 6월 27일 13:15, 그리니치 시간]
(국민 상대로 한 대통령 이승만 연설)

(텍스트)

…내가 지나간 오륙 차 동안 연속으로 자랑한 것은 군사상 원조가 온다는 사실입니다. 그것은 내가 올 것을 믿고, 안 까닭으로 그렇게 말한 것입니다. 그러나 민주정치하는 나라에서 그것은 (군사적 원조가 오는 것은) 시간이 걸리고, 나는 상당한 시간 동안 침묵해야만 했습니다. 내가 한 말이 성과가 없는 것처럼 보였기 때문입니다.

지금에 와서는 우리 원수들이 사방에서 중무장한 비행기와 탱크와 군함을 몰고 와서 밀고 들어오고 있습니다. 우리 군경은 역경을 무릅쓰며 사방으로 (성공적으로) 싸우고 있습니다.

(어제) 의정부 일대에서는 적군이 중무장한 수십 대의 탱크를 앞세워 밀고 내려왔습니다. 우리 군인들은 전혀 준비되지 않아 처음에는 어쩔 줄 몰라 했으나, 나중에는 침략하는 도로에 지뢰를 매설해 탱크를 격파하는 시도를 했습니다. 그러자 적군은 탱크를 세우고 내려서 지뢰를 제거하며 계속 전진했습니다. 우리 군인들은 지뢰를 치우는 적군을 소총으로 저격하고자 했으나, 장거리 소총으로 무장한 적군에 반해 우리 군인들은 그런 무기가 없어 대적하기가 어려웠습니다.

무기도 없이 적과 대적하기가 어려웠지만, 그럼에도 우리 군인들은 맨손으로 용감히 싸웠습니다. 결국 적군의 선봉대는 서울 외곽 수십 리 지점까지 오게 되었습니다(한국의 리는 약 400미터 거리).

미국 관리들을 깨우다

이런 상황을 보고 나는 워싱턴과 동경에 밤과 이른 새벽 시간에 전화와 전보로 연락을 취해, 맥아더 장군과 통화를 했고 (워싱턴 주재 우리 대사를 통해)트루먼 대통령과도 통화를 했습니다. 내가 말한 바는 적이 우리 대문을 침입하는데, 우리가 가만히 앉아서 당할 수만은 없다는 것입니다.

우리에게 무기를 주면 우리는 미국, 일본, 한국에 있는 우리의 친구들과 함께 온 국민이 나서 국경을 방어할 수 있습니다. 나는 트루먼에게 미국 의회를 통과하고 미국 대통령 승인도 난 1,000만 달러 원조가 우리가 이와 같은 비상사태를 맞이하고 있을 때 도착하지 않은 것에 대해 (유감이라고)호소했습니다.

그 사이에 무초 대사의 노력도 있고 하여 (우리보다 더 긴급히 워싱턴과 도쿄에 이 상황을 호소하여,) 오늘 오후에는 맥아더 장군이 내게 보낸 전보에서 중요한 언급을 하였기에, 이를 동포에게 급히 알리고자 그동안 침묵하고 있던 바를 모두 철파하고, 이 기쁜 소식을 방송하는 것입니다.

맥아더 장군의 전보는 다음과 같습니다. ('깊은 믿음을 가져야 합니다. 중대한 작전이 준비되고 있고, 충분한 원조가 가는 중입니다'.) 맥아더의 서명도 있었습니다.

(또 다른 긴급한 정보 보고는) 한국에 대한 원조가 해군과 공군 양방향

으로 진행되고 있다고 전하고 있습니다. (그러나 이 원조는 오직 38선 이남을 방어하는 목적으로만 사용되어야 합니다.)

무기 지원 시작

오늘 오후에는 전폭기를 보내서 침략자들을 격파하고, 전투기로는 탱크를 공격한다고 합니다. 또한 처치(Church) 장군은 즉시 동경에서 서울로 와 우리 국방 사무에 고문으로 도울 것이며, 고급 참모들도 (여럿이 오고, 군사 원조물자도 지금 오는 중이며, 또한 계속해서 올 것이라고 합니다.)
(현재 상황에서 국민이 피난을 떠나는 것은 이해할 수 있습니다.) (우리보다 더 유력한 나라들도 공산당 세력 수중에 넘어갔고, 일부는 넘어가는 중입니다.) (우리는 공산당의 공격을 막을 수 있습니다.) 우리 위험을 극복하기 위해서는 우리 군대가 강력하게 싸워야 합니다. (원조가 도착할 때까지.)
여기서 (서쪽 옹진반도부터 동해까지 38선 모든 지역 그리고 동해안을 따라 내려가는 전선에서 적과 힘차게 싸우고 있는 우리 군과 경찰 여러분께 감사의 말씀을 드립니다. 특별히, 의정부 지역에서) 무기도 없이 용감히 싸우는 군인들에게는 더욱 고맙습니다.
(적과의 싸움에서 우리가 용기, 힘, 결단력을 가지고 있음을 세계에 보여주어야만 우리는 그들로부터 지원을 받아 남북한의 통일을 달성할 수 있습니다. 동시에 나는 모든 시민이 전쟁이라는 과제를 수행하면서 용기와 애국심을 발휘하여 차분히 자신의 임무를 수행할 것을 믿어 의심치 않습니다.)
(전쟁에 필요한 노력과 공산주의자들을 전향시키려는 시도에 관한 연설의 나머지 부분은 해독이 되지 않음-편집자).

기습남침 전쟁이 벌어진 지 이틀 반이 지난 1950년 6월 27일 밤 10시에 방송된 이승만의 연설은 어느 한마디, 어느 한군데 시비를 걸 데 없는 전쟁 최고 지도자의 완벽한 연설이다. 최고 책임자로서의 고뇌는 물론, 주어진 상황에서 전쟁을 승리로 이끌 자신의 선택과 노력을 설명하고, 그에 따른 군인과 경찰 그리고 국민의 협조를 당부하는 호소력이 단연 돋보인다. 영화 '건국전쟁'이 의지하고 있는 문서다.

물론 글의 서두에서 언급한 김삼웅이 거론하는 방송의 내용은 눈을 씻고 찾아도 없다. 그의 설명과 주장은 모두 이승만 대통령을 근거 없이 악의적으로 왜곡하는 선전선동일 뿐이다. 황현필, 최태성도 마찬가지다. 부디 반성하길 바란다.

- PPP 26 -   SUPPLEMENT: KOREA
June 29, 1950

U. S. MILITARY AID

RHEE TELLS PUBLIC OF U. S. ARMS AID

Seoul, in Korean to Korea, June 27, 1950, 1315 GMT--B

(Speech delivered by President Syngman Rhee)

(Text)

" ... what I have continuously and proudly said on five or six occasions in the past is that military aid is coming from the United States of America. I have said so because I believed and knew that it was coming. However, in a democracy this takes time and for quite a considerable time I have remained silent, for it appeared for a time as if what I said were fruitless.

"Now our enemies are closing in on us from all directions, employing heavy arms, including airplanes, tanks, and warships. Braving the adverse conditions, our armed forces and police are fighting (successfully) in all directions.

"(Yesterday) in the Uijongbu area the enemy forces were surging forward, (under cover of) heavy arms, including scores of tanks. At first our forces, unprepared as they were, did not know what to do to cope with the situation but subsequently they attempted to destroy the tanks by burying land mines in their path. However, the enemy men halted their tanks, got out, removed the land mines, and surged forward as before. Our forces attempted to check them by shooting with rifles those who were engaged in removing the land mines. However, while the enemy carried long-range rifles, our men did not have such arms.

"It was thus difficult to meet the enemy forces arm-for-arm, but our men even fought empty-handed. Nevertheless, the enemy forces (kept up their advances) and reached a point only a few scores of li (one Korean li approximately 400 meters--Ed.) from the outskirts of Seoul.

Arouses U. S. Officials

"Seeing the situation, I got in touch with Washington and Tokyo by telegram and telephone at night and in the early hours of the morning, and spoke to General MacArthur, as well as to President Truman (through our ambassador to Washington. What I said is, when our enemy is knocking at our doors, our comrades-in-arms cannot sit back cooly.

SUPPLEMENT: KOREA
June 29, 1950

"Give us arms and we, together with American friends in America, Japan, and Korea, will be able to hold our national border defenses. I appealed to Truman that (it is regrettable) that the 10 million dollar aid, which passed the American Congress and which was sanctioned by the American President, had not yet arrived here when we are facing such an emergency.

"Meanwhile, Ambassador Muccio (pleaded with Washington and Tokyo regarding the urgent situation ...) It was not until this afternoon that I received a telegram from General MacArthur and, desirous of informing our fellow countrymen (of the important words contained in the telegram), I am breaking my silence and passing you the glad tidings.

"MacArthur's telegram reads: '(have profound faith. Important operations are under way. Sufficient aid is on its way),' signed MacArthur.

"(Also, according to urgent information which has come to hand), aid to our country is arriving in the form of an air force and navy (but there is a condition: that these forces should be used only for defense south of the 38th Parallel.)

Arms Supplies Begin

"This afternoon there will arrive (fighter bombers) which will rout the enemy forces and light bombers to destroy enemy tanks. Also, General Church is to leave Tokyo immediately for Seoul to act as an advisor to our national defense, while a number of high-ranking staff officers (will also arrive, and munitions supplies are on their way now, which will be followed by more.)

"(Under the present circumstances it is understandable that the people are seeking refuge). Countries more powerful than us are going under Communist influences and some already have gone under) (... we can check the onslaught of the Communist forces ....) In order to surmount our dangers, our armed forces must fight vigorously (until aid arrives ...).

"Here (I would like to express my gratitude to our armed forces and police all along the 38th Parallel from the Ongjin peninsula in the west to the eastern seaboard and along the eastern coast, who are fighting vigorously against the enemies. Particularly, I thank the armed forces in the Uijongbu area who have been fighting valiantly without any considerable arms. ...)

- PPP 28 - SUPPLEMENT: KOREA
June 29, 1950

"(Only by demonstrating our courage, valor and determination in our fight against the enemy to the world family of nations can we expect aid from them and attain unification for South and North Korea. ... meanwhile, I trust that all the citizens will carry on their tasks calmly while making war efforts, displaying their courage and patriotism ...)"

(Remainder of the speech concerning war efforts and attempts to convert Communists was unintelligible--Ed.)

이승만 대통령의 1950년 6월 27일 방송 연설을 감청한 미군 CIA 녹취록 보고서 전문. 문서 아래쪽으로 NARA 문서분류 번호가 보인다.

2024년 2월 1일 개봉한 영화 '건국전쟁' 포스터. 관객 120만을 동원하는 돌풍을 일으켰다.

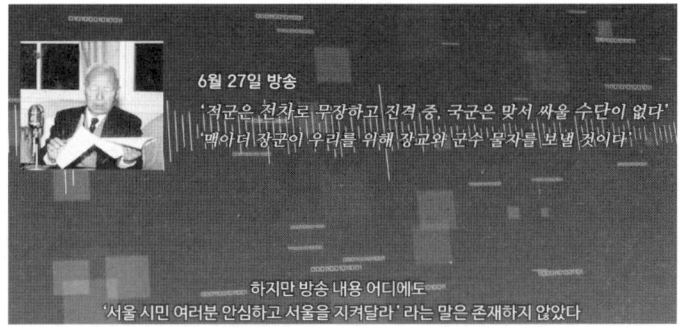

영화 '건국전쟁'이 이승만 대통령의 1950년 6월 27일 방송 내용을 설명하는 장면.

유튜브, Archives KBS(Modern History), 이승만라디오연설(1950년 6월 27일 방송, 한국어),
  https://www.youtube.com/watch?v=usb2AhU4R7U

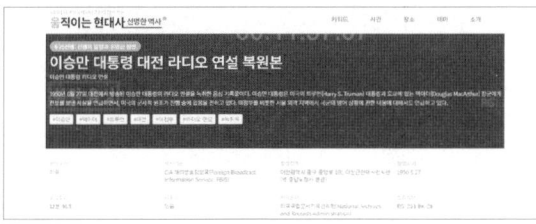

대한민국역사박물관 홈페이지
https://archive.much.go.kr/archive/userrecordimage/
recordImageKeyword.do

104
1950년 한강 인도교 폭파로 희생된 민간인? 없다

1950년 6월 28일 새벽 2:30 아군에 의해 폭파된 한강 인도교에서 희생된 민간인 숫자를 두고 논란이 거듭되고 있다. 2024년 2월 개봉한 영화 '건국전쟁'이 논란의 방아쇠를 당겼다. 한강철교 아래 놓인 부유잔교 사진을 배경으로 필자가 '민간인 희생자는 없었다'고 말한 장면이 관객들에게 엄청난 충격을 줬다. 최소 수백 명의 민간인 희생자가 있었다고 알려져 왔기 때문이다.

필자는 이 장면에서 '민간인이 아닌 경찰 70여 명만이 희생됐다'는 설명도 이어갔다(국방부, 1977,《한국전쟁사》 1권: 852쪽). 이를 두고 엄청난 논란이 벌어졌다(국방부, 1977, 같은 책 547쪽). 여기서는 필자가 직접 겪은 논란을 중심으로 사실을 확인하는 과정에서 중요한 진척을 만들어 낸 논점만을 뽑아 상황을 정리하기로 한다. 필자가 영화에서 한 주장을 뒷받침한 근거는 두 가지였다.

하나는 로트만(Gordon Rottman)이 영어로 쓴 책을 김홍래가 번역해 2006년 출판한 《인천 1950》(플래닛미디어) 12쪽에 등장하는 사진과 캡션이다. 다른 하나는 신기철이 2014년 출판한 《국민은 적이 아니다》(헤르츠나인) 72쪽에 제시된 임인식의 사진과 그에 대한 설명이다. 폭파 전 부유잔교가 만들어져 피난민이 건너는 사진이라고 두 책은 설명했다.

국방부, 1977, 『한국전쟁사』 1권: 547쪽 vs 852쪽, 사망자 수 혼선

547쪽

당시 憲兵과 工兵들의 制止에도 不拘하고 龍山쪽에서 이곳까지 밀어닥친 車輛과 人波가 爆發現場(中之島에서 세번째 橋脚)으로 밀리는 바 되어 人命被害가 加重된 것으로 보였는데, 그 損失은 車輛 50대, 人員 500~800명에 이를 것으로 目擊者에 의하여 推算되기도 하였다.

852쪽

鍾路警察서는 28일 02.30에 Truck 8대에 병력을 분승시켜 漢江人道橋를 건너던 중에 4대는 무사히 渡橋하였으나 5번車輛부터는 교량과 함께 폭파되었으니 이로 말미암아 李相百 警衛 외 76명(警衛 2, 警士 10, 巡警 64)이 순직하였으며 이때 끝까지 하였던 金榮熙 警衛의 12명(警衛 1, 警士 2, 巡警 10)은 시내에 침입한 敵과 교전끝에 각계 분신되었다.

종로경찰서는 28일 02.30에 트럭 8대에 병력을 분승시켜 한강인도교를 건너던 중에 4대는 무사히 도교하였으나 5번 차량부터는 교량과 함께 폭파되었으니 이로 말미암아 이상백 경위 외 76명 (경위 2, 경사 10, 순경 64) 이 순직하였으며 이때 끝까지 동서를 지키고자 하였던 김영희 경위 외 12명 (경위 1, 경사 2, 순경 10) 은 시내에 침입한 적과 교전 끝에 각계 분산되었다.

당시 헌병과 공병들의 제지에도 불구하고 용산 쪽에서 이곳까지 밀어닥친 차량과 인파가 폭발현장(중지도에서 세번째 교각으로)으로 밀리는 바 되어 인명피해가 가중된 것으로 보였는데, 그 손실은 차량 50대, 인원 500~800명에 이른 것으로 목격자에 의하여 추산되기도 했다.

인민해방군이 접근해오는 동안 남한의 피난민들이 한강을 건너기 위해 차례를 기다리고 있다. 남한의 군 당국이 피난민으로 위장한 파괴공작원의 활동을 우려하여, 피난민의 한강교 사용을 금지시키자, 통나무와 널판지 등으로 다리의 교각을 따라 부유잔교를 만들었다. 이 부유잔교는 6월 28일에 파괴되었다.(미국 해병대 자료)

로트만 저·김홍래 역, 2006, 《인천 1950》(플래닛미디어) p. 12

신기철, 2014. 《국민은 적이 아니다》(헤르츠나인) p. 72

    조선일보 박종인 기자가 문제를 제기했다. 두 사진을 확대하면 철교의 트러스(Truss)가 기울어져 있음을 확인할 수 있기 때문에, 이 두 사진은 미 공군이 한강 다리 폭파에 성공한 후에 찍은 사진이라는 지적이었다. 확인해 보니 맞는 말이었다. 그렇다면 '민간인 희생은 없었다'는 필자의 주장을 철회해야 하나 고민하지 않을 수 없었다.

이때 김범수 인하대 공대 명예교수가 중요한 자료 하나를 필자에게 전했다. 무려 1,200쪽에 달하는 《기록에 의한 증언, 광복 30년》(도의문화사, 1975)이라는 책이었다. 이 책에 포함된 '특집 한국동란' 꼭지의 '한강대교 폭파'라는 제목의 글 436쪽은 "한편 이미 폭파 장치가 진행되고 있는 한강교의 일반인 통행은 이날 영시를 기하여 통행이 금지되었으며…"라는 기록을 담고 있었다. 그렇다면 민간인 희생이 없었거나 극소수였다고 판단해야 맞는 것 아닌가 하는 생각으로 다시 돌아왔다.

책 표지

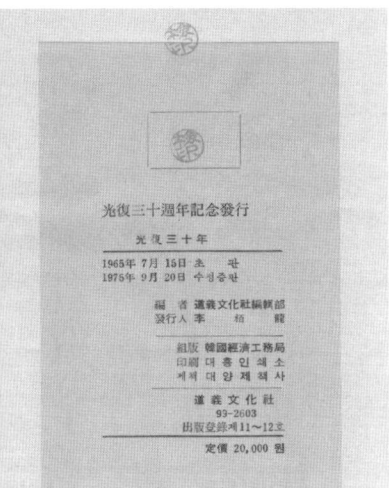

책 서지사항

책의 '특집 한국동란' 목차(p.405)

'일반인 통행금지' 기술(p. 436)

'도의문화사 편집부'가 출판한 이 책은 아쉽게도 '일반인 통행금지' 대목이 나오는 글의 출전과 필자를 밝히지 않고 있었다. 다만 책 '내 표지'에서 '신문기록에 의한 대사건 집대성'이란 부제를 확인할 수 있었다. 해당 글의 분량으로 보아 신문보다는 시사 잡지에 실린 글을 전재한 것이란 추론이 가능할 뿐이었다. 책이 출판된 1975년 이전 시사 잡지 전체를 뒤져서라도 출전을 찾아야 한다는 의지가 불타올랐다.

동시에, 애초에 필자로 하여금 '민간인 희생은 없었다'고 주장하게 만든 두 사진은 그렇다면 도대체 언제 찍힌 것인가 하는 궁금증 또한 불거졌다. 다행히 이 의문은 쉽게 풀렸다. 중공군 참전으로 평양을 다시 뺏긴 이후인 1950년 11월 29일 프란체스카 여사가 쓴 '난중일기'가 다음과 같은 기록을 전하기 때문이다. "서울에서도 다들 봇짐을 지고 피난 길에 나섰다"《6·25와 이승만》 기파랑, 2010. 269쪽). 따라서 두 사진은 1·4 후퇴 전인 1950년 11월 말 서울 사람들의 피난 행렬이 다시 시작되었을 때 찍힌 사진으로 추정된다.

이즈음 캐나다 맥매스터 대학 송재윤 교수가 한강 인도교 폭파 당시 현장에서 생존한 세 미국인 종군기자 즉 크레인(Burton Crane, 뉴욕타임스), 기브니(Frank Gibney, 타임지 및 라이프지), 비치(Keyes Beech, 밴쿠버 데일리 프로빈스)가 각각 쓴 당시의 특종 기사 및 이후의 관련 저작을 집중적으로 분석한 3부작을 조선일보 인터넷판에 실었다. 이 세 글을 종합하며 내용을 검토한다.

美 종군기자 3인이 전한 "**한강** 다리 폭파 사건"의 진실 (3)

송재윤의 슬픈 중국: 변방의 중국몽 <28회> 1950년 6월 28일 새벽 2시 반 **한강** 인도교가 폭파될 때 바로 그 현장에서 폭풍(爆風)을 맞고도 기적적으로 살아난 3인의 미국인 종군기자들이 있었다.
오피니언 > 칼럼 송재윤 캐나다 맥매스터대 교수·역사학 2024.04.06

美 종군 기자 3인이 전한 "**한강** 다리 폭파 사건"의 진실 (2)

송재윤의 슬픈 중국: 변방의 중국몽 <27회> 지난 회 "**한강** 다리 폭파 사건'의 진실"(1)에 이어서 이번 회에서도 1950년 6월 28일 새벽 2시 반 **한강** 인도교가 폭파될 때 현장에서 극적으로 살아남던 미국인 종군 기자의 기록을 꼼꼼히 읽어보자. 1993년 KBS 역사 다큐멘터리, 상상으로 신화를 창작 1993년 KBS에서 제작·방영함
오피니언 > 칼럼 송재윤 캐나다 맥매스터대 교수·역사학 2024.03.30

美 종군 기자 3인이 전한 "**한강** 다리 폭파 사건"의 진실(1)

송재윤의 슬픈 중국: 변방의 중국몽 <26회> "일견폐영(一犬吠影)하니 백견폐성(百犬吠聲)하더라"는 말이 있다. 개 한 마리가 그림자를 보고 짖으니, 백 마리 개들이 떼로 그 소리를 듣고서 짖더라는 뜻이다. 허깨비를 보거나 거짓말에 속아 무리 지어 난동하는 우중(愚衆)을 모집는 날카로운 풍자(諷刺)이다.
오피니언 > 칼럼 송재윤 캐나다 맥매스터대 교수·역사학 2024.03.23

 이들 셋에 더해 여성인 히긴스(Marguerite Higgins, 뉴욕 헤럴드 트리뷴) 기자까지 네 사람이 미군 수송기를 타고 취재차 김포에 도착한 시간은 27일 저녁 8시 전후였다. 도착하자마자 이들은 버려진 지프차를 몰고 용산 기지로 갔다. 그러나 미 군사고문단 대부분이 이미 수원으로 철수한 상황이었다.

 여성인 히긴스 기자는 마무리 작업 중이었던 라이트(Sterling Wright) 대령을 따라 이동했다. 나머지 남자 기자 셋은 지프차를 몰고 한강 인도교를 넘는 대열에 합류했다. 28일 새벽 다리를 지프차로 건너던 중 이들은 폭파로 날아갈 상판의 바로 전 상판 끝부분, 즉 중지도 남쪽 1번 상판의 남쪽 끝과 트럭 한 대를 사이에 두고 차량 정체를 맞았다. 바로 그 순간 폭파가 있었다. 이들이 폭파 현장의 생생한 목격자가 된 까닭이다.

 '크레인'은 지프의 운전대를 잡고 있다가 폭파와 함께 눈가에 상처를 입고 피를 철철 흘렸다. 그가 당일 수원에서 작성한 인도교 폭파 관련 기사는 다음날인 1950년 6월 29일 자 뉴욕타임스에 실렸다. '기브니'는 다리가 폭파될 때 조수석에서 앉아 눈가에 찰과상을 입고 쓰고 있던 안경이 박살 났다. 당일 그가 쓴 기사는 1950년 7월 10일 타임지에 게재됐고, 같은 날 라이프지에 축약본이 들어갔다. '비치'는 뒷좌석에 앉아 상처를 입지 않았다. 폭파 당일 작성한 기사는 같은 날짜인 1950년 6월 28일 밴쿠버 데일리 프로빈스 1면 특종으로 실렸다.

이들 종군기자 세 사람이 쓴 당시 기사와 후속 관련 자료를 모두 꼼꼼하게 검토한 송 교수는 인도교 폭파와 관련해 종합적으로 다음과 같은 세 가지 요점을 제시했다.

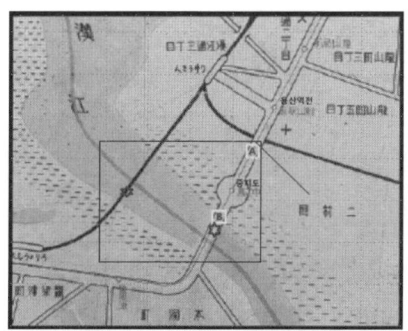 

용산 역전에서 한강 인도교와 철교를 거쳐 노량진까지 이어지는 도로와 철길을 보여주는 1944년 지도다(중지도는 오늘날 노들섬). A는 6월 28일 새벽 2시 전후 몰려든 차량과 피난민 인파로 길이 막혔던 지점, B는 3인의 종군기자가 탄 지프차가 트럭 뒤에 멈춰 서 있던 지점, 별표는 다리가 폭파된 지점이다. 당시 용산 강변과 중지도 북단은 습지로 연결되어 있었다. 오른쪽 항공사진은 이 지도의 검은 박스 부분에 해당한다(사진 출처: 송재윤, '한강다리 폭파사건의 진실 2' 조선일보, 2024. 3. 30).

1950년 7월 3일 미 공군기가 북한군의 남진을 저지하기 위해 '한강철교' 남단 상판 폭격에 성공하는 순간을 찍은 항공사진이다. 왼쪽 아래로 폭파에 따른 연기가 보인다. 오른쪽 이미 끊어진 다리가 '한강 인도교'다. 인도교가 폭파된 지점으로부터 위로 두 겹의 타원이 보이는 장소가 중지도(노들섬)고, 그 방향으로 다리가 계속 이어지면서 용산 쪽 입구와 연결된다. 이 사진 역시 용산의 강변과 중지도 북단이 습지로 연결되어 있음을 보여준다(사진 출처: 월간조선, 2013년 7월호).

첫째, 군경에 의한 차량 및 인파에 대한 통제가 다리의 중간 지점인 중지도(노들섬)가 아니라 인도교 북단 용산 쪽 진입 지점 즉 A에서 이루어져 그곳에 심각한 교통 체증이 발생했다. 그래서 바로 이 지점에 관한 기사의 기술에서 소달구지, 봇짐, 지게, 자전거 등을 운반하는 피난민 모습이 등장했다.

둘째, 군의 작전상 후퇴 과정에서 지도부가 폭파 시점을 잘못 판단해 발생한 사건이기 때문에 이들 기사에 등장하는 희생자의 절대다수는 군인 혹은 경찰이라고 기록되어 있다.

셋째, 민간인(civilians) 희생에 관한 기록은 세 기자 중 '기브니'만이 딱 한 차례 언급했고, 나머지 2인은 중지도를 지나면서부터 아예 민간인의 존재 자체를 언급조차 하지 않았다. 그래서 송 교수는 "민간인 희생을 전면 배제할 수는 없지만, 절대다수 희생자는 군용 트럭을 타고 있던 군경이었다"고 결론 맺는다.

한편, 송재윤은 하우스만(James H. Hausman)의 증언록《한국 대통령을 움직인 미군 대위》(한국문원, 1995: 203)에 한강 다리 폭파로 '500~800명의 인명 희생'이 있었다는 언급이 나오지만, 이 기록을 믿을 수 없다고 단언한다. 이유는 하우스만이 폭파 7분 전 다리를 건넜기 때문에, 그의 증언은 폭파 현장에 있던 기자들 증언에 비해 정확성이 떨어질 수밖에 없다는 판단 때문이다.

하우스만의 7분 전 통과 기록은 전쟁사가 애플만(Roy E. Appleman)이 1961년 출판한 책 *South to the Nakdong, North to the Yalu*(남으로 낙동까지, 북으로 압록까지) 33쪽에 나온다. 아래에서 다시 검토하겠지만 "가장 정보가 많은 미군 장교에 따르면 다리 폭파로 500~800명이 폭사하거나 익사했다"는 문제의 기록이 등장하는 바로 그 문헌이다. 송 교수는 이 대목에서 500~800명 사망의 증거로 제시된 주석 중 하나가 하우스만 인터뷰라는 깨알 지적도 잊지 않았다.

하우스만의 전언은 지금까지 마치 미군의 공식 입장처럼 기록에서 기록으로 전해졌다. 폭파 7분 전 다리를 건너 지체 없이 수원으로 달려간 하우스만이 현장의 실상을 직접 볼 기회는 없었다. 그럼에도 지금까지 그가 퍼뜨린 수백 명 사망설이 횡횡함을 개탄하며 송재윤은 "개 한 마리가 그림자를 보고 짖으니, 100마리 개들이 그 소리를 듣고서 떼로 짖는 모습과 다를 바 없다"고 개탄했다.

이와 같은 정리를 하면서 송재윤은 기브니 기사에 등장하는 민간인에 관한 표현 즉 '다리 위로 쏟아져 밀려드는 피난민(milling crowds of civilian pouring over the bridge)'이 벌어진 장소가 중지도 아닌 용산 방향의 다리 북쪽 입구인 A지점이었을 가능성을 신중하게 제기했다. 그래야 비치의 기록과 부합하기 때문이다.

송재윤은 이어간다. "만약 기브니의 말대로 중지도에 피난민들이 물밀듯 말려들었다면 왜 비치와 크레인은 그들에 대해 일언반구도 언급하지 않았을까? 종군기자라면 피난민의 동향을 예의주시할 수밖에 없다. 상식적으로 전쟁 상황에서 전사하는 군인들보다는 희생당하는 만간인의 모습이 더 특종감이기 때문이다"(송재윤, '미 종군기자 3인이 전한 한강다리 폭파사건의 진실 2' 조선일보, 2024. 3. 30).

인도교 폭파를 기록하면서 장소를 헷갈린 경우는 이뿐만이 아니다. 당시 계급이 소위였던 정훈장교 이창록은 다음과 같은 기록을 남겼다. "중지도 파출소 앞까지 천신만고 끝에 가까스로 달려온 두 장교가 있었다. 육본 작전국장인 장창국 대령과 작전과장인 정래혁 중령이었다"(조선일보, 1981년 6월 6일, '전환기의 내막 111회'). 그러나 당시 이 두 사람은 용산 쪽 다리 입구에

막혀 다리로 진입하지 못했기 때문에 중지도 파출소에 갈 수 없었다. 용산 쪽 다리 북단에 있던 또 다른 파출소에 다다랐을 뿐이었다.

정래혁 중령은 "한강교 폭파를 연기시키려고 차량의 물결을 헤치고 겨우 북한강 파출소 앞에 이르렀을 때 폭발을 당했어요"라고 기록했다(중앙일보, 1970년 6월 15일, '다큐멘터리 한국전쟁 3년 가장 길었던 3일' 33회). 장창국 대령 역시 "물밀듯 밀려 나가는 피란 대열 때문에 한강 인도교 어구에서 더 이상 전진할 수 없어서 하차 후 도보로 몇 발자국 걷자마자 쾅 하는 소리와 함께 함께 한강교가 폭파되고 말았다"고 기록했다(국방부,《한국전쟁사》1권: 555).

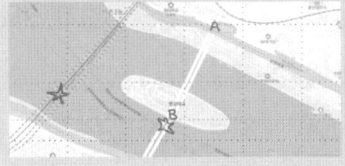

한강과 용산의 지형지물에 익숙한 국군 정훈장교 이창록마저 회고록을 쓰면서 이런 실수를 했다. 그런데 취재차 한국에 난생처음 와서 6시간 가량 난리 통에 정신없이 돌아다닌 기브니는 비 오는 밤 한강 다리 위에서 차량 전조등에 의지하며 지형지물을 살필 수밖에 없었다. 그 순간 죽음을 오가는 체험도 했다. 그런 그가 쓴 기사에서 구체적 장소를 헷갈릴 가능성

은? 매우 높다. 필자는 송 교수 추론에 한 표다.

박종인 기자는 더욱 최근 글에서 송재윤 교수의 분석을 보완해 그래픽으로 '민간인 수백 명 사망설 괴담 계보'를 깔끔하게 정리했다("74년 만에 제자리로 돌아가는 6·25 인도교 폭파 사건의 진실" 조선일보, 2024년 6월 8일). 괴담이 등장하는 단계를 정리한 박 기자의 설명을 그래픽 자료와 함께 따라가 보자. 아래 ①에서 ④까지 박 기자의 분석을 옮겼다. 필자가 설명을 추가한 부분은 텍스트에 엷은 회색으로 음영 처리를 했다. 필자가 추가한 내용을 독자들이 쉽게 확인할 수 있게 하기 위해서다.

① 대량 희생을 처음 언급한 사람은 미국 여기자 히긴스다. 1951년 책에서 '미 군사고문단 라이트 대령이 한국군이 자기네 사람(their own men) 수백 명을 죽였다'고 말했다고 기록했다(Marguerite Higgins, 1951, *War in Korea*, Doubleday & Company, p. 26). 그러나 이 문장 바로 앞 문장에서 히긴스는 '그들은 트럭을 타고 다리 상판에 있던 자기네 군대를 날려 버렸다'고 썼다. 그러므로 '자기네 사람 수백 명'은 '자기네 군인 수백 명'이라고 보아야 한다.

② 10년 뒤 1961년 미국 군사학자 애플만이 미군 장교 인터뷰를 토대로 '사람(people) 500~800명이 폭사 혹은 익사했다'고 기록했다. 인터뷰한 사람은 라이트 대령, 하우스만 대위 등 군사고문단 장교들이었다. 그런데 이들은 '목격자'가 아니었다. 현장 상황을 보지 못하고 전해 들은 혹은 짐작한 간접 증언자들이다. 라이트는 다리에 접근조차 하지 못했고, 하우스만은 폭파 7분 전 이미 다리를 건넜다(Higgins, 앞 책, p. 25; Appleman, 앞 책, p. 33).

③ 1977년 국방부는 《한국전쟁사》 1권 547쪽에서 '손실이 인원(人員) 500~800명에 이른 것으로 목격자에 의해 추산되기도 하였다'라고 서술

했다. '간접 증언자'들이 '목격자'로 바뀌었다.

④ 1995년 국방부가 편찬한 대중용《한국전쟁》상권 161쪽에서 또 바뀌었다. '약 500~800여 명으로 추정되는 피난민들이 희생되었다'고 기술했다. 이번에는 '인원'이 '피난민'으로 바뀌었다. 그러나 관련 주석에는 '애플만 1961년 책과 1977년《한국전쟁사》인용'이라 적었다.

아래 그림에서 박종인 기자는 네 단계에 걸친 괴담의 생성·둔갑 과정을 시각적으로 이해하기 쉽도록 정리했다. 그림에 필자가 추가한 내용은 역시 회색으로 음영 처리했다. 이걸 보고도 '대한민국 국방부가 말했으니' 혹은 '미군 기록에 나오니' 괴담이 맞다고 계속 주장하는 인기 역사 강사 황모 씨는 자숙해야 한다. 민간인 희생 괴담은 결국 '군인 수백 명'을 '피난민 500~800명'으로 둔갑시키면서 만들어졌다.

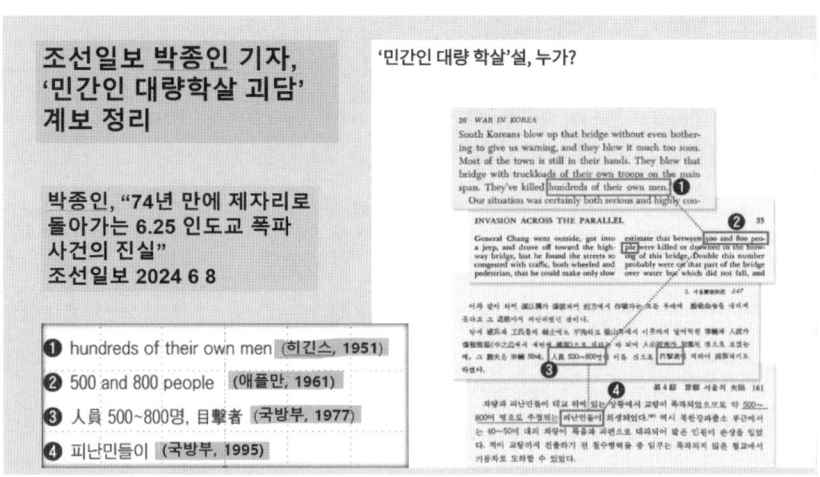

박종인 기자는 이 분석 외에도 28일 폭파 당일 서울을 점령한 북한군이 인도교 폭파 현장에서 촬영해 홍보물로 만든 사진첩 '서울 한강교에서

의 적의 파괴 및 국방군의 참살 장면'에 포함된 사진 17장 분석을 통해서도 민간인 수백 명 희생설이 얼마나 엉터리인지 잘 보여줬다. 이 사진들은 상판 위 시신의 분포가 비교적 드물고 또한 민간인 복장을 한 시신이 거의 없음을 드러내 주고 있었다.

출처: 박종인, "좌파의 날조, 우파와 국방부의 게으름이 '학살 괴담' 키워" 월간조선, 2024년 7월호.

다리가 통제되고 있어 민간인이 다리로 진입할 수 없었다는 사실을 뒷받침하는 기록은 또 있다. 영화를 본 젊은 관객의 제보로 김덕영 감독은 2024년 3월 17일 강원도 홍천에 사는 제보자의 할아버지를 영상 인터뷰할 수 있었다. 1941년 출생이라 다리 폭파 당시 9세였던 83세의 김중남 할아버지는 '삼각지에서 용산역 방향으로 어머니와 동생 둘과 함께 피난 가다가 수많은 피난민이 다리에서 민간인을 통과시키지 않아 남하를 포기하고 되돌아오고 있었다'고 또렷하게 건강한 모습으로 증언했다.

김장환 목사 또한 자신의 자서전에서 "1960년 6월 26일… 한강으로 갔다. 그러나 경찰과 헌병이 다리를 넘어가지 못하도록 막고 있었다'고 증언한다.

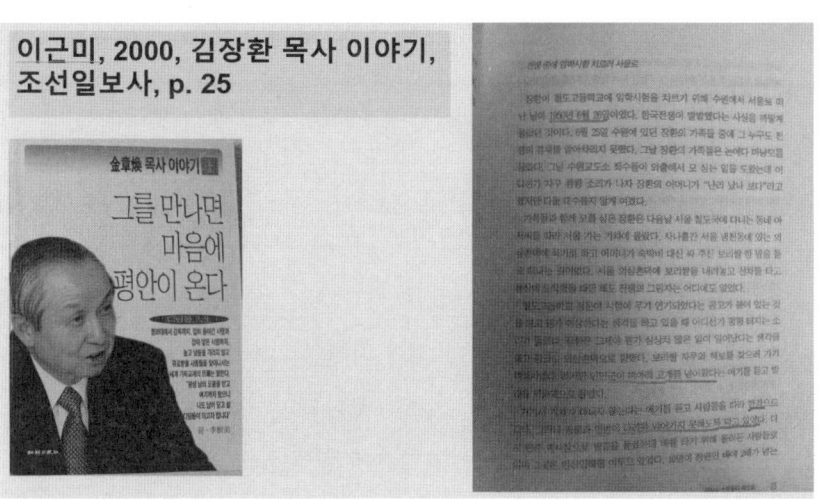

인도교 폭파 당시 민간인 출입이 통제되고 있던 사실을 확인해 주는 무

엇보다 가장 확실한 기록은 6·25 발발 전부터 국방부 출입 기자로 일하다 6·25 전쟁이 시작되고부터 끝날 때까지 종군기자로 활약한 경향신문 박성환 기자의 회고록《파도는 내일도 친다》(동아출판사, 1965) 이다.

박성환, 1965,《파도는 내일도 친다》(동아출판사) 표지

그는 1949년 5월 강원도 춘천과 홍천에 주둔하던 6사단 8연대 표무원·강태무 두 소령이 부대를 이끌고 월북한 사실을 최초로 단독 보도한 기자였다(위 책: 329). 또한 그는 6·25 전쟁 발발 당일부터 군 정훈국이 운영하기 시작한 종군기자단의 간사장이기도 했다(위 책: 283). 대한민국 1호 종군기자로 활동하며 그는 부산에서 해병대 군함을 타고 인천상륙작전과 9·28

박성환, 《파도는 내일도 친다》(1965, 동아출판사) 목차 및 300-301쪽 서울수복을 종군 취재해 이승만 대통령으로부터 '금성화랑무공훈장'을 받기도 했다(위 책 351; 307).

박성환의 회고록에는 '분노의 계절'이라는 큰 제목 아래 '서울침공'이라는 소제목이 있고 다시 그 아래 '다리는 누가 폭파시켰나'라는 주제의 글이 있다(298-302쪽). 여기에서 박성환은 "27일 밤 9시경부터는 한강 다리를 보통 사람들이 지나가는 것은 금지되었었다. 폭파 장치가 완료되어 난간 옆에 폭파 전선이 길게 뻗어 있었고 작업복을 입은 군인들만이 지키고 있었다. 군용차는 지나갈 수 있었다"고 기록했다(300쪽). 더 이상 무슨 증거가 필요한가.

민간인 피해가 거의 없었다고 확인해 주는 증거는 또 있다. 아래 제시한 조선일보 1964년 10월 30일 기사다. 인도교 조기 폭파에 따른 민간인 희생의 책임을 물어 1950년 9월 15일 중앙고등군법회의에서 사형선고를 받고 21일 사형이 집행된 공병감 최창식 대령에 대한 재심 판결이 14년만에 이루어져 결국 무죄로 복권되었음을 알리는 기사다. 기사는 재심 공판에서 이창복 대령이 "많은 인명 피해는 없었던 것으로 안다"고 증언했다고 명확히 보도하고 있다.

그렇다면? 1950년 한강 인도교 폭파로 희생된 민간인은 '없다'고 자신 있게 말할 수 있다.

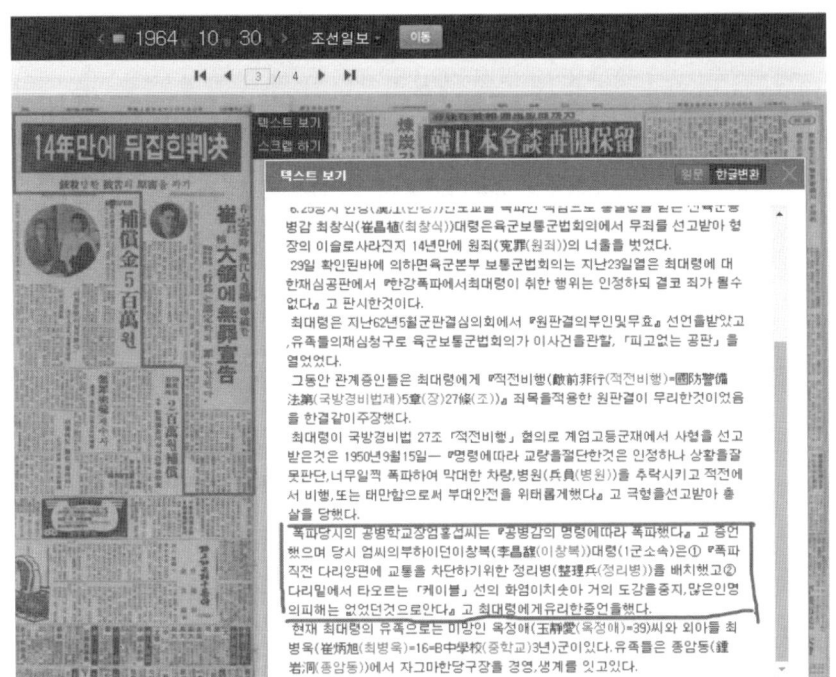

네이버가 제공하는 1964년 10월 30일 조선일보 기사. "14년 만에 뒤집힌 판결, 최창식 대령에 무죄 선고"를 제목으로 단 기사는 "이창복 대령은 1) 폭파 직전 다리 양편에 교통을 차단하기 위한 정리병(整理兵)을 배치했고, 2) 다리 밑에서 타오르는 '케이블' 선의 화염이 치솟아 거의 도강을 중지, 많은 인명 피해는 없었던 것으로 안다"고 최 대령에게 유리한 증언을 했다고 보도하고 있다.

105
전쟁 중 보도연맹 요시찰 인물 제거 사건, 전쟁 일으킨 김일성 책임

'국민보도연맹(保導聯盟) 사건'은 이승만 대통령을 비난하는 글에 빠지지 않고 등장하는 메뉴다. 국민은 적이 아닌데 이승만 정부는 6·25 전쟁 당시 국민보도연맹 소속 민간인을 일부 죽였기 때문에 문제라는 주장이다(신기철, 2014 《국민은 적이 아니다》 헤르츠나인).

그러나 이 문헌들은 대부분 국민보도연맹이 과연 어떤 단체이고 또 왜 그런 일이 벌어지게 되었나를 균형 있게 설명하지 않는다. '극우 반공국가'가 필연적으로 범할 수밖에 없는 '반인도적 국가 범죄'라는 미리 정해 놓은 결론에 글을 꿰맞추고 있기 때문이다. 대표적인 예를 하나 살펴보자.

"국민보도연맹 사건의 구조적 배경에는 이승만 정권의 좌익 탄압과 국가보안법 제정, 그리고 국가억압기구 정비를 통한 극우적 반공국가의 구축이 자리 잡고 있다. 여순 사건을 계기로 이승만 정권은 이미 진행 중이던 군부 내의 좌익 척결 작업을 가속화하였고, 동시에 국가보안법을 제정하여 반정부 세력을 탄압했다… 이러한 과정을 통해 남한 사회에는 '과대 반공국가'로 불리는 거대한 반공억압체제가 구축되었는데 이것이 바로 국민보도연맹 학살 사건을 가능케 한 남한의 국가권력 구조였다"(임영태, 2016. 8. 2, "국민보도연맹사건 2: 국가보안법 제정과 국가 억압기구 정비" 통일뉴스).

이런 글들은 당시 좌익이 어떤 짓을 했는지 전혀 설명하지 않는다. 1946년 벽두의 급작스런 '찬탁'부터 1946년 10월 대구폭동을 거치며 미군정 3년 기간 내내 남로당이 중심이 되어 수많은 사람의 인명을 앗아간 각종 사건은 물론, 1948년 5·10 선거를 방해하기 위해 일으킨 4·3 사건과 그 이후 정부가 수립된 후에도 계속된 폭동 그리고 반란에 대해서 침묵한다. 좌익의 반역에 대한 정당한 대응인 국가보안법 제정을 '반정부세력 탄압'이라는 말로 치환하면서 문제의 본질을 흐린다.

국민보도연맹의 창설과 운영에 적극적 역할을 한 오제도 검사는 "소위 남조선 로동당의 자멸과 전향"이란 글을 남겼다(오제도, 1969, 《추격자의 증언》 희망출판사: 75-79). 그는 이 글에서 남로당이 몰락하게 되는 과정을 설명하면서 남로당에 몸담았던 사람들을 전향시키는 문제의 중요성을 지적했다.

"한때 당원 37만 명을 확보했던 이들 남로당도 스스로 멸망하게 되었다… 자당을 반대하는 모든 세력을 반동친일 민족반역자로 규정하고, 살인 테러를 서슴지 않고 단행하는 무자비 무차별한 협박, 공갈, 살인, 파괴, 파업, 폭동 등으로 인간사회를 생지옥화(生地獄化)하는 잔인무도한 만행을 일삼는 한편, 감언이설(甘言利說)로 닥치는 대로 여러 사람의 장단점을 이용 편승하여 사기 위계(僞計) 등으로 당세(黨勢) 확대 강화하여 남한의 적화공작에 광분하였다….

1948년 10월 20일 여수·순천 반란사건을 계기로 하여 국가보안법을 제헌국회에서 제정 공포하게 되었음은 공산당을 불법화하는 획기적인 분수령이 되었다. 국가보안법은 우리 국가를 불법하게 전복 파괴하려고 기도하는 어떠한 주의·사상 운동을 불문하고 그 단속의 대상이 되었다. 예를 들면 공산주의 무정부주의 등 운동은 물론이고, 인민공화국지지 추진 운동은 당연히 우리 국헌에 저촉되어 그 적용을 면치 못하였다.

공산당 조직이 무너지자 공산당에서 전향한 자들이 속출하였으며, 1949년 6월 5일 당시의 정부 요인과 필자 등 관계 실무자들이 정계의 김준영, 박순천 등 제씨의 협조 아래 시공관에서 보도연맹 결성식을 개최하여 공산당에 치명적인 화살을 던졌다….

보련(보도연맹)은 그해 10월 1일부터 11월 30일까지 자수 기간을 설정하였던 바, 전국에 30여 만이라는 맹원을 갖게 되었고 서울에서만도 1만 7,000명의 맹원이 확보되었다. 1949년 12월 18일에는 중로국민학교 교정에서 '국민사상선양대회'를 개최하였고, 저명인사 5백여 명으로 구성된 보도연맹 문화실은 주간신문 '애국자'를 발간하여 전향자의 보도(保導, 지키고 이끄는)사업에 크게 이바지했으며, 1950년 1월 8일부터 10일에 이르는 3일간 시공관에서 강연, 시낭독, 무용, 음악, 연극 등을 종합한 '국민예술제'를 개최하여 국민사상 앙양에 큰 성과를 거두었다… 그리고 1950년 6월 5일의 보도연맹 1주년 기념식에서는 전향에 성공한 반수에 가까운 인원의 탈맹식(脫盟式)을 겸하였다."

'국민보도연맹, 남로당원 자수 선전 기간 실시'에 관한 동아일보 1949년 10월 25일 보도 역시 다음과 같이 기록하고 있다. "대한민국의 발전을 도모하여 민족상살(民族相殺)의 참해(慘害)를 방지하기 위하여 그간 검찰 당국에서는 경찰 수사진과 긴밀한 연락 하에 우리 민족을 살해하고 대한민국 정부를 부인하고 파괴하려는 공산도배를 적발하여 엄중한 처벌을 해오는 한편, 일방 그들을 따뜻한 정으로써 재생할 길을 열어주기 위하여 보도연맹을 조직하여 그들을 선도함에 많은 힘을 써온 것이었는데, 그 결과 사상 전향자의 수는 상당한 것이었으며 많은 애국청년들이 반공투쟁 전선에 서게 된 것이다.

그런데 이번에는 민족단결의 전제로서 남로당을 근절시키기 위하여 국민보도연맹에서는 오는 11월 초하루부터 1주일간 남로당 근멸주간(根滅週間)을 설치하여 남로당을 남한에서 박살하기로 하였다고 한다. 그런데 이 주간에 앞서 그들 남로당원에 관대한 처분을 하여주기 위하여 25일부터 31일까지 1주일간을 남로당원 자수 선전 주간을 두었다고 하는데 만약 남로당원으로서 이 주간 안에 검찰청 및 경찰서에 자진 자수치 않으면 주간 후에는 엄벌주의로 임할 것이라고 한다."

이승만을 비난하는 글들은 이와 같은 보도연맹의 창설 취지는 물론 전직 남로당원들에 대한 자수와 재생의 기회를 보장한 국가의 배려 또한 전혀 언급하지 않는다. 이들은 다만 1950년 6·25 발발 초기 군과 경찰이 요시찰 중이었던 중요 좌익관련자나 보도연맹원 간부급 등을 소집·연행·구금했다가 7월 초순 경 전황이 불리해져 급박한 후퇴를 할 때 그들 일부를 제거한 사실만 문제 삼는다.

그러나 "이 문제와 관련하여 진실화해위원회 조사에서 경찰 사찰계 출신 중에서 인민군이 서울 인근 지역을 점령하자 보도연맹원이 인민군에 동조하여 반란을 일으켰고, 그것이 한강 이남 지역에서 군·경이 후퇴하면서 보도연맹원 등을 '학살'한 이유라고 주장한 사람들이 여럿 있었다"(임영태, 2016. 8. 30, 국민보도연맹 사건(6): '예방적 학살' 조치와 '인도에 반하는 범죄' 행위, 통일신문).

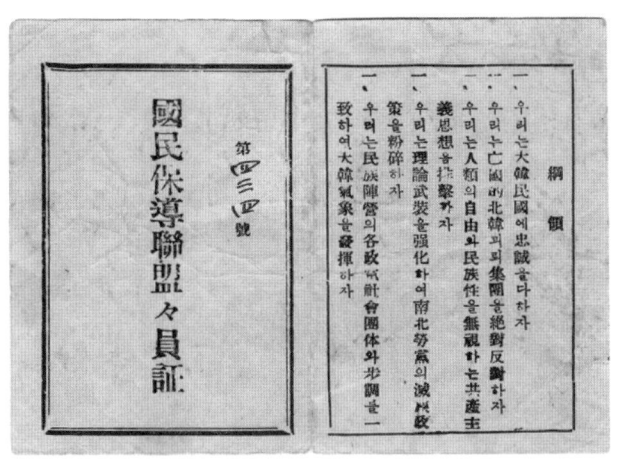

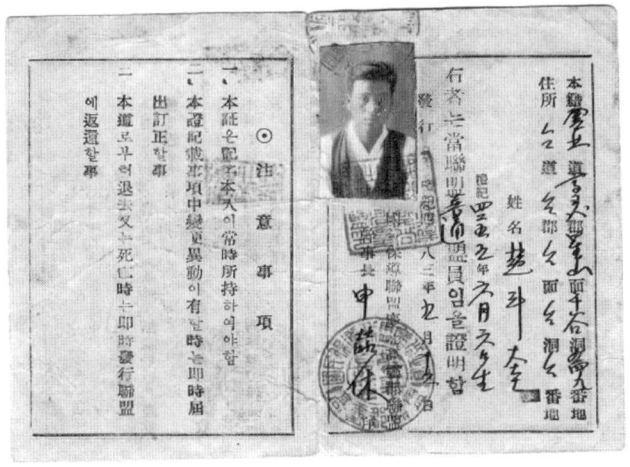

국민보도연맹 맹원증. 맹원증에 인쇄된 '강령' 5가지는 다음과 같다. 1) 우리는 대한민국에 충성을 다하자. 2) 우리는 망국적 북한 괴뢰 집단을 절대 반대하자. 3) 우리는 인류의 자유와 민족성을 무시하는 공산주의 사상을 배격하자. 4) 우리는 이론 무장을 강화하여 남·북로당의 멸족(滅族) 정책을 분쇄하자. 5) 우리는 민족진영의 각 정당 사회단체와 보조를 일치하여 대한(大韓) 기상을 발휘하자. 맹원증은 다음과 같은 주의사항도 담고 있다. 1) 본 증은 기명(記名) 본인이 상시 소지하여야 함, 2) 본증 기재 사항 중 변경 이동이 유(有)할 시(時)는 즉시 계출(屆出, 신고하여) 정정할 사(事), 3) 본 도(道)로부터 퇴거 우(又)는(또는) 사망 시 즉시 발행 연맹에 반환할 사(事). 이 보도연맹증 실물은 2010년 발굴되었으며, 행정안전부 국가기록원이 영구보존하고 있다.

국민보도연맹 중앙본부 기관지 주간 '애국자' 창간호(1949. 10. 1). 편집인 겸 발행인은 박우천(朴友千) 국민보도연맹 중앙본부 간사장, 편집장은 장기환(張基煥)이었다. 발행은 7호까지 이어졌으며, 현재까지 확인된 것은 진실화해위원회가 (재)한국연구원에서 입수한 창간호와 연세대학교 중앙도서관이 보관 중인 2호가 있다.

이 말을 쉽게 정리해 말하면 군이 전쟁 중 특히 후퇴하는 과정에서 적에 협력할 것이 분명한 악질적 보도연맹원을 '예방적 차원'에서 제거하지 않을 수 없었다는 말이다. '국민보도연맹 사건'의 방아쇠가 되었던 6·25 전쟁은 북한의 김일성이 일으켰다. 김일성이 박헌영과 함께 남한 내 좌익 폭동을 일으키지 않았다면 그리고 6·25 남침 전쟁을 일으키지 않았다면 이런 비극적 사건이 일어날 이유 또한 없다. 비극이 벌어진 가장 근본적 이유를 제쳐놓고, 이승만 성토에만 열을 올리는 이유는 무엇인가?

106
1950년 8월 칠곡 다부동 전투, 한미연합작전으로 남침 저지 성공

6월 25일 새벽 기습 남침을 감행한 북한은 3일 만인 28일 오전 서울의 한강 이북을 점령하고 중앙청에 인공기를 걸었다. 그리곤 7월 1일 한강을 넘을 때까지 3일간 남진하지 않고 서울에 머물렀다. 미군의 참전 가능성 때문에 스탈린과 모택동에게 전쟁을 허락받으며 '속전속결'을 강조했던 김일성이 무슨 일로 그랬을까?

북한군이 서울에 머문 기간 중인 6월 29일 맥아더는 동경에서 전용기를 타고 수원 비행장으로 날아와 이승만 대통령을 만난 후 영등포에서 한강 방어선을 살피고 동경으로 돌아갔다. 동경으로 귀환한 맥아더는 트루먼 대통령에게 미 지상군 2개 사단 파병을 즉시 요청했다. 트루먼은 7월 1일 일본에 주둔하고 있던 미 24사단을 부산으로 투입했다. 전세를 단번에 역전시킨 맥아더의 상륙작전 구상 또한 이때의 현장 시찰을 통해 이뤄졌을 가능성이 높다.

그만큼 중요한 시기에 북한군은 왜 남진을 멈추고 3일간 한강을 건너지 않았는가? 여러 가지 해석이 존재한다. 우선, 한강 다리 폭파 때문이란 의

견이 있다. 당시 한강에 존재하던 다리 중 인도교와 경인철교는 28일 새벽 2시 30분 그리고 광진교는 새벽 4시에 각각 폭파되었다. 그러나 경부철교는 폭파에 실패해 완전히 끊기지 않았다. 쉽게 보수가 가능한 상황이었다. 그럼에도 북한군은 남진하지 않았다.

다음, 박헌영이 김일성과 함께 스탈린과 모택동을 만나 '북한이 남침하면 20만 명의 남로당원과 빨치산이 들고일어날 것'이라고 한 말이 실현되기를 기다렸다는 설(說)도 있다. 그러나 1948년 12월 보안법 제정을 계기로 남한에서는 1949년 6월부터 보도연맹(保導聯盟)이 결성되어 남로당원들을 대대적으로 전향시키고 있었다. 당시 가입한 맹원(盟員)이 30만에 달했다는 기록마저 있다. 또한 지리산 등으로 들어간 빨치산도 6·25 발발까지 대부분 토벌되었다. 그러므로 이들에게 유의미한 역할을 기대할 상황은 아니었다.

마지막으로, 가장 설득력 있는 설명이 있다. 수도권을 포위해 국군을 섬멸하려는 북한군의 작전이 중부 전선에서 차질을 빚었기 때문이라는 지적이다. 노획한 문서 '북한군 정보계획'에 따르면, 서울을 점령한 북한군 주력의 진격에 발맞춰 원주와 홍천 방면으로 진출한 중부 전선의 북한군도 수원 이북으로 들어와 한강 방어선을 지키는 국군을 포위해 섬멸하는 작전이 전개되고 있었다(구자룡, 2023, 《끝나지 않은 전쟁》 화정평화재단: 82-83).

그런데 국군이 춘천에서 3일 그리고 홍천에서 2일을 버티면서 6월 30일까지 중부 전선의 북한군을 묶어 놓는 데 성공했다. 그렇기 때문에 서울을 점령한 북한군이 남진을 못하고 기다릴 수밖에 없었다는 해석이다. 춘천·홍천 전투에서 5일 동안 저지당한 북한군이 양평에서 한강을 건넌 날은 7월 1일이었다. 서울을 점령한 뒤 3일을 지체하고 있던 북한군 주력이 한강을 건넌 날도 7월 1일이었다(구자룡, 위의 책: 88).

7월 1일 부산으로 들어와 북진에 앞장선 미 24사단 소속 21연대 1대대(일명 스미스 부대)가 북한군과 처음 만나 교전한 시간은 5일 오전 8시, 장소는 오산 북쪽 5km 지점의 죽미령이다. 이 전투에서 미군은 6시간 만에 참패했다. 상대에 대한 준비 없이 오만한 자세로 전투에 임한 결과였다. 천안에 재집결한 스미스 부대는 대원의 1/3을 잃었다.

서부전선을 담당한 미군은 이때부터 8월의 낙동강 방어선 전투까지 계속 밀렸다. 미군은 7월 20일 대전을 넘겨주며 충청도와 전라도 전역을 잃었다. 동부전선을 담당하던 국군도 별로 다를 바가 없었다. 제천, 안동을 내주며 밀렸다. 8월에 들어서면서는 최후의 보루인 낙동강 방어선까지 밀렸다. 국토의 대부분이 적의 손에 넘어가며 모든 전선에서 '피로 버틴 지연작전'이라 밖에 부를 수 없는 고난의 시간이 이어졌다. 9월에 들어서면서는 8월 방어선보다 한 걸음 더 후퇴한 방어선이 다시 쳐졌다.

북한군의 남침을 저지하는 가장 극적인 전투는 왜관에 인접한 칠곡의 다부동(多富洞)에서 벌어졌다. '다부동전적기념관'에 있는 설명을 그대로 옮긴다. "이곳은 북한 공산주의자들에 의해 저질러진 6·25의 참극으로 인해 조국의 운명이 백척간두에 섰을 때 한·미 연합군이 피로써 막아낸 다부동 혈전의 전장이다. 1950년 8월 초 북한군은 5개 사단 병력을 왜관, 다부동 전선에 집중 투입, 8월 15일까지 대구를 침공할 기세로 발악적인 총공세를 가해 왔다.

이때 국군 1사단과 8사단이 미군 1기병사단 장병들과 연합해 적과 밀고 밀리기를 수십 차례, 아군은 최후의 일각까지 처절한 혈투 끝에 적의 공세를 분쇄하였다. 그 후에도 북한군은 9월 초에 또다시 낙동강 방어선을 돌파하기 위하여 최후의 공세를 [영천에서] 재개했으나, 아군은 우세한 화력과 과감한 반격으로 9월 중순 경에 적의 주력 부대를 섬멸하고 대구-다부동 전선을 끝까지 고수, 반격의 보루를 확보하였다.

이 혈전에서 아군은 적 전차 13대 파괴, 적 사상 1만 7,500여 명의 대전과를 거두었으나, 아군도 1만여 명의 인적 손실을 입었다. 경찰 또한 낙동강 전투에 1만 5,000여 명이 참전하여 그중 전사자 기록에 있는 197명을 비롯한 수많은 경찰이 고귀한 생명을 바쳤으며, 당시 경찰의 '대구 사수 정신'은 6·25 전사에 길이 빛나고 있다."

2023년 7월 23일 다부동 전적기념관 마당에는 이승만·트루먼 두 대통령의 동상이 들어섰다. 동상을 세운 이들은 "1950년 8월에 전개된 다부동 전투는 한국군과 미군이 최초의 연합작전으로 북한군 주력을 무찔러 인천상륙작전과 북진의 길을 연 세계사적 결전이었고, 한미동맹을 예약한 승리였다… 이승만·트루먼 대통령의 위대한 결단을 잊지 못하는 우리는… 자유통일로 북한을 해방하여 그 은혜에 보답할 때라고 다짐하며… 두 분의 동상을 여기에 세운다"고 밝히고 있다.

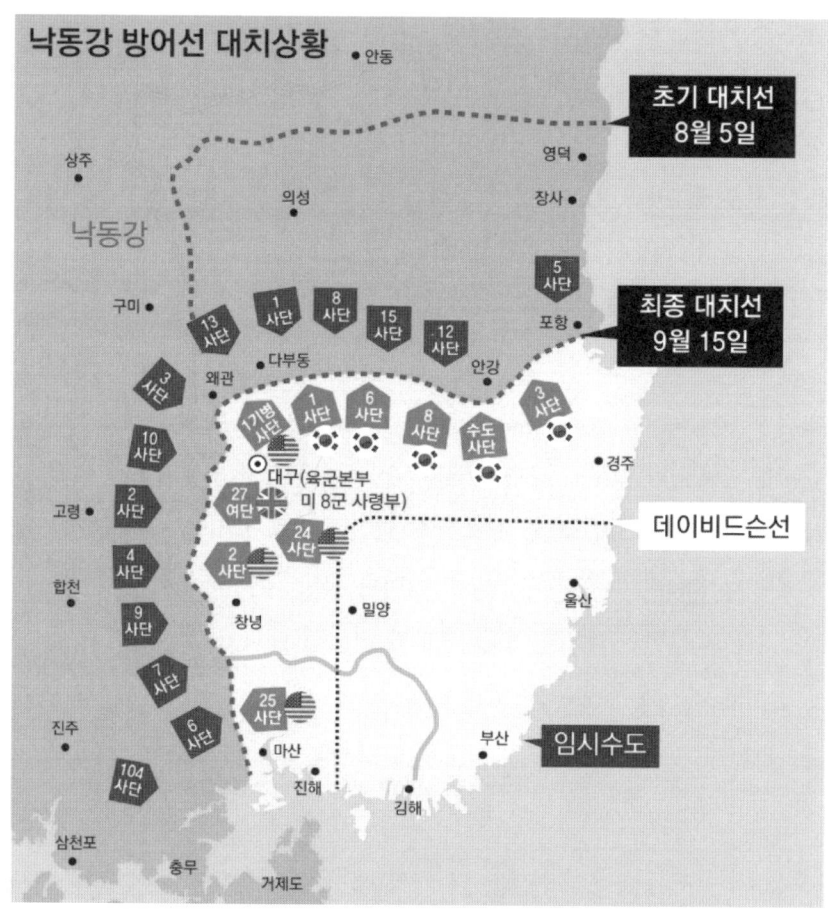

북한은 전쟁 개시 두 달 만에 남한 대부분을 장악하면서 전선을 동남쪽으로 밀어붙였다. 미군은 8월 1일 마산·왜관·낙동리·청송·영덕을 잇는 약 240Km의 최초 낙동강 방어선을 설정했다. 그러나 11일 마산·왜관·포항을 잇는 180Km로 방어선을 축소했다. 왜관을 분기점으로 남쪽 마산까지 서부 120Km 전선은 미군 4개 사단, 그리고 동쪽 포항까지 북부 80Km는 국군 5개 사단이 방어를 담당했다. 9월 중순까지 시간을 벌며 계속된 낙동강 방어선 전투 덕택에 9월 15일 인천상륙작전이 성공할 수 있었다. 지도에 표시된 데이비드슨선은 낙동강 방어선 붕괴에 대비한 다음 단계의 방어선이다(자료 출처: 인천상륙작전기념관).

다부동 전투에서 포신이 찢어진 북한군 탱크 모습(1950년 8월).

1950년 8월 3일 북한군 남하 저지를 위해 폭파된 왜관철교. 왜관 쪽 둘째 경간이 끊어졌다.

경북 칠곡의 '다부동전적기념관' 마당에 2023년 7월 27일 세운 이승만·트루먼 대통령 동상.

107
이승만, 9월 29일 서울환도식 및
10월 29일 평양입성환영대회

1950년 8월 북한군 남진을 막은 다부동 전투는 9월 15일 인천상륙작전이라는 역전극이 펼쳐지는 발판이 됐다. 일본을 상대로 수많은 '아일랜드 호핑(섬 건너뛰기)' 상륙작전으로 필리핀을 되찾은 경력이 있는 동경의 맥아더는 6월 29일 수원으로 날아와 한강 방어선을 시찰하며 일거에 전세를 뒤집을 상륙작전 구상에 돌입했다.

군산과 인천 등 여러 가능성을 저울질하던 맥아더는 작전 수립을 위한 동경의 8월 23일 전략회의에서 모두의 반대를 무릅쓰고 인천을 고집했다. 맥아더는 "북한도 인천상륙은 불가능하다고 생각하고 있으니 오히려 기습을 해야 한다. 군산은 방어선 좌측에 병력을 조금 보내는 의미밖에 없다. 인천을 거쳐 서울을 점령해야 적의 보급로를 끊는다"고 주장했다(구자룡, 2023,《끝나지 않은 전쟁 6·25》화정평화재단: 128).

일본의 요코하마, 고베, 사세보 그리고 부산에서 출발한 도합 261척의 군함이 인천으로 가는 길목의 영흥도로 향했다. 마침내 9월 15일 0시 30분 팔미도 등대 점화를 시작으로 02시부터 퍼부은 함포사격 끝에 미 해병대는 06시 30분 월미도 상륙에 성공했다. 30분 만에 월미도 정상을 점령한 미 해병대는 08시 월미도 전체를 장악했다. 다음 밀물 시간인 17:30 미 해병대가 추가로 월미도 북쪽 해안(지금의 북항 부근) 그리고 남쪽 해안(지금의 남항 부근)에 상륙하면서 인천을 완전히 탈환한 시간은 20시다.

인천을 하루 만에 내준 북한군은 서울 방어에 총력을 기울였다. 경인가도를 따라 부평을 거쳐 김포공항을 탈환한 한미연합군은 서울 진입의 길목인 '연희 104고지'에서 9월 21일부터 이틀간 치열한 백병전을 치러야 했다. 연희고지 전투의 승리는 9월 28일 서울 수복으로 이어졌다. 29일 부산과 동경에서 각각 날아 온 이승만과 맥아더는 10시경 김포공항에서 해후하고 12시 중앙청에서 환도식을 거행했다.

이 자리에서 맥아더는 '유엔군을 대표해 이승만 대통령에게 원래의 자리를 돌려 드릴 수 있게 돼 기쁘기 그지 없다'는 연설을 했다. 당연한 말이었지만 이 말에는 엄청난 의미가 숨어있었다. 상륙작전이 성공하자 미 합참은 서울 수복 이후 군정을 실시하는 방안을 추진하고 있었기 때문이다.

이에 맞서 맥아더는 9월 23일 '현존하는 정부(이승만 정부)는 한 번도 기능을 멈춘 적이 없다'며 '서울의 안보가 충분히 회복되는 대로 나는 이승만 대통령과 그의 각료, 국회 지도부, 유엔 한국위원단이 서울에 입성하도록 할 계획'이라는 전문을 보냈다("1950년 맥아더 전문 '서울 수복하면 군정 없이 바로 이승만에 넘기겠다'" 국민일보, 2015년 9월 23일, 김의구 기자).

미군의 참전 목적은 북한군 패망이지 단순히 38선 이북으로 밀어내는 것이 아니라고 생각하던 맥아더에게는 서울 수복 후 38선을 넘어 북진하는 것이 당연한 일이었다. 소련과 중공의 참전으로 6·25가 3차대전으로 확전하는 것을 경계하던 미 국무부와 합참마저도 서울 탈환 하루 전인 9

월 27일 '38선 이북에서 지상 작전을 해도 좋다. 단 어떤 부대도 중공과 소련 국경을 넘어서는 안 된다'는 입장을 내놓았다. 이승만은 9월 30일 부산 경무대에서 군 지휘관을 소집한 자리에서 비록 작전 지휘권은 7월 유엔군에 넘겼지만 '국군은 즉각 북진하라'는 친필 명령을 따로 내렸다(구자룡, 위의 책: 145).

이승만의 명령에 따라 김백일 1군단장은 강릉에서 양양으로 진격하며 10월 1일 최초로 38선을 넘었다. 국군의 날이 10월 1일이 된 까닭이다. 1군단 예하 3사단과 수도사단이 10월 10일 원산을 탈환했다. 다른 한편, 백선엽의 1사단과 미 제1기병사단은 평양 입성을 경쟁했다. 10월 19일 백선엽의 1사단이 평양에 한 발짝 먼저 발을 들여놓았다. 불과 30분 후 백선엽은 선교리 로터리에서 미 제1기병사단과 만나 감격의 포옹을 했다.

평양에 들어간 백선엽은 "만수대 김일성 집무실에 들어가 책상에 앉아 보고 나서 평양 형무소로 향했다. 지독한 악취가 코를 찔렀다. 살아있는 죄수들은 없고 마당에 쌓여있는 시체뿐이었다. 쫓기는 적군이 무차별 학살한 것, 우물과 구덩이마다 처참한 모습들, 여성들과 자녀 같은 아이들, 국군 포로도 미군 포로도 보였다. 납북된 인사들도 끼어있을 것이었다. 평양만이 아니다. 원산 형무소, 함흥 형무소도 그렇다고 했다"(인보길, 이승만 건국사 74, "중앙청엔 국군이 먼저 태극기를" 뉴데일리 2024. 3. 22).

다음 날인 10월 20일에는 평양 북쪽 숙천과 순천 등에 미 공수부대원 4천여 명이 낙하했다. 마침내 10월 26일에는 6사단이 압록강 연안 북중 국경 평안북도(자강도) 초산에 도달했다. 초산의 압록강 물은 수통에 담겨 경무대의 이승만 대통령에게 전해졌다. 6사단이 초산에 도착한 10월 26일 이승만 대통령은 원산시민 환영대회에 참석해 연설했다. 10월 29일에는 평양입성 환영대회에서도 연설했다. 아래 일부를 옮긴다.

"본인이 39년 만에 다시 한번 대동강을 건너 이 평양을 찾아보게 되니 감개무량하여 무한히 기쁩니다. 여러분, 그동안 얼마나 고생하시었습니까. 제2차 대전 후 적국 일본이 패망하자 나는 자유 조국이 독립하여 즐거운 신생활을 할 줄 알았더니, 세계 정복을 꿈꾸는 소련이 하등 정당한 이유도 없이 비법적으로 우리나라를 양단하여 38선이란 운명의 선을 그었습니다.

소련은 그리고 김일성 공산도당을 시켜 한국의 소련 예속화를 통한 충성을 다하도록 교사하는 한편, 살인 방화 약탈을 감행하도록 하여 아름다운 우리 조국 향토를 더럽혔습니다….

소련은 소위 모스크바 삼상(三相) 결정이라 하여 우리나라를 신탁통치 하에 두어 자기의 위성국가화하려고 갖은 모략과 술책을 다하여 왔으나 우리는 죽음을 걸고 한마음 한뜻으로 싸워 왔습니다. 좌우합작이니 뭐니 하는 방법을 쓰다 못해 실패에 돌아가자, 소련은 무기를 김일성에게 주어 급기야는 지난 6월 25일 38선을 넘어 대한민국에 침범하여 수도 서울을 점령하고 전국을 정복하려고 기도하였습니다….

여러분, 우리는 이제 유엔의 지원을 얻어 다시 통일되었습니다. 이제는 어떠한 나라일지라도 우리를 다시 분단시키지는 못할 것입니다. 공산당은 한국에서 축출되었으며 앞으로 중공이나 소련이 나온다 할 지라도 우리는 하등 겁낼 것이 없습니다. 우리는 자유와 정의를 위하여 싸울 뿐이요, 우리가 합하면 감히 덤벼들지 못할 것입니다…"(인보길, 위의 글).

평양을 다녀온 다음 날인 10월 30일 이승만 대통령은 경무대에서 내외신 기자회견을 가졌다. 북한의 통합과 민주화에 대한 구상을 밝히는 자리였다. 이승만은 10월 국제연합 총회가 채택한 결의문 즉 6월 결의문을 번복해 유엔군의 38선 월경을 승인하고 공산침략을 물리쳐 한반도 통일 달성을 지원한다는 결의문에 의거한 구상을 밝혔다.

"북한에서 시행할 선거에 대해서는 일시 공산당에 억눌려 있던 민중들이 자기네들 민심에 따라 아무 위협 없이 투표할 수 있는 자유 분위기가 생기는 대로 실시되기를 진심으로 바라는 것입니다. 그러나 내가 말해 두려는 것은, 이러한 자유 분위기는 공산당원이었던 사람들이 한 사람이라도 관공직이나 기타 책임 있는 자리에 남아 있어서는 도저히 생길 수 없다는 것입니다. 나는 공산당원이나 전에 공산당원이었던 자나 전에 공산당이 만든 정부기관을 쓴다는 데 대해서는 절대 반대입니다"(인보길, 위의 글).

서울 수복을 기념하기 위해 1950년 9월 29일 12시 중앙청에서 열린 '환도식'에서 이승만 대통령이 맥아더에게 특별한 감사를 전하며 대한민국 일등무공훈장(현 태극무공훈장) 증서를 수여하고 있다(출처는 위 사진 하단 유튜브 채널).

'평양입성 환영대회' 연설을 위해 짙은 회색 두루마기를 입고 마이크가 설치된 단상의 중앙으로 다가서는 이승만 대통령(1950년 10월 29일). 바로 아래 '우리의 영도자 이승만'이라는 현수막이 걸려 있다 (유튜브 Alethia 화면 캡처).

1950년 10월 1일 국군 제3사단이 강릉에서 양양으로 북진하며 38선을 최초로 돌파하자 김백일 1군단장은 '아아 감격의 38선 돌파'라는 문구가 쓰인 기념 말뚝을 세웠다. 배경에는 '38선은 없다'라는 현수막이 걸려 있다.

1950년 10월 26일 압록강 초산에 도달한 6사단 7연대 병사가 압록강 물을 수통에 담고 있다(출처: 행안부 국가기록원). 이 수통은 경무대의 이승만 대통령에게 바로 전해졌다. 수통으로 물을 뜬 병사는 선린상고 재학 중 학도병으로 참전한 신찬균(예비역 대령)으로 알려져 있다(유튜브 국방 NEWS, "71년 전, 압록강 물 헌수한 전설이 돌아왔다" 2021. 6. 29). 그러나 이 사진은 나중에 철원 인근에서 상황을 재연한 사진이라고 밝혀졌다(조선일보, 1993. 6. 24).

108
맥아더가 오판한 1950년 10월 19일 중공군 참전과 장진호 전투

　국군이 북진하며 38선을 넘자 초조해진 김일성은 박헌영과 함께 서명한 편지를 모택동에게 보내 참전을 요청했다. 이 편지의 실물은 현재 중공 요녕성 단동에 있는 '항미원조기념관'에 전시되어 있다. 편지는 '존경하는 모택동 동지 앞'으로 시작하며, '조선로동당 중앙위원회 김일성·박헌영' 두 사람의 이름과 서명으로 마무리되어 있다. 마지막은 편지를 쓴 날짜 '1950년 10월 1일' 그리고 편지를 쓴 장소 '평양시'를 밝히고 있다.
　이들의 참전 요청이 얼마나 구구절절했는지 보여주기 위해 편지의 마지막 문단 전체를 여기 옮긴다. 급하게 쓴 까닭인지 편지는 중언부언에 오자(誤字)까지 많다. [ ] 속에 바로잡는 표현을 넣었다(김필재, 2011. 7. 27, "포복절도! 김일성 편지… 얼마나 급했으면" 뉴데일리).
　"적들이 금일 우리가 처하여 있는 엄중하고 위급한 형편을 리용하여 우리에게 시간 여유를 주지 않고 계속 진공하여 38도선을 침공하게 되을[될] 때에는, 우리의 자체의 힘으로 새는[서는] 이 위기를 극복할 가능성이 없습니다. 그러므로 우리는 당신의 특별한 원조를 요구하지 않을 수 없게 됩니다. 즉 적군이 38도선을 침공하게 될 때에는 약속한 바와 갓치[같이] 중국[중공] 인민군의 직접 출동이 절대로 필요하게 됩니다. 이상과 같이 우리의 의견을 당신에게 제이[제의]하게 되는데 이에 대한 당신의 회답을 우리는 기다림[립]니다."

박헌영이 들고 온 편지를 받은 10월 1일 모택동은 중공의 참전을 요구하는 스탈린의 전문도 동시에 받았다. 참전에 적극적이었던 모택동은 다음 날 공산당 정치국 확대회의를 소집했다. 그러나 모택동은 다수의 반대로 '당분간 참전할 수 없다'는 전문을 모스크바에 보내야만 했다. 소련은 거듭 참전을 독려했다. 모택동은 참전에 적극적 입장을 가진 팽덕회를 '중국[중공]인민지원군 사령관'으로 지명하고, 10월 8일 참전을 준비하라는 명령을 내렸다(구자룡, 2023, 《끝나지 않은 전쟁 6·25》 화정평화재단: 160-163).

그러나 10일 소련은 느닷없이 '소련 공군이 준비되지 않아, 중소 모두 조선에 당분간 출병하지 않는다. 김일성은 압록강 이북으로 철수토록 한다. 소련 공군 지원은 2개월 후에나 가능하다'는 요지의 전보를 보냈다. 분노한 모택동은 12일 파병 준비 명령을 취소하고 소련에 파병하지 않겠다고 통보했다. 그러나 모택동은 하루 만인 13일 다시 파병으로 돌아섰다. '김일성이 동북에 망명정부를 세우기 전에 참전이 필요하다'는 이유였다(구자룡, 위 책: 164-165).

"북한이 중국[중공] 동북 지방에 망명정부를 세우고 군대를 주둔시키고 있으면 전쟁은 동북 지방까지 확대된다. 그럴 경우, 스탈린은 중소동맹조약에 따라 중공군의 작전을 지원한다는 명분으로 수십만의 소련 극동군을 동북에 파병할 근거를 갖게 된다… 2차 대전이 끝나기 직전 소련은 일본과의 전투를 구실로 동북에 출병했다. 이어 장개석에게 중국 주권을 훼손하는 굴욕적인 조약을 강요했다.

6·25 전쟁이 중국 국내로 확대돼 소련이 출병하면 전쟁의 승패에 상관없이 장개석 정부 때처럼 소련군이 주둔하게 된다. 이럴 경우, 동북의 주권을 침해받을 수 있다는 게 모택동의 고민이었다. 이런 사태를 막기 위해서는 어떤 희생을 치르더라도 전쟁이 중국 국내로 확대되지 않도록 해야 했다.

그렇다고 '북한 동북 망명정부'가 들어섰는데 소련의 동북 출병을 거부하면 중소동맹조약도 난파될 우려가 있다. 모택동의 신중국 건설에 필요한 군사 외교 경제적 지원이 어려워진다. 전쟁으로 미국과 적대적 관계가 된 상황에서 소련까지 돌아서면 공산당 정권도 위협을 받는다고 생각했다"(구자룡, 위 책: 165-168).

모택동이 내부의 반대에도 불구하고 스탈린의 항공 지원 약속도 없이 파병을 결정한 속 사정이다. 10월 18일 모택동은 공산당 정치국 회의에서 파병 명령을 전달했다. 모택동은 '미국을 이기지 못해도 우리는 싸워야 한다'며 장남 모안영(毛岸英)도 파병했다.

중공이 참전 결정을 마무리할 즈음인 10월 15일 미국 대통령 트루먼은 하와이 서쪽 태평양에 있는 웨이크섬까지 날아와 맥아더를 만났다. 현지 최고 책임자의 중공군 참전 여부에 관한 판단을 듣기 위해서였다. 이 자리에서 맥아더는 중공군 참전 가능성이 '거의 없다'고 잘라 말했다. 맥아더는 이어서 '미군은 크리스마스 때까지 집으로 돌아갈 것'이라고도 했다. 맥아더의 엄청난 오판이었다.

중공군의 출병 날짜는 10월 19일이었다. 중국[중공]의 항미원조지원군 4개 군(軍)과 3개 포병사단 25만여 명이 이날 안동(安東, 단둥), 장순하구(長甸

開口, 창뎬허커우), 집안(集安, 지안) 3곳의 다리를 넘었다. 일부 병력은 다리가 없는 영하의 압록강을 몰래 건너기도 했다. 이들은 낮에는 동굴, 터널, 갱도, 초가집 등에 숨어있다가 어두워지면 이동했다. 1차 25만에 이어 2차 15만 그리고 3차 20만, 합계 60만 명이 참전 초반 북한으로 넘어왔다.

첫 전투는 10월 25일부터 11월 4일까지 평안북도 동쪽 끝 '운산'에서 벌어졌다. 중공군의 존재를 전혀 모르던 국군 1사단 15연대 그리고 미군 제1기병사단 8기병 연대가 박살이 났다. 생포한 포로가 인근에 2만 명가량의 중공군이 있다고 털어놓자 백선엽 사단장은 미 8군을 통해 맥아더에게 보고했다. 그러나 동경 사령부는 조선족 의용군 참전이라며 대수롭지 않게 여겼다. 중공군은 운산 전투 후 감쪽같이 사라졌다.

압록강에 10월 26일 도달한 국군 2군단 6사단 역시 초산에서 매복 포위당해 괴멸했다. 2군단의 7사단과 8사단 역시 하룻밤 사이에 무너졌다. 국군 2군단이 무너진 곳에 미 2사단이 급거 투입됐다. 그러나 미 2사단 역시 청천강 변의 평안남도 개천군 '군우리' 좁은 계곡에서 중공군에 걸려들었다. 11월 29일부터 12월 1일까지 사흘 만에 사단 병력의 20%만이 생존했다.

12월 4일 중공군은 평양을 탈환했다. 중공군의 공세로 미군은 12월 16일 38선 남쪽으로 철수했다. 그러나 중공군이 38선을 넘은 날짜는 열흘 뒤인 12월 26일이다. 중공군 내부에서 남진의 속도와 범위를 두고 이견이 발생했기 때문이다. 모택동은 바로 서울까지 가야 한다고 보았지만, 팽덕회는 서울 점령을 북한군에 맡겨야 한다고 주장했다. 보급선이 길어지면 미군의 유인작전에 걸려들 수 있다는 우려 때문이었다.

다른 한편 10월 26일 원산에 상륙한 미 10군단은 동해안을 따라 청진으로 북진하고 있었다. 그러나 초산의 국군 2군단이 궤멸하자 동해안에서 작전 중이던 미군과 서해안에서 작전 중이던 미군 사이에는 커다란 구멍이 생겼다. 두 지역의 작전 지휘권을 분리한 맥아더의 판단 또한 상황을 악화시켰다. 두 전선의 빈틈을 타고 중공군이 유유히 남진해 11월 9일 원산을 점령했다. 함경북도까지 진출한 미 10군단과 국군 1군단의 퇴로가 끊겼다.

이들을 안전하게 후퇴시키기 위한 전투가 개마고원의 인공호수 장진호 주변에서 벌어졌다. 살인적인 추위로 참호조차 팔 수 없었던 미군은 전우의 시체를 쌓아 방벽으로 삼으며 전투를 수행했다. 동상으로 인한 피해도 엄청났다. 밤이면 피리를 불고 꽹과리를 치며 끝도 없이 밀려오는 중공군의 인해전술에 아군은 전멸을 우려하지 않을 수 없는 상황이었다.

그러나 장진호 전투의 성공으로 미군은 물론 국군 그리고 피란민까지 흥남 부두에서 안전하게 철수할 수 있었다. 1950년 12월 24일 마지막으로 철수하는 상선 '메러디스 빅토리'호에는 약 1만 4,000명의 민간인이 타고 있었다. 영화 '국제시장'을 통해 전 국민이 알게 된 감동적 장면이다.

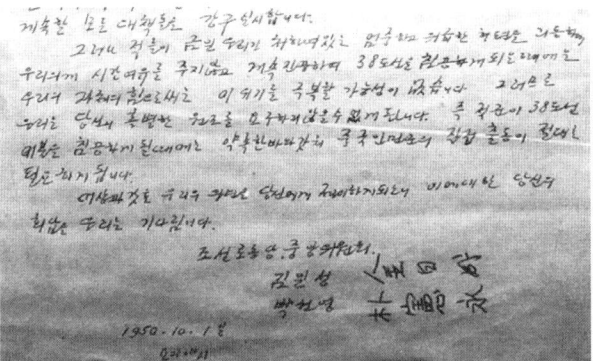

중국[중공] 단동 '항미원조기념관'에 전시된 김일성의 친필(親筆) 편지 마지막 부분으로, 박헌영과 함께 서명해 모택동에게 보낸 출병 요청 서한 일부다. 편지의 마지막에 있는 날짜 다음 줄 '평야시'는 '평양시'의 오자(誤字)다. 이 서한에는 이것 말고도 오자가 많다.

중국[중공] 단동의 '끊어진 압록강 다리' 위에 설치된 대형 석조 달력. 1950년 10월 19일 '중국인민지원군 사령원(관)' 팽덕회가 압록강 대교를 건너 북한으로 들어갔다고 기록하고 있다(출처: 동아일보 2023. 7. 12)

'초산 과속' 역풍으로 전선에 구멍이 생겨 원산이 중공군에 손쉽게 넘어갔다.

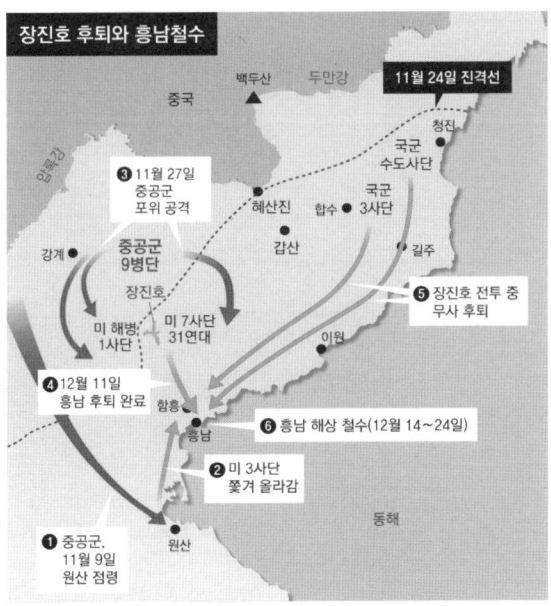

원산 함락 후 장진호 전투를 통해 흥남 철수작전이 성공하는 과정(출처: 구자룡, "혹한과 인해전술 이긴 장진호 철수작전 (상)" 동아일보 2023년 7월 20일).

109
조갑제, 정일권·미 전문가 증언 근거로
맥아더 오판은 '의도적'

바로 위 '108. 맥아더가 오판한 1950년 10월 19일 중공군 참전과 장진호 전투' 꼭지에서 설명한 중공군 참전에 대한 맥아더의 오판이 '의도된 것'이었다는 대안적 해석이 존재한다(조갑제, "맥아더가 중공군 개입 가능성 무시하고 북진한 이유 밝혀지다" 월간조선 2015년 7월호). 이 주장은 다음과 같은 세 가지 사료를 근거로 한다.

첫째, 6·25 당시 참모총장이던 《정일권 회고록》(1996, 고려서적), 둘째, 미국 역사학자 매튜 에이드(Matthew Aid)의 책, *The Secret Sentry: The Untold History of the National Security Agency*(2009, Bloomsbury Press), 셋째, 미 국방차관을 역임한 폴 니츠(Paul Nitze)의 책, *From Hiroshima to Glasnost: at the Center of Decision*(1989, Glove/Atlantic)이다. 각각의 책에서 관련된 내용을 살펴보자.

정일권은 1996년 회고록 304-307쪽에서 다음과 같은 비화를 소개하고 있다. "노(老) 대통령[이승만 대통령]은 [중공군 출현에 대한] 내 보고를 듣고 나서 '역시 나왔구먼. 이젠 겁쟁이 트루먼도 배꼽에 힘 좀 넣겠지' 하고 지극히 태평이었다…. '걱정할 것 없습니다. 맥아더가 잘 알아서 할 것이오'하고, '정 총장, 맥아더와 나는 중공군이 나온다고 보아 왔습니다. 장군, 그 [맥아더]는 중공군 개입 가능성을 겉으로는 부인했으나 북진 전략에 대한 트루먼의 잔소리를 막기 위해서 인 것입니다. 맥아더, 그는 훨씬 앞을 내다보고 있는 것이니 경우에 따라서는 원폭(原爆) 사용도 불사할 각오라고 내게 굳게 약속한 바 있습니다."

회고록은 이어서 이승만 대통령이 정일권 총장에게 두 통의 편지를 보여주었다고 밝힌다. 하나는 맥아더에게 보낸 이 대통령 본인의 편지 사본이다. 요지는 다음과 같다. "북진이 순조롭게 진행됨에 따라 워싱턴과 영불(英佛)은 소련 및 중공의 군사개입을 겁내고 있는 경향이 두드러지고 있는데 본직(本職)은 소련은 몰라도 중공의 개입 가능성은 매우 크다고 보는 바입니다. 솔직히 말하면, 이번 트루먼 대통령을 만나더라도 이 가능성을 긍정하지 말았으면 합니다. 귀하가 긍정함으로 해서 북진을 방해하는 작전상의 제한이 가중될 우려가 있기 때문입니다. 한국민은 거족적으로 북진통일만을 열망하고 있습니다."

다른 하나는 맥아더의 답장이었다. 요지는 아래와 같다. "전적으로 동감합니다. 본직은 믿을 만한 정보통의 보고를 받고 있습니다. 중공군은 반드시 나타날 것입니다. 하나 [그러나] 이 가능성을 겉으로는 긍정할 수 없습니다. 그들은 숨어서 압록강을 건널 것입니다. [나는] 조금도 모르는 것으로 할 것입니다. 중공은 그 방대한 군사력을 배경 삼아, 가까운 장래 아시아에 있어서 데모크라시의 최대 위협이 될 것입니다. 그 배후에는 소련이 있습니다. 중공의 잠재적인 군사력을 때릴 만한 기회는 지금 아니고서는 없을 것입니다. 전략은 이미 준비되어 있습니다. 다만, 워싱턴이 어디까지 본직의 전략을 뒷받침해 주느냐가 문제입니다. 필요하다면 원폭도 불사할 것입니다."

회고록에서 정일권은 맥아더의 편지 날짜까지 기억했다. 1950년 10월 13일이었다. 트루먼·맥아더가 만난 웨이크섬 회담 이틀 전이었다. 정일권은 이어갔다. "이 두 통의 사신(私信)을 아는 사람이 나 말고 또 있는지 확실치 않다. 극비(極) 중의 극비였다. 사가(史家)들이나 비평가들이 이 극비를 알 까닭이 없었다. 맥아더는 자신에게 집중되는 비판의 소리, 즉 '중공군 개입의 가능성을 오판하여 유엔군의 북조선 철수를 자초했다'는 책임 추궁에도 이 비밀 서한만큼은 일절 언급하지 않았다."

조갑제는 정일권이 보았다는 편지 내용을 뒷받침하는 추가 사료를 두 가지 제시했다. 모두 미국의 전문가들이 쓴 영문 문헌들이다. 우선 '메튜 에이드'의 2009년 책부터 살펴보자. "당시 미국 정보기관 AFSA(Armed Forces Security Agency: 미군정보사령부, NSA의 전신)는 맥아더의 전화와 주일(駐日) 외국 대사들의 교신을 감청하고 있었다. 맥아더는 반공 성향이 강한 스페인, 포르투갈, 브라질 대사를 자주 만났다. AFSA는 감청 기록을 워싱턴에 보고하였다. 1950년 11월 11일 로튼 콜린스 육군참모총장은 맥아더 사령관에게 정치적 발언을 하지 말 것을 지시하였는데, 맥아더가 부인하자 맥아더가 브라질 대사와 나눈 대화 기록을 보여주었다.

리오 브랑코(Gastao Do Rio Branco) [브라질] 대사가 본국에 보낸 맥아더 면담록이었다. '솔직하게 말하겠습니다. 그(맥아더)가 대통령(트루먼을 지칭하는 듯)에게 2~3년 후보다는 지금 전쟁을 하는 것이 좋다고 말했다고 했습니다. 지난 5년간을 지켜봤을 때 크렘린의 사람들과 함께 협조적으로 일하기는 어렵다는 결론을 내렸기 때문입니다. 그래서 그는 평화를 찾기 위해

선 국제적 볼셰비즘의 중심인 모스크바를 파괴할 필요가 있다고 생각하고 있습니다'"(조갑제, 2015, 앞의 글).

조갑제가 제시하는 다음 자료는 '폴 니츠'의 1989년 책이다. "니츠는 대소(對蘇) 전략과 안보정책 수립, 그리고 미소(美蘇) 전략무기 감축 협상 등에 핵심적으로 종사해 왔다…. 딘 애치슨 국무장관 밑에서 정책기획실장 자리에 있을 때… 그는 한국전을 겪었다. 회고록엔 이런 대목이 있다. '내 책상에 올라오는 맥아더의 교신 감청 자료에 의하여 맥아더의 진정한 목표는 중국으로 전쟁을 확대시켜 모택동을 몰아내고 장개석을 복귀시키려는 것임을 알게 되었다. 맥아더가 매우 위험한 방향으로 가고 있음이 확실했다. 나는 언젠가는 대통령이 맥아더를 해임해야 할 것이라고 결론 내렸다'"(조갑제, 2015, 앞의 글).

조갑제는 이 두 자료가 정일권이 보았다는 편지의 내용과 대략 일치한다고 평가하며 이 문제에 대한 자신의 견해를 6단계로 정리했다(조갑제, 2015, 앞의 글).

1) 니츠는 맥아더의 전략 의도가 '이것도 좋고, 저것도 좋은' 길이었다고 했다. 중공군의 개입 없이 북한군을 섬멸하면 한반도 통일의 영웅이 되는 것이고, 중공군이 개입하면 전쟁을 중국 본토로 확대, 모택동을 일소, 중국을 수복하는 위업을 달성하게 된다.

2) 맥아더가 트루먼 대통령에게 '중공군 개입 가능성은 없다'고 단정적으로 보고할 때도 맥아더는 '설사 이 보고가 틀려 중공군이 개입할 경우엔 중국 본토로 확전하면 된다'는 계산이 깔려 있었다.

3) 1950년 10월 하순 중공군이 한국군을 표적으로 삼아 대규모 기습을 하였는데도 맥아더는 중공군 개입 규모를 실제의 10분의 1로 축소, 전면

적 개입이 아니라는 보고를 하였는데, 이는 오판이 아니라 의도된 허위 보고일 가능성이 높다. 워싱턴의 북진 중단 명령을 기피하기 위한 수단이었을 뿐만 아니라 중국 본토 공격은 물론 원폭 사용 지렛대 확보를 위한 계산이었다.

4) '그가 너무 심하게 모험을 감수한 이유의 일부는 우리가 [미국이] 중국 공산주의자들과 전쟁 상태로 들어가도록 하는 상황을 조성하는 것이었다'라는 니츠의 평이 핵심적이다.

5) 당시 워싱턴 국가지도부는 맥아더를 통제하지 못했다. 인천상륙작전 성공의 위광(威光)과 전선 사령관에 재량권을 주는 미국의 전통 등으로 조지 마셜, 딘 애치슨 같은 거물들조차 11월 [유엔군의] 공세를 중단시키려 하지 않았다.

6) 맥아더의 중국 수복 야망이 좌절되는 것은 중공군의 대공세로 유엔군이 총퇴각하면서 맥아더의 권위가 실추된 이후였다. 맥아더는 중공군의 대공세를 빌미로 중국 본토 확전을 건의하였으나 트루먼은 세계사적 관점에서 3차대전 가능성을 이유로 거부하였다.

1950년 10월 15일 웨이크섬에서 트루먼 대통령(왼쪽)을 만난 맥아더는 "중공군의 개입 가능성은 거의 없다"면서 "한국에서 전쟁은 사실상 끝났다"고 말했다. 그러나 4일 뒤 30만의 중공군이 압록강을 건넜다.

 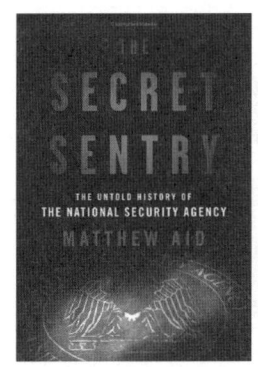 

왼쪽부터 《정일권 회고록》(1996, 고려서적); Aid, 2009, *Secret Sentry*, Bloomsbury Press; Nitze, 1989, *From Hiroshima to Glasnost*, Glove/Atlantic.

110
우리가 잘 모르는 1951년 1월 휴전 제의, 미국 이승만 무시

중공군의 6·25 전쟁 참전 가능성에 대한 맥아더의 판단이 의도적 오판이건 아니건, 중공군은 결국 1950년 10월 19일 압록강을 건너 참전했다. 중공군 참전을 생각도 하지 않고 있던 전투 현장의 국군과 UN군은 야간에만 움직이며 쏟아져 들어온 60만 명의 유령과 같은 적에게 곳곳에서 당했다. 중공군은 특히 서부전선과 동부전선 사이 맥아더가 작전 지휘권을 분리한 공간을 파고들었다. 개마고원 서쪽 끝 산악지대였다.

산악전에 능한 중공군은 별 저항도 없이 빈 공간을 남진해 10월 10일 국군이 탈환했던 원산을 11월 9일 다시 점령했다. 동부전선의 미 10군단 그리고 국군 1군단의 퇴로가 막혔다. 이들을 해상으로 철수시키기 위한 작전이 개마고원의 한복판 장진호에서 벌어졌다. 11월 말부터 12월 초까지 이어진 처절한 전투 끝에 미군은 철수를 위해 12월 11일 흥남에 집결할 수 있었다. '굳세어라 금순아'에 등장하는 '바람 찬 흥남부두'의 철수는 12월 14일부터 24일까지 이어졌다.

서부전선의 평양은 12월 4일 중공군 손에 다시 넘어갔다. 38선 남쪽으로 미군이 후퇴한 건 12월 16일이었고, 중공군이 38선을 넘은 건 그로부터 열흘 후인 12월 26일이었다. 이즈음 서울에는 피난령이 내려져 비교적 질서 있는 후퇴가 이루어졌다. 중공군은 1950년 12월 31일부터 서울을 함락하기 위한 공세를 폈다. 1951년 1월 4일 서울이 다시 적의 손에 떨어졌다. 1월 중순이 되면서는 중공군이 천안-원주-삼척을 잇는 37도 선까지 밀고 내려왔다.

이때의 전황 때문에 UN에서는 엄청난 일이 벌어졌다. 조갑제는 이를 두고 다음과 같은 표현을 한다. "1951년 1월 13일에서 17일 사이 한국은 우리가 전혀 힘쓸 수 없었던 국제외교 무대에서 지옥의 문턱까지 갔다가 생환하는 운명을 겪었다"(조갑제, "대한민국이 지옥 문턱까지 갔다가 돌아온 한국전쟁 5일간" 월간조선, 2015년 7월호). 조갑제의 설명을 따라가 보자.

1950년 12월 미국은 한국에서 벌어진 중공군의 대공세로 공황 상태에 빠졌다. 영국은 미국이 중국 본토를 공격해 확전의 길로 가면, 유럽이 소련의 위협에 노출되는 상황이 벌어질 가능성 때문에 걱정했다. 애틀리 영국 총리는 워싱턴으로 달려가 트루먼 대통령을 압박해 한국에서 철수할 것을 권하고, 원자폭탄을 쓰지 않겠다는 약속까지 받으려 했다.

이에 따라 영연방 국가들은 위기감 속에서 휴전을 모색하기 시작했다. 12월 6일 영연방 국가 유엔 대표들이 모였다. 이들은 인도의 네루 총리가 초안을 주도한 휴전안을 검토했다. 골자는 38도 선에서 휴전하고, 비무장 지대를 만들며, 휴전 후 한국과 대만 문제를 협의한다는 내용이었다.

애치슨 미국 국무장관은 이들의 휴전 움직임을 거부하려 했다. 그러나 그렇게 하면 미국과 영국의 협조 관계가 깨지는 것을 동시에 우려하지 않을 수 없었다. 유엔 설립 직후 군사력을 동원해 침략을 응징한다는 명분을 세우며 참전한 전쟁이 한국전쟁이었다. 미국은 유엔의 기치를 이용해 북한은 물론 중국도 침략자로 규정하고자 했다.

그렇기 때문에 미국은 유엔에서 늘 압도적 지지를 확보하고 있어야 했다. 또한 그렇게 하려면 영연방 국가들의 도움이 절실했다. 애치슨은 영연방에 수정 제안을 했다. 유엔총회 의장과 그가 지명하는 두 사람에게 휴전의 기초를 모색하는 일을 위임하자는 제안이었다.

마침내 유엔총회는 12월 14일 아시아 13개국이 제안한 휴전결의안을 채택했다. 결의안은 유엔총회 의장이 자신 이외에 두 사람을 지명해 3인으로 구성된 위원회를 만들어 휴전방안을 모색하도록 했다. 이란 출신 유엔총회 의장은 캐나다와 인도 대표를 휴전위원회 위원으로 임명했다.

12월 15일 구성된 3인 위원회는 먼저 유엔군사령부와 접촉해 38선 이북에 '비무장지대'를 설정하는 안을 받아 중공에 전하면서 중공의 휴전 조건을 물었다. 스탈린의 지침을 받은 중공의 주은래는 1주일 만인 12월 22일 휴전을 거부했다. 한국과 대만으로부터 미군이 철수하고 대만 대신 중공을 유엔에 가입시켜야 휴전협상에 응하겠다는 대답이었다. 유리한 전황을 등에 업은 중공은 자신감이 하늘을 찔렀다.

그 사이 맥아더는 '중국 해안봉쇄, 만주 산업시설 폭격, 장개석 군대 투입, 증원군 파견' 등의 요구를 받아주지 않으면 한국을 포기하고 철수하거나 현지에서 전멸당하는 수밖에 없다며 미국 정부를 압박했다. 1월 13일 트루먼은 맥아더에게 고심에 찬 편지를 보냈다. 그는 '왜 전쟁을 확대할 수 없는가, 공산 진영과 싸우기 위해서 왜 우방국들을 소외시켜서는 안 되는가, 왜 한국에서 철수할 수 없는가' 등을 설명했다.

트루먼은 1월 15일부터 3일간 콜린스 육군참모총장을 동경으로 보내 맥아더를 직접 만나 '인력과 물자의 심대한 손실을 피하기 위해 불가피한 경우 일본으로 철수할 수 있다'는 지침마저 전했다. 한국에서 철수하는 것은 군사적 필요에 따라 불가피한 것이어야 한다는 전제를 달기는 했다. 그러나 최악의 경우 한국 망명정부를 제주도 등으로 옮기는 문제, 나아가서 이 경우 데리고 나와야 할 한국인 선별 문제까지도 논의했다(조갑제, 위의 글; 구자룡, 2023, 《끝나지 않은 전쟁 6·25》 화정평화재단: 239).

인천상륙작전 이후 전쟁이 최악의 상황으로 치달은 1951년 1월 유엔에선 이와 같은 전황이 반영된 심상치 않은 움직임이 있었다. 미국이 유엔에서 중공을 침략자로 규탄하려 하자 영연방 국가들이 반대하고 나섰기 때문이다. 이들은 침략자 규탄이 휴전 협상을 불가능하게 만들 수 있다고 주장하며, 미국에 휴전안을 준비할 시간을 요청해 양해를 얻었다.

마침내 이들이 만든 휴전안이 1월 13일 유엔총회 제1위원회를 통과해 중공에 전달되었다. 여기에는 1) 현 위치 휴전, 2) 평화 회복을 위한 정치회담 개최, 3) 단계적으로 한반도에서 모든 외국군 철수, 4) 한반도 전체를 관리하기 위한 준비 절차 착수, 5) 휴전 성립 후 미국, 영국, 소련, 중공이 참여하는 회담을 개최해 대만 및 중공의 유엔 가입 등 극동 문제를 논의한다는 5개 항이 포함되어 있었다.

이 휴전안에 대한 미국의 선택을 조갑제는 애치슨 국무장관의 회고록을 인용해 긴장감 있게 설명한다. "이 휴전안을 지지할 것인가, 반대할 것인가의 결정은 살인적인 고민이었다. 한국을 상실하고 의회와 언론의 분노를 뒤집어쓸 것인가, 혹은 유엔에서 다수의 지지를 잃을 것인가? 국무부는 심사숙고한 끝에 대통령에게 휴전안을 지지할 것을 건의, 허락을 받았다. 우리는 중공이 이 휴전안을 거부해 주기를 열렬하게 바라면서 또 그렇게 확신하면서 동의를 해 주었다. 중공이 거절한 뒤에는 우리의 친구들이 제정신으로 돌아와 우리가 중공을 침략자로 규탄하는데 협조하여 줄 것이라고 판단하였다"(조갑제, 위의 글).

중공의 답변에는 5일이 걸렸다. 중공이 예상대로 휴전 제의를 거부하자 5일간의 악몽에서 벗어난 애치슨은 보류하였던 중공 규탄 결의문 통과를 본격적으로 추진했다. 애치슨은 영국 측에 '휴전안에 찬성하였다가 우리는 국내적으로 거의 파멸할 뻔했다'면서 협조를 요청했다. 마침내 2월 1일 유엔총회는 '찬성 44, 기권 9, 반대 7'표로 중공을 침략자로 규정하는 결의안을 통과시켰다.

조갑제는 한국인의 운명을 결정할 휴전 제의 과정에서 유엔과 미국이 한국의 이승만 정부를 철저하게 무시한 사실에 주목한다. 한국을 상대로 한 그 어떤 논의의 흔적도 발견할 수 없기 때문이다. '프란체스카의 6·25 전쟁 일기'까지 뒤진 조갑제는 "우리의 운명이 또다시 우리가 모르는 사이에 결정되는 순간이었다"고 개탄했다. 나아가서 조갑제는 "미국이 한국과 대만의 운명을 놓고 도박을 한 것"이란 일갈도 했다(조갑제, 위의 글). 우리가 잘 모르는 현대사의 한 대목이다.

6·25 전쟁 기간 미국의 국무장관을 역임한 애치슨
(Dean G. Acheson).

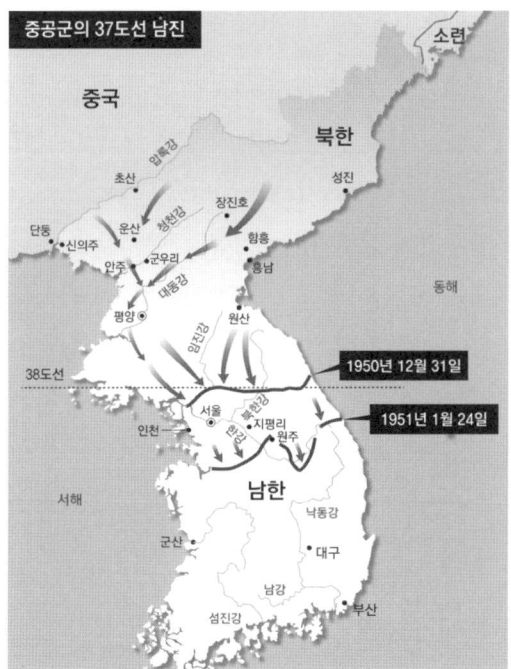

1951년 1월 중순 전선이 37도 선까지 밀린 상황
(출처: 동아일보, 2023. 7. 28, 구자룡 기자).

111
트루먼 대통령 1951년 4월, 반격에 성공하던 맥아더를 전격 해임

'1·4 후퇴'로 상징되는 1950년 말 1951년 초 전황은 최악이었다. 맥아더는 중공군 참전에 확전으로 대처해야 한다고 주장했다. '중국 해안봉쇄, 만주 산업시설 폭격, 장개석 군대 투입, 증원군 파견' 등을 제시했다. 한마디로 '제한전(limited war)'에서 벗어나야 한다는 주장이었다.

맥아더의 주장을 무시하고 철수까지 검토하던 트루먼 대통령은 그러나 1950년 11월 30일 느닷없는 돌출 발언을 했다. 기자회견에서 '핵무기 사용도 고려할 수 있다'고 말했기 때문이다. 이 소식에 놀란 영국의 애틀리 수상은 득달같이 달려가 12월 4일 워싱턴에서 '동맹국과 사전협의 없이 미국은 결코 원자탄을 사용하지 않을 것'이란 공동성명을 끌어냈다.

이승만은 실망했다. "친애하는 올리버 박사, 우리는 오늘 아침에 발표된 트루먼 대통령과 애틀리 영국 수상과의 공동성명서에 크게 실망했습니다. 우리는 한국을 포기하지 않을 것이라고 한 트루먼 대통령의 첫 성명에 기대가 컸습니다… 그러나 지금 우리는 중공군이 철수하지 않을 경우 유엔의 대안이 무엇인가를 조급하게 기다리고 있습니다… 만일 유엔이 철수하는 경우… 남한의 2천만은 도살될 것이기 때문입니다"(1950년 12월 9일 《프란체스카의 난중일기》 2010, 기파랑: 283).

이승만의 우려에 화답하듯 맥아더는 12월 24일 트루먼에게 핵무기 투하가 필요한 지역을 망라한 리스트를 제출하면서 26개의 원자탄 투하를 권고하는 강경책을 내놓았다. 북한뿐만이 아니라 만주의 중공군 및 북한군 보급선까지도 타격하자는 주장이었다. 그러나 미 합참은 핵무기가 아군에게도 피해를 줄 수 있고, 정치적 파급효과가 너무 크기 때문에 실행할 수 없다는 결론을 냈다(구자룡, 2023, 《끝나지 않은 전쟁》 화정평화재단: 156; 권민철, "미국, 6·25 당시 핵 공격 최소 20차례 논의했다" 노컷뉴스, 2021년 6월 25일; A.B. Abrams, 2020, Immovable Object, Clarity Press).

미국의 한반도 나아가서 극동에 대한 정책이 이렇게 우왕좌왕하는 사이 유엔군은 한국 정부를 제주도 혹은 오키나와로 옮겨야 한다는 구상까지도 논의하고 있었다. 그러나 이 계획 실행 이전에 상황이 호전되는 계기가 만들어졌다. 역설적이지만 호전의 계기는 낙동강 전선의 영웅 워커 장군이 1950년 12월 23일 교통사고를 당해 사망한 사건이었다. 후임자인 리지웨이가 부임해 전선을 시찰하고 올린 보고서는 적군을 저지할 수 있다고 판단했다.

리지웨이의 보고를 접한 맥아더는 적의 보급선이 길어짐에 따라 예상되는 적의 전력 저하를 근거로 북진을 명령했다. 그 결과 3월 중순 서울을 다시 탈환했다. 37도 선까지 밀렸던 전선이 이제는 다시 38도 선을 넘느냐 하는 문제로 바뀌었다. 중공군이 전쟁에 개입한 이유가 인천상륙작전 성공 이후 맥아더가 멋대로 38선을 넘었기 때문이란 보도가 다시 기승을 부렸다. 그러나 그 결정은 사실 워싱턴의 결정이었다(맥아더 저·반광식 옮김,

1992,《맥아더 회고록》Ⅱ 일신서적: 251).

이 문제가 시끄러워지자 "육군성은 허가 없이 사전에 외교 정책이나 군사정책에 대한 연설, 신문 발표, 기타 공식 발언을 해서는 안 된다"는 함구령을 내렸다. 이 상황에서 미국 공화당 원내총무 마틴 의원은 1950년 3월 맥아더와 주고받은 편지 내용을 공개해 버렸다. 맥아더가 편지에서 한 말 "전쟁에서는 승리 외에는 해결책이 없다"는 표현이 문제가 되었다. 맥아더가 "전쟁을 확대시키려 한다"는 비난이 들끓었다(맥아더, 위의 책: 253-257).

트루먼과 맥아더의 상호 불신과 불화는 오래된 일이었다. 멀리는 1950년 7월 장개석 군대를 참전시키는 문제를 두고 맥아더가 대만을 방문했을 때부터, 8월 '대만은 가라앉지 않는 항공모함으로 서태평양에서 미국의 전진 교두보가 되어야 한다'는 맥아더의 발언을 거쳐, 10월 웨이크섬 회동에서 맥아더가 트루먼에게 경례하지 않은 모습까지 신경전은 계속되고 있었다(구자룡, 위의 책: 268-274).

마침내 1951년 4월 11일 트루먼은 기자회견 형식을 빌어 유엔군 총사령관이자 미 극동군 총사령관 맥아더 해임을 전격 발표했다. 명령 불복종이 이유였다. 모스크바와 북경은 축제 분위기였지만, 미국 여론은 '트루먼을 탄핵하라'며 맥아더 편을 들었다. 샌프란시스코에서는 50만, 뉴욕에서는 70만 인파가 맥아더를 환영했다. 일본 의회는 맥아더에 대한 감사 결의를 채택했고 천황의 방문에 이어 요시다 수상은 방송을 통해 노고에 감사했다(맥아더, 위의 책: 267).

이승만 대통령도 다음과 같은 메시지를 전했다. "귀하가 해임되었다는 소식(에)… 놀라움을 금치 못하고 있습니다. 언젠가 귀하께서는 한국이 공격을 받는 경우 캘리포니아를 지키는 것과 마찬가지로 한국을 지키겠다고 말씀하신 것을 나는 잘 기억하고 있으며, 귀하는 그 말을 실천에 옮기셨습니다… 한국 문제의 궁극적인 해결책은 귀하의 계획 이외에는 없다는 것을 나는 확신하고 있습니다. 왜냐하면 이번 전쟁에서는 명예로운 결말을 결코 기대할 수 없기 때문입니다. 시간이 흐름에 따라서 귀하의 이름은 세계 역사상 이 시기의 탁월한 지도자 및 정치기로 더욱 빛날 것입니다"(맥아더. 위의 책: 268).

맥아더는 1951년 4월 19일 미 의회 상하원 합동회의에서 고별 연설을 했다. '노병은 죽지 않고 다만 사라질 뿐이다'는 유명한 말은 바로 이 연설의 마지막에 등장했다. 이 연설에서 맥아더는 한국에서 벌어지고 있는 제한전이 승리를 가져오지도 못하고 한반도에 안정적인 평화도 가져오지 못하고 있음을 비판했다. 위험을 차세대에게 떠넘길 뿐인 무책임한 선택이란 우려도 아울러 했다. 또한 그는 공산주의 중국이 초강대국으로 성장하는 것도 예측했다. 미래를 정확히 내다본 연설의 일부를 아래 발췌한다.

"여러 가지 이유에서 중공에 대하여 유화정책을 쓰자고 주장하는 사람들이 있습니다. 그러나 그들은 역사의 분명한 교훈을 모르고 있습니다. 역사가 주는 교훈에 의하면 유화정책은 새롭고 보다 피비린내 나는 전쟁을 유발할 따름입니다. 역사의 교훈에 따르면 목적이 수단을 정당화시킨 예는 하나도 없으며, 유화는 굴종적 평화를 가져올 뿐입니다.

협박과 마찬가지로 유화는 상대방으로 하여금 새로운 그리고 보다 큰 대가를 계속 요구하게 만들어 종국에는 협박의 경우와 마찬가지로 폭력이 유일한 해결책이 될 뿐입니다. 나의 부하들은 군사적 우위를 적에게 양보할 이유가 어디에 있냐고 물었습니다. 나는 대답할 말이 없었습니다.

어떤 사람들은 중공과 전면전쟁으로 확대되는 것을 피하자고 했으며,

또 어떤 사람들은 소련의 개입을 피해야 한다고 말했습니다. 그러나 그 어느 것도 설득력을 갖지 못합니다. 왜냐하면 중공은 이미 그들이 동원할 수 있는 최대한의 힘으로 우리와 대결하고 있으며 소련이 반드시 우리의 움직임에 대응하는 행동을 일으킨다는 보장도 없기 때문입니다….

한국에서의 비극은 군사행동이 지역적으로 제한되어 있는 사실 때문에 더욱 비참해지고 있습니다… 세계의 모든 나라 중에서 사력을 다하여 공산주의와 싸우고 있는 나라는 현재까지 한국밖에 없습니다. 한국민의 용기와 확고부동한 신념은 말로는 이루 다 표현할 수 없는 정도입니다. 그들은 노예가 되느니 차라리 죽음을 택할 것입니다. 그들이 나에게 전한 최후의 말은 태평양을 포기하지 말라는 것이었습니다"(맥아더, 위의 책: 279-280).

이승만 보다 5년 늦은 1880년 태어난 맥아더는 이 연설을 마친 지 13년 만인 1964년 1월 회고록을 출판했고 같은 해 4월 84세의 나이로 영면했다.

왼쪽은 맥아더 회고록 표지(1964). 오른쪽은 반광식이 번역한 《맥아더 회고록》(일신서적, 1992).

112
1951년 상반기 '국민방위군사건' 정치적 배후는 이승만 아닌 신성모

중공군 참전으로 '1·4 후퇴'를 하던 즈음 비극적 사건이 벌어졌다. '국민방위군사건'이다. 이 비극적 사건은 6·25 전쟁 당시 이승만 대통령의 역할을 비하하는 세력이 열거하는 목록에서 절대 빠지지 않는다. 사건의 실체와 법적 처리는 물론 이 문제에 대해 이승만 대통령이 과연 무슨 책임을 얼마나 져야 하는지 따져 보도록 한다.

다행히 이 사건에 대해서는 자료에 대한 접근이 풍부하고 논의가 명확한 학술 논문이 존재한다. 김세중 교수가 쓴 '국민방위군 사건'이란 제목의 논문이다. 유영익·이채진 두 사람이 편집해 2002년 연세대 출판부가 내놓은 학술서적《한국과 6·25 전쟁》91-143쪽에 있다. 이 논문의 내용을 따라가며 검토한다.

먼저 '국민방위군'이란 무엇인가. '군·경·학생을 제외한 만 17세 이상 40세 이하의 남성' 즉 장정(壯丁)을 오늘날의 제2국민역과 같은 병력 자원으로 삼아 편성한 군대를 말한다. 국민방위군을 설치하는 법률은 1950년 12월 15일 지청천이 발의해, 16일 국회를 통과했고, 21일 정부가 공포했다. 별

다른 반대가 없어 일사천리로 만들어진 법안이었다.

이승만 대통령은 1950년 12월 20일 담화에서 이 제도를 도입한 이유를 다음과 같이 설명했다. "정부에서 청장년들을 소개(疏開, 대피)시키지 않은 채… 그들이 공산당 치하에 구속되게 되[면] 그들은 원치 않으면서도 공산당의… 병정이 되고야 말 것이다. 그러므로… 청장년을 남방 안전지대로 집단 소개시켜 이들을 훈련 무장시켜…군대를 단시일 내에 편성하려는 것이다"(김세중, 위의 논문: 96).

이 담화에는 낙동강까지 밀리며 아무런 조치도 취하지 못해 남한의 우익 청장년들이 공산 의용군으로 편입되어 결과적으로 적의 전력만 강화시킨 6·25 발발 직후의 실책에 대한 대통령의 뼈아픈 반성이 녹아있다. 그러나 이뿐만이 아니었다. 김세중은 보다 심층적 차원의 배경을 추적해 이승만이 우익 청년단체의 군사 조직화에 기울인 노력을 강조한다(96-97쪽).

건국 전 남로당의 철도파업 그리고 대구폭동을 겪으면서 이승만은 김두한으로 대표되는 우익 청년단체의 역할이 얼마나 소중한지 누구보다 잘 알고 있었다. 그런 까닭으로 이승만은 건국 전후 우익 청년단체들을 자신의 영향력 하에서 관리하고 있었다.

당시 이들은 크게 두 갈래로 구성되어 있었다. 하나는 1946년 10월 이범석이 만든 '조선민족청년단'이고, 다른 하나는 1947년 9월 지청천이 만든 '대동청년단'이다. 이들은 각각 5·10 선거를 통해 제헌국회에 진출해 상당한 의석도 차지하고 있었다(대동청년단 12석, 조선민족청년단 6석).

그런데 정부가 출범하면서 우여곡절 끝에 이범석이 총리와 국방장관을 겸임하자 국회에서 상대적 소수인 조선민족청년단이 폭발적으로 성장하기 시작했다. 회원의 숫자가 130만을 넘나들게 되었다. 우익 청년단체의 통합을 강조하던 이승만은 이와 같은 일방적 우위를 우려했다. 여순사건이 일단락된 직후인 1948년 12월 21일 이승만은 직접 '대한청년단'을 창단하고 한 달여만인 1949년 1월 20일 조선민족청년단을 흡수해 버렸다(이주천, '이승만 신화에 가려진 철기 이범석' 자유일보 2024. 4. 11).

이로부터 출발한 이승만의 청년단체 조직화는 1949년 11월 대한청년단을 업그레이드시킨 '청년방위대' 창설로 이어졌다(김세중: 97). 대한청년단을 기간으로 발족한 청년방위대는 6·25 직전인 1950년 4월 말이 되면서 도, 군, 면 단위에 각각 예하 부대를 둔 방대한 조직으로 발전했다(한국정신문화연구원, '청년방위대'《한국민족문화대백과사전 13》1991: 97-98).

그러나 막상 전쟁이 발발하자 무장과 훈련이 빈약한 청년방위대 조직은 흩어지고 말았다. 그럼에도 일부 조직은 유지되어 모병 훈련, 전후방처리, 공비소탕작전, 기타 후방 지원사업 등에 종사했다. 하지만 이들은 전혀 법적 근거가 없는 사설 단체에 불과했다. 그렇기 때문에 국가 예산의 뒷받침도 전혀 없었다. 따라서 국민방위군 창설은 이승만이 청년방위대에 법적 지위를 부여하고 이들을 보다 향상된 군사조직으로 발전시킬 수 있는 새로운 기회였다.

법의 공포와 함께 대구에 자리를 잡은 국민방위군 사령부는 경상남북도 일대에 51개의 교육대를 설치했다. 대한청년단 혹은 청년방위대 출신 간부들이 방위군 지도부를 채웠다. 예컨대 방위군 사령관 김윤근은 대한청년단 단장 겸 청년방위대 사령관 출신이었고, 부사령관 윤익헌은 대한청년단 총무국장 출신이었다.

그런데 이들 방위군이 활동을 시작한 12월 18일부터 문제가 불거지기 시작했다. 공산 치하에서 어려움을 겪은 장정들이 방위군 소집과 후송을 정부가 보호해 주는 피난 행렬로 인식하면서 엄청난 숫자의 장정들이 지원했다. 구체적인 숫자는 확인할 길이 없지만, 목표치인 50만 명을 훌쩍 넘긴 숫자였다.

당시 유엔군이 기간도로를 주된 보급로로 통제하고 있었기 때문에 이들은 이동을 위해 엄동설한에 산을 넘는 샛길을 이용해야만 했다. 보급과 숙식 또한 준비가 부족해 인솔자의 임기응변으로 해결해야 했다. 후송과 함께 이들은 동상, 기아, 질병 등으로 희생되기 시작했다. 온갖 어려움 끝에 이들이 후방의 지정된 교육대에 도착하면 인원이 찼다는 이유로 다시 이곳저곳을 전전해야 했다. 그리고 막상 교육대에 수용이 되어도 보급이 없어 허기로 훈련을 받지 못하는 형편이 이어졌다. 흉흉한 소문이 퍼지지 않을 수 없었다.

국회는 논란 끝에 1951년 1월 말 마침내 이들에 대한 1, 2, 3월분 정부 예산을 통과시켰다. 방위군 숫자를 50만으로 잡아 식량, 연료 등을 지원하는 예산이었다. 그러나 피복비, 난방비, 의료비는 물론 교육대 운영예산과 기간병들 봉급 등이 예산에 전혀 반영되지 않았다. 문제를 뻔히 확인하고도 정부는 엄청난 재정적자 때문에 다른 방법이 없다고 하소연해 국회의 동의를 받아냈다.

예산 부족은 방위군 축소로 이어졌다. 3월 말에는 26세 이상의 장정 16만 명의 귀환이 있었다. 이들의 귀환과 함께 방위군의 참상 또한 급속히 대중에 노출됐고 여론이 비등하기 시작했다. 헌병대 수사가 시작됐지만 신성모 국방장관은 예산 부족 문제로 빚어진 일이라며 수사를 허락하지 않았다. 사건을 담당하던 수사관 윤우경이 이 문제를 대통령에게 직보하고 나서야 수사는 급물살을 탈 수 있었다. 4월 30일에는 급기야 방위군 설치법 폐지 법률이 국회를 통과했다.

그러나 군검찰은 신성모의 지시에 따라 사령관 김윤근을 기소 각하하는 등 사건을 축소하기에 급급했다. 5월 6일 선고에서 윤익헌을 위시한 3인에 대해서만 2년 6개월이라는 실형을 때렸을 뿐 나머지는 파면 혹은 무죄였다. 그러나 솜방망이 처벌에 대한 반작용으로 이 사건은 다시 국회에서 크게 문제가 되었다. 결국 이승만 대통령의 명령에 따라 재조사가 시작되었다. 국방장관이 이기붕으로 경질됐다. 신성모는 '거창양민학살사건'에 대한 책임도 져야 했다.

6월 11일 최경록 헌병사령관은 이 사건의 부정처분 총액이 현금 24억, 양곡 1,800여 가마에 이른다고 발표했다. 방위병 숫자를 의도적으로 늘려 타낸 현금과 양곡을 개인적으로 횡령·착복하고 허위영수증으로 기밀비 등 사적 자금을 마련한 죄목이 적용됐다. 7월 19일 열린 선고 공판에서 사령관 김윤근, 부사령관 윤익헌 등을 포함한 5인에 대한 사형 판결이 났다. 이들 5인은 8월 13일 총살에 의한 공개처형으로 형이 집행되었다.

마지막으로 김세중은 사법적으로 규명되지 않은 이 사건의 정치적 배후를 놓고 신성모와 이승만 두 가능성을 신중하게 검토한다. 김세중은 최경록의 다음과 같은 증언에 기초해 신성모일 가능성을 강력히 주장한다. "이 사건은 신성모 국방이 국회 안에 자기를 지지하는 정치세력을 만들려고 70여 명의 신정동지회에 정치자금을 댄 데서 일어난 거예요"(137쪽).

반면에 이승만일 가능성에 대해서는 매우 유보적이다. 왜냐하면 우익 청년단체의 군사조직화는 이승만에게 그 자체로만이 아니라 정치적으로도 매우 중요한 의미를 갖기 때문에, 이 목표 달성에 치명적 타격을 입힐 수 있는 예산 유용을 이승만이 명시적 혹은 묵시적으로 용인할 까닭이 없다고 판단하기 때문이다. 필자도 김세중에 한 표다.

국민방위군에 입대한 장정들이 집합해 있는 모습.
출처: https://blog.naver.com/kimseogk/140068802608

1951년 8월 13일 대구 교외 야산에서 집행된 국민방위군 사건 관련자 5명 공개처형 장면.

113
휴전 반대하며 반공포로 석방한 이승만, 한미상호방위조약 얻어내

1951년 7월 10일 휴전회담이 시작될 즈음 전황은 현재의 휴전선과 대동소이한 전선이 형성되면서 고지 차지를 위한 치열한 국지전이 전개되고 있었다. 미국도 지쳐갔고 중공도 지쳐갔다. "[미국의] 유럽방위에 대한 부담, 38선 돌파 북진 시 20만 명 이상의 추가적인 미군 인명 손실 우려, 전쟁 장기화에 따른 여론의 피로감 등이 휴전으로 방향을 틀게 했다. [중공은] 1951년 4월 이후 두 차례 춘계 공세를 퍼부으면서 70만 명 이상의 대병력을 동원했음에도 중동부 전선은 점점 북으로 밀려 올라갔다"(구자룡, 2023, 《끝나지 않은 전쟁》 화정평화재단: 283).

1951년 6월 말 UN 라디오 방송으로 소련 대표 말리크가 휴전을 언급하자, UN군 사령관 리지웨이가 역시 라디오 방송으로 화답했다. 마침내 1951년 7월 10일 개성에서 휴전회담이 시작됐다. 휴전의 쟁점은 크게 3가지였다. 가장 먼저 논란이 된 것은 '외국 군대 철수'였다. 공산 측은 압록강만 넘으면 중공군을 다시 투입할 수 있지만, 미군은 태평양을 건너면 다시 돌아오기 쉽지 않은 것이 현실이었다. 미국의 강한 반발로 '외국 군대

철수'는 아예 안건에 오르지 않게 되었다.

다음 쟁점은 군사분계선과 비무장지대의 위치였다. 공산 측은 38선을 군사분계선으로 삼고 20km 폭의 비무장지대를 두자고 제안했다. 유엔 측은 현재의 전선을 군사분계선으로 삼고 그 북쪽으로 20마일(32km) 넓이의 비무장지대를 두자고 주장했다. 중·동부전선에서 이미 38선 이북으로 진출한 아군을 철수시키는 건 항복과 다름없다는 생각 그리고 전쟁을 계속하면 막강한 제해권(制海權) 및 제공권(制空權)으로 전선을 밀고 올라갈 수 있다는 판단을 배경으로 한 주장이었다. 엇갈린 주장으로 회담이 일시 중단됐다.

회담 중단을 틈타 미군은 7월 30일 그리고 8월 14일 평양에 대규모 폭격을 가해 실제로 전선을 16km가량 북진시켜 버렸다. 그러자 공산 측은 38선 군사분계선 주장을 철회했다. 중단된 회담이 10월 31일 판문점에서 재개됐다. 11월 27일 양측은 '지상군 접촉선'을 군사분계선으로 삼고 4km 폭의 비무장지대 설치에 합의했다(구자룡, 위 책: 287-288).

마지막 협상의 쟁점인 포로 교환이 난제였다. 2차대전이 끝나고 포로의 대우에 관한 규정을 정한 1949년 8월의 '제네바 협약'은 6·25 전쟁과 같이 복합적 배경의 인적 구성을 가진 포로를 처리하는 규정이 없었다. 유엔 측은 포로 개개인의 자유의사에 따라 한국·북한·중국·대만을 선택하도록 하는 '자유송환'을 주장했고, 공산 측은 모든 포로를 무조건 각자의 조국으로 송환하는 '강제송환'을 고집했다.

반공포로의 자유의사에 의한 귀환 거부는 공산 진영에 대한 자유 진영의 체제 우월을 증명해 줄 좋은 기회였다. 1952년 4월 유엔군사령부가 조사한 결과 공산 포로 약 17만 명 가운데 10만 명이 자유송환을 원하고 있는 것으로 나타났다(한국민족문화대백과사전 휴전회담). 양측의 주장이 팽팽히 맞서며 휴전회담이 지연되자 공산 측은 회담을 유리하게 이끌기 위해 포로수용소에 첩자를 침투시켜 폭동을 주도했다.

이들은 포로를 친공과 반공으로 분리하는 작업을 방해하기 위해 수용소 내에 땅굴을 파 무기를 숨기고 폭동을 일으켰다. 수용소 주변의 민간인 마을에 접선을 위한 아지트를 마련한 사실도 드러났다. 심지어 이들은 수용소 내에 자체적으로 정치보위부, 기획, 경비대, 선전선동 등의 부서를 두어 '포로 공화국'을 방불케 하는 조직을 과시하기도 했다. 이들이 반공포로는 물론 심지어 경비대와도 충돌하며 집단으로 인명이 숨지는 사건이 이어졌다(구자룡: 291).

이 상황은 마침내 1952년 5월 거제도 포로수용소 소장 도드(Francis T. Dodd) 준장이 업무수행 중 납치되는 황당한 사건으로까지 비화했다. 소장을 납치한 이들은 석방 조건으로 '수용소 자치화'를 내걸고 반공포로 심사 중단을 요구했다. 도드 소장이 3일 만에 석방되기는 했지만 이를 계기로 수용소 내의 시위, 폭동, 반란, 탈옥 등이 적절히 관리되지 못하고 있음이 만천하에 드러났다. 수용소 내의 '친공 vs 반공' 포로 간 유혈 투쟁은 계속되었다. 수용소는 또 하나의 전선이었다.

포로 교환을 둘러싼 논란은 결국 1952년 10월 8일 휴전회담을 무기 휴회하도록 만들었다. 휴전회담이 지지부진하자 미군은 협상을 유리하게 이끌기 위해 북한의 주요 도시들을 잿더미로 만들었다. "원산, 평양, 진남포, 청진, 성진 등은 성한 건물이 남아 있지 않았다. 북한 주민들은 땅속으로 들어가거나 만주로 도망갈 수밖에 없었다. 어린이들은 중국, 동유럽으로 보내져 집단 보호됐다"(《하우스만 증언》 한국문원, 1995: 286-287). 김덕영 감독의

2020년 다큐 영화 '김일성의 아이들'은 바로 이때 동유럽으로 보내진 북한 아이들을 추적한 영화다.

1953년 3월 소련 수상 스탈린 사망이 휴전회담 재개의 계기를 만들었다. 그 사이 미국도 대통령이 바뀌었다. 1952년 11월 대통령 선거에서 '명예로운 조기 휴전'을 공약으로 내세운 아이젠하워가 당선됐다. 아이젠하워는 당선 직후인 1952년 12월 2일부터 3일간 한국으로 날아와 전선을 시찰하고 이승만 대통령을 면담했다.

아이젠하워는 1953년 1월 취임하자마자 힘을 바탕으로 한 강온 양면 전략을 구사하며 휴전 협상에 적극적으로 나섰다. 한국군 증강이라는 강경책을 한 손에 그리고 다른 손에는 미 7함대의 대만 중립화 해제라는 온건책도 같이 들었다. 심지어는 전쟁의 교착 상태가 지속되면 핵 사용도 불사한다는 정보를 흘리면서까지 휴전을 압박했다(구자룡: 301-302).

무기 휴회 6개월 만인 1953년 4월 16일 공산 측의 요청으로 휴전회담이 재개됐다. 공산 측은 더 이상 모든 포로의 강제송환을 주장하지 않았다. 1953년 6월 8일 '포로의 자발적 송환에 입각한 중립국 송환위원단 관련 협정' 체결까지 일사천리로 진행됐다.

그러나 휴전을 처음부터 반대한 이승만의 저항은 더욱 거세졌다. 이승만은 분단된 폐허 위에서 북한의 위협을 그대로 안고 미국이 주도한 휴전협상을 받아들이는 것은 '자살을 강요당하는 모습'과 다를 바 없다며 저항했다(William C Bullitt, 1953, "The Story of Syngman Rhee, *Reader's Digest*, September: 37-42). 이승만은 물론 국회 그리고 대한민국 국민 전체가 휴전에 반대했다. 이승만의 반대는 한국군을 유엔군에서 떼어내 독자적으로라도 북진통일을 이루겠다는 주장으로까지 이어졌다.

그러자 미국은 이승만 제거를 포함한 '에버레디 계획(Plan Ever Ready)'을 비밀리에 추진했다. 이승만의 반대 속에 정전협정이 타결되면 유엔군 이름으로 계엄을 선포하고 불복종하는 한국 군부 및 정치 지도자를 감금한 뒤 유엔군이 군정을 실시한다는 계획이었다. 그러나 이 계획에 대해 미 국무부가 '우리 자신을 침략자 위치로 전락시키는 것'이라며 이승만이 주장해 온 방위조약 체결로 방향을 틀었다. 미국이 필리핀 그리고 호주 및 뉴질랜드와 맺은 조약과 유사한 조약을 맺는 것으로 이승만 달래기에 나서면서 이 계획은 실행되지 않았다(구자룡: 307-307).

이 와중에 이승만은 자신을 소외시킨 휴전협정 체결이 막바지로 치닫자, 누구도 상상 못한 초강수를 던졌다. 1953년 6월 18일의 '반공포로 석방'이었다. 전국에 산재한 포로수용소의 3만 5천여 반공포로 중 2만 7천여 명을 한국군 헌병사령관 원용덕의 지휘하에 4일에 걸쳐 석방했다. 온 국민은 열광했지만, 휴전을 기대하던 국제사회는 경악했다. 이승만은 아이젠하워와의 협상을 통해 한미상호방위조약에 대한 확실한 약속을 얻어내고서야 휴전에 동의했다.

마침내 회담 시작 2년 만인 1953년 7월 27일 10시 양측은 판문점에서 휴전에 서명했다. 서명은 유엔군 측 수석대표 해리슨과 공산군 측 수석대표 남일 사이에서 이루어졌다. 이어서 같은 날 오후 문산에서는 클라크 유엔군 사령관이, 그리고 개성과 평양에서는 인민군 사령관 김일성과 인민지원군 사령관 팽덕회가 각각 서명했다. 그러나 이승만은 끝까지 서명하지 않았다. 그날 밤 10시 모든 전선의 포성이 멎었고 1,129일 간의 전쟁은 마침내 중지됐다. 또한 그로부터 2주가 채 안 된 8월 8일 경무대에서는 한미상호방위조약 가(假)조인이 있었다.

1953년 6월 18일 석방된 반공포로들이 이승만 대통령 사진을 들고 행진하며 수용소를 나오고 있다.

1953년 8월 8일 경무대에서 행해진 한미상호방위조약 가(假)조인 서명을 이승만 대통령이 뒷줄 중앙에서 지켜보고 있다. 가조인 서명은 변영태 한국 외무장관과 덜레스 미국 국무장관이 했다.

114
6·25 전쟁, 한미상호방위조약·
국가 자율성·국민 정체성 확립 기여

일제로부터 해방된 지 5년 만에 그리고 남과 북에 이념과 체제가 전혀 다른 새로운 국가가 들어선 지 2년 만에 시작돼 3년 동안 치열하게 전개된 전쟁은 결국 휴전으로 대체됐다. 그 결과 38선이 휴전선으로 바뀌었지만, 분단된 국토의 모습은 거의 달라지지 않았다. 한반도는 여전히 허리에서 두 동강 나 있었고, 북쪽은 소련과 중국 그리고 남쪽은 미국 중심의 국제사회(UN)와 맺던 관계가 더욱 긴밀해졌다.

그렇다면 전쟁은 아무런 영향도 미치지 못했는가? 전쟁의 영향을 제대로 살피기 위해서는 시간의 흐름에 따른 단기적 효과부터 중장기적 효과까지, 그리고 단일 차원의 표면적 변화부터 입체적 차원의 구조적 변화까지 모두 볼 수 있어야 한다. 더구나 이 전쟁은 2024년 현재까지도 종식되지 않고 휴전이라는 또 다른 갈등의 모습으로 남아있다. 71년이 지난 2024년 현재도 한반도의 군사적 긴장은 여전히 팽팽하다.

미국의 사회학자 틸리(Charles Tilly)는 유럽의 전쟁에 관한 역사를 연구하며 국가와 전쟁의 관계를 명쾌히 정리하는 말을 남겼다. "전쟁이 국가를 만들고, 국가가 전쟁을 만든다." 국가가 외부와의 전쟁을 통해 내부의 구조를 만들고, 그렇게 만들어진 내부구조는 다시 국가로 하여금 외부와의 전쟁에 나서도록 한다는 이 통찰은 아직도 끝나지 않은 6·25 전쟁의 영향을 살펴보는 데 매우 유용한 시각을 제공한다. 지금부터 그 이유를 알아보자.

김일영은 2004년 출판한 《건국과 부국》(생각의 나무: 155-180)에서 6·25 전쟁이 남긴 영향을 두 측면에서 검토했다. 국제적 측면과 국내적 측면이다. 국제적 측면에서 6·25 전쟁은 다른 무엇보다 '한미동맹'으로 상징되는 미국과의 새로운 관계를 만들어 냈다. 일본의 패배를 이끈 미국은 조국 한반도의 독립을 요구하던 이승만에게 좌우합작을 밀어붙이다 결국 남한 단독정부라는 절반의 성공만을 안기며 전쟁을 예비했다.

예비된 전쟁이 남침으로 실현되자 이승만은 이를 조국의 완전한 독립 기회로 삼았다. 절반의 성공을 온전한 성공으로 바꾸기 위한 이승만의 투쟁은 휴전협정 반대 그리고 북진통일 주장으로 이어졌다. 그런 이승만을 상대로 미국은 휴전으로 봉합한 상황을 유지하기 위해 한미동맹이라는 새로운 관계, 보다 구체적으로는 '한미상호방위조약'이라는 국가 간 조약을 제공하지 않을 수 없었다.

휴전 직후인 1953년 8월 8일 경무대에서 가(假)조인한 한미상호방위조약은 같은 해 10월 1일 워싱턴에서 정식 조인을 하고, 1954년 1월 두 나라 의회에서 각각 비준된 다음 마침내 1954년 11월 18일 발효됐다. 이 조약으로 미국의 한국에 대한 안전보장 공약은 그 누구, 그 어떤 국가도 무시 못 하는 국제사회의 규범으로 자리 잡게 됐다. 건국 후 미군이 철수하던 상황과 정반대 상황이 만들어진 셈이다. 전쟁의 영향이 국가 간 조약으로까지 발전한 경우다.

다른 한편 국내적 측면에서 전쟁은 기존의 계급 구조를 완전히 붕괴시키며 새로운 질서를 모색하도록 만들었다. 6·25 발발 전부터 시행된 농지개혁과 함께 전쟁은 한국 사회의 전통적 지배계급인 지주 세력을 뿌리째 뽑아버렸다. 농지개혁의 대가로 지주들이 받은 액면가가 표시된 지가증권은 그 자체로도 시장가격을 제대로 반영하지 않고 있었음은 물론, 전쟁을 거치며 발생한 엄청난 물가 상승으로 휴지조각과 다름없는 취급을 받고 있었다. 지주는 몰락했다.

그 빈 공간을 새로운 기업인들이 파고들었다. 이승만 정부는 일본이 남기고 간 귀속재산 가운데 특히 '귀속기업체' 불하(拂下, 민영화)를 서둘렀다. 전쟁으로 부족해진 물자의 공급을 확대하고 또 재정을 확보하기 위한 정책적 선택이었다. 정부는 불하 비용을 시장가격의 절반 수준으로 잡고, 불하대금 마련을 돕기 위한 은행의 특별 저리융자도 주선해 주었다.

더구나 정부는 시중에서 액면가의 절반 이하로 유통되던 지가증권을 액면가 그대로 기업체 불하의 대금 납부 수단으로 인정해 줬다. 이승만 정부의 이와 같은 정책이 만들어 낸 새로운 기회에 재빨리 적응한 기업인들이 등장하기 시작했다. 정부로부터 귀속기업체 불하를 받기만 하면 기업인으로서 성공은 보장되다시피 하는 상황이었다. 몰락한 지주계급의 빈자리를 신흥기업인들이 채우기 시작했다.

이러한 계급 구조의 변화는 장기적으로 지배계급에 대한 국가의 '상대적 자율성'을 높이는 환경을 만들어 갔다. 전통적 지배계급인 지주는 몰락해 국가를 움직일 영향력 행사를 할 수 없었다. 반면에 이를 대체할 새로운 지배계급 즉 신흥기업인들은 국가의 관심과 보호 아래 불하를 통해 귀속기업체를 확보하면서 성장할 수 있었다.

구 지배계급이 몰락하고 신 지배계급이 성장하고 있었지만, 국가 자율성을 넘보기에는 모두 역부족이었다. 지배계급에 대한 국가의 자율성은 높아만 갔다. 박정희 시대 개발을 주도해 세계사적으로 성공한 국가 대한민국을 만들어 낸 이른바 한국형 '발전국가(Developmental State)'의 원형 그리고 이를 뒷받침한 계급 구조는 이렇게 이승만 시대에 만들어졌다. 전쟁이 만든 새로운 내부구조였다.

국가의 역할을 더욱 강화하는 여러 가지 조건 또한 전쟁이 촉진했다. 무엇보다 전쟁은 우리나라 사람들 사이에 스스로가 더 이상 조선이라는 전통 왕조 국가의 백성 혹은 일본이라는 제국주의 국가의 신민이 아니라는 사실을 체화하도록 만들었다. 왕국도 아니고 제국도 아닌 자유를 추구하는 근대 공화국의 국민이란 사실이 각인되기 시작했다.

사람들은 특히 남북 간에 아무런 차이를 제공하지 않던 '조선 백성' 혹은 '식민지 신민'이란 정체성이 6·25 전쟁을 거치면서 아무런 쓸모가 없음을 깨닫게 됐다. 중요한 것은 우리가 북한과 대립하며 전쟁을 치르고 있는 대한민국이란 새로운 나라의 국민이란 사실이었다. 죽고 죽이며 그리고 본의 아니게 고향을 떠나 타향살이하며 깨달은 정체성이었다. 이는 공산주의에 반대하는 '반공'이 내면화되는 과정이기도 했다. 전쟁은 '자유 대한민국'이라는 국가와 국민의 정체성 확립에 크게 기여했다.

이와 같은 정체성 확립은 우리가 지금까지 특별한 주의를 기울이지 못했던 '검은 역사의 살아있는 유령들'을 햇볕 속으로 끄집어내 무대에 세우는 동력이 되기도 했다. 일제시대 일본의 '육군특별지원병'으로 자원입대한 이른바 '친일파' 조선의 청년들이 6·25 전쟁을 거치면서 공산주의를 때려잡는 호국의 주역으로 등장했기 때문이다(정안기, 2020, 《충성과 반역》 조갑제닷컴).

1938년부터 1943년까지 6년 동안 시행된 이 제도를 통해 일본 제국의 육군 하사관(부사관)으로 임용된 조선 청년의 숫자는 총 1만 7,604명이었다. 6년 동안 이 제도에 응시한 식민지 조선의 청년 숫자는 총 80만 3,317명이었다. 오늘날 대한민국에 횡행하고 있는 반일 감정을 기준으로 판단하면 도저히 이해하기 어려운 엄청난 경쟁률이었다. 이들은 '자발적 친일파'가 되기 위해 무려 46:1 경쟁을 뚫었다(정안기, 위 책: 100-102).

　이들 군 경력자들은 해방된 조국에 돌아와 군사영어학교, 조선경비사관학교, 육군사관학교 등을 거치며 창군에 필요한 국군의 초급장교로 임관했다. 그리고 6·25 전쟁이 터지자 이들은 조국의 자유를 지키는 호국의 영웅으로 활약하며 승진했다. 이들의 숫자는 지금까지 알려진 이른바 '친일파' 창군 세력 즉 일본 육군사관학교, 만주 군관학교, 학도지원병 출신 등을 모두 합친 숫자보다 훨씬 많았다.

　이들은 제주 4·3 사건 그리고 여·순 반란 사건 진압에도 혁혁한 공을 세웠다. 이들 중 일반에게 가장 잘 알려진 인물은 국민방위군 사건을 수사한 헌병사령관 최경록 그리고 5·16 이후 내각 수반으로 활약한 송요찬 장군이다. 이들 외에도 6·25 전쟁의 춘천대첩 영웅 임부택 장군, 이화령 전투의 불사신 함병선 장군 등도 있다. 이들은 모두 자유를 지킨 반공투사였다. 김일성의 남침이 이들을 그렇게 만들어 줬다.

6·25 발발 직전인 1950년 5월 31일 발행된 농림부 장관 명의의 지가증권. '보상수량'과 '보상금'이 증권 소유자 이름보다 먼저 기재되어 있다.

정안기, 2020, 《충성과 반역》(조갑제닷컴) 표지.

6·25 전쟁 후 국민 사이에 체화된 '반공 정체성'을 보여주는 포스터와 책 표지.

115
전쟁 중 이승만, 평화선 선포하고
인하공대·한국외대 추진

　전쟁 중인 1952년 1월 18일 이승만 대통령은 '대한민국 인접 해양의 주권에 대한 대통령 선언'을 공표했다. 대한민국과 주변 국가 간의 수역을 구분해 해양 자원을 배타적으로 관리하고 주권이 미치는 '영해'의 경계를 선포한 통치행위였다. 이승만은 일본과 평화를 유지하기 위한 경계선이란 의미에서 '평화선'이란 이름을 붙였다. 그러나 일본을 포함한 외국에서는 이승만의 일방적 선포였기 때문에 '이승만 라인(Rhee Line)'이라 부르기도 한다.

　평화선의 경계를 살펴보자. 대한민국 정부가 1952년 1월 18일 '관보'에 게재한 평화선 지도가 확실한 경계를 눈으로 확인할 수 있도록 해 준다. 울릉도 동쪽 독도는 물론, 제주도 남쪽 이어도(파랑도) 해역까지도 평화선에 포함되어 있음을 알 수 있다. 평화선을 통해 대한민국은 이어도를 영토에 편입시켰을 뿐만 아니라, 독도 역시 영토로 확보해 지금까지 실효적 지배를 이어가고 있다.

　2차대전의 패전국 일본의 영토를 정리하는 작업은 승리한 연합국 특히 미국과 영국의 주도로 1946년부터 시작되었다. 승전국 안(案)에서 독도(리앙쿠르 암초) 귀속 문제는 1949년 11월까지 한국 영토로, 그리고 같은 해 12월부터 일본 영토로 명기가 변경되었다. 그러다가 1950년 8월부터는 아예 언급이 빠지면서 최종안이 만들어졌다(동북아역사재단, 2017, 《고등학교용 독도 바로 알기》).

이 최종안은 1951년 9월 샌프란시스코 강화조약을 통해 확정됐다. 샌프란시스코 조약에 독도에 관해 분명한 언급이 없었기 때문에, 이후 한일 양국은 독도를 각자 자신의 영토라 주장하는 상황이 만들어졌다. 그런 상황을 내다본 이승만은 평화선 선포로 독도를 우리 영토로 편입시켰다. 선포한 평화선의 내용이 물론 중요했지만, 그것을 선포한 시점 또한 기가 막힌 예술이었다.

태평양 전쟁에 항복한 일본은 1868년 명치(明治)유신으로부터 시작된 '대일본제국' 시대를 77년 만에 마감해야만 했다. 1945년 종전과 함께 일본은 맥아더 원수의 통치를 받으며 군정을 통해 '자유민주' 국가로 다시 태어나고 있었다. 이를 통해 일본이 오늘날 차지하고 있는 영토를 대표하는 주권 국가로 국제적 승인을 얻는 시점이 바로 샌프란시스코 조약이 '발효'되는 1952년 4월이었다.

이승만은 6·25 전쟁이 아직 끝나지도 않은 상황임에도 불구하고 이 조약 발효 3달 전인 1952년 1월 독도를 대한민국 영토라 선포했다. 3달 후면 주권 국가인 일본이 독도에 대한 영유권 주장을 들고나올 것이 뻔했기 때문이었다. 일본이 국제사회에서 아직 주권을 인정받지 못하던 빈틈을 이용해 이승만은 독도를 대한민국 영토라고 선언한 것이다. 국제정치의 달인이 아니고선 생각할 수 없는 묘수였다. 반공포로 석방과 쌍을 이루는 이승만 외교의 정수다.

6·25 전쟁을 치르고 있던 동경의 미군정은 이승만 라인을 대놓고 부정하기 어려웠다. 이승만의 동의 혹은 협조 없이 휴전으로 가는 길이 쉽지 않은 상황에서 미국은 이 문제로 또다시 이승만과 대결하는 부담이 버거웠다. 결국 동경의 미군정은 독도에 대한 한국의 영유권을 인정한 '맥아더 라인'과 별 차이 없는 '클라크 라인'을 선포하면서 이승만의 평화선을 엄호했다(민족문화대백과사전).

아니나 다를까 1952년 4월 주권을 회복한 일본은 뒤늦게 대응에 나섰다. 일본 어업지도선이 독도에 상륙해 독도의 일본 주소를 적은 나무 팻말을 심었다. 격분한 이승만은 이를 뽑아내고 1952년 10월 전시 긴급명령을 내려 일본에 대한 실력행사에 들어갔다. 해군을 동원해 평화선 내에서 조업하는 일본 선박을 나포하기 시작했다. 이때부터 1965년 한일어업협정 체결까지 평화선 수역에서 나포된 일본 어선은 총 326척, 선원은 총 3,094명이었다(조윤수, 2015, '한일어업협정과 해양경계 획정 50년'《일본비평》12호: 102-133).

전쟁 중의 이승만이 보여 준 놀라운 치적은 평화선 선포 말고도 또 있다. 불모지나 다름없던 '과학기술' 및 '외국어' 교육을 위해 대학을 설립하는 구상과 실천을 전시에 했기 때문이다(이영호, 2011, '하와이 이민과 인하공과대학의 설립'《기록학연구》3호: 139-177).

1952년 12월 중순 피난 수도 부산에서 이승만은 당시 문교부 장관 김법린에게 인천에 공과대학 설치를 추진하도록 지시했다(《인하》 창간호 1956: 21-23). 이어서 이승만은 6개월 만이자 휴전하기 전인 1953년 6월 4일 '인하대학 설립에 관하여'라는 특별 담화를 발표했다(공보처, 1953,《대통령이승만

박사담화집》 제1집: 378-380).

아래 발췌한 원문 일부를 옮긴다.

"인하대학은… 한국 이민선(移民船)이 처음으로 인천에서 하와이에 간 50년 기념을 목적하고 대학을 인천 항구 내에 건설하기로 결정되여서… 공과대학을 만들어서 마치 미국의 MIT와 같은… 유명한 공과대학을 의미한 것이니… 기계학과 공업 발전의 물질 세력을 다른 나라와 경쟁하자는 목적을 가진 것이[다]."

요즘 말로 요약하면 '하와이 이민 50주년을 기념해 인천에 미국의 MIT 같은 공과대학을 만들어 앞으로 필요한 과학·기술 인력을 양성해 외국과 경쟁하는 대학으로 만들고자 한다'는 취지의 담화였다.

대통령의 관심으로 대학설립에 관한 절차가 급물살을 타면서 대략 1년 후인 1954년 4월 24일 입학식이 거행되어 인하공대는 정식 출범했다. 기계공학과·금속공학과·조선공학과·화학공학과·광산공학과·전기공학과 6개 학과에 각각 30명씩 180명이 입학했다(이영호, 위의 글: 146).

이승만은 1954년 10월 개최된 개교 기념식에서 인하대학교 유래를 다음과 같이 밝혔다. "[하와이에서] 학교를… 만들어 가지고… 그동안에 돈이 15만 달러라. 그 가난한 농장에서 번 돈… 을 가지고 땅을 사고 집을 짓고 해서 학교를 했다가 거기서 된 돈이 이만치 되어서 대학을 하나 만들어서 하와이 기념을 해야 되겠다는 생각을 가지고서 내가 이 학교의 이름을 인천과 하와이의 연락을 만드는 기념으로… '인하'라고 했오"(공보처, 1956, '높은 이상으로 국가에 이바지하라: 인하공대 개교식에서 치사《대통령이승만박사담화집》제2집: 247-248).

이승만이 하와이에서 설립해 교장을 역임한 '한인기독학원'은 1947년 해체되었다. 그러나 교민들이 새로운 사업을 확정하지 못해 학원부지를 매각한 대금 15만 달러가 그대로 남아있었다(한인기독학원, '하와이 한인 이민 50주년 기념축사'《인하 30년사》1984: 9). 이승만은 이 돈을 종잣돈으로 삼고 각계각층 국민의 성금과 정부 보조금 및 국제기구 원조금을 합쳐 인하대학을 설립했다(이영호, 같은 글: 157-158).

한국외국어대학교 설립도 비슷한 시기 비슷한 방법으로 추진되었다. 이승만은 휴전협정 직후인 1953년 7월 31일 임시수도 부산에서 김법린 문교부 장관에게 외국어교육을 전문으로 하는 대학을 국립으로 추진하라는 지시를 했다(이영호, 같은 글: 163). 그러나 마침 때맞춰 대학교 설립을 원하던 실업가 김흥배를 만난 이승만은 그에게 '외국어대학' 설립을 적극 추천했다.

무역입국을 통한 미래 개척에 두 사람이 의기투합했다. "자유통상 시대를 활짝 열어야 나라도 국민도 부자가 될 수 있다. 그러려면 영어·독어·불어·스페인어 등 외국어가 필수 아닌가. 외교관이 되고 무역업자가 되고, 외교관이 무역을 하고 기업인이 외교를 할 수 있도록 교육해 보자"(인보길, 2020,《이승만 현대사 위대한 3년, 1952-1954》기파랑: 266-267).

이승만은 인하공대 개교와 거의 같은 시기인 1954년 4월 20일 종로에서 '한국외국어대학교'가 출범할 수 있도록 갖은 지원을 마다하지 않았다(《외대 40년, 1954-1994》한국외국어대학교출판부 1944: 17-25). 그러나 두 대학은 현재 설립자에 대한 대우를 하늘과 땅만큼이나 다르게 하고 있다.

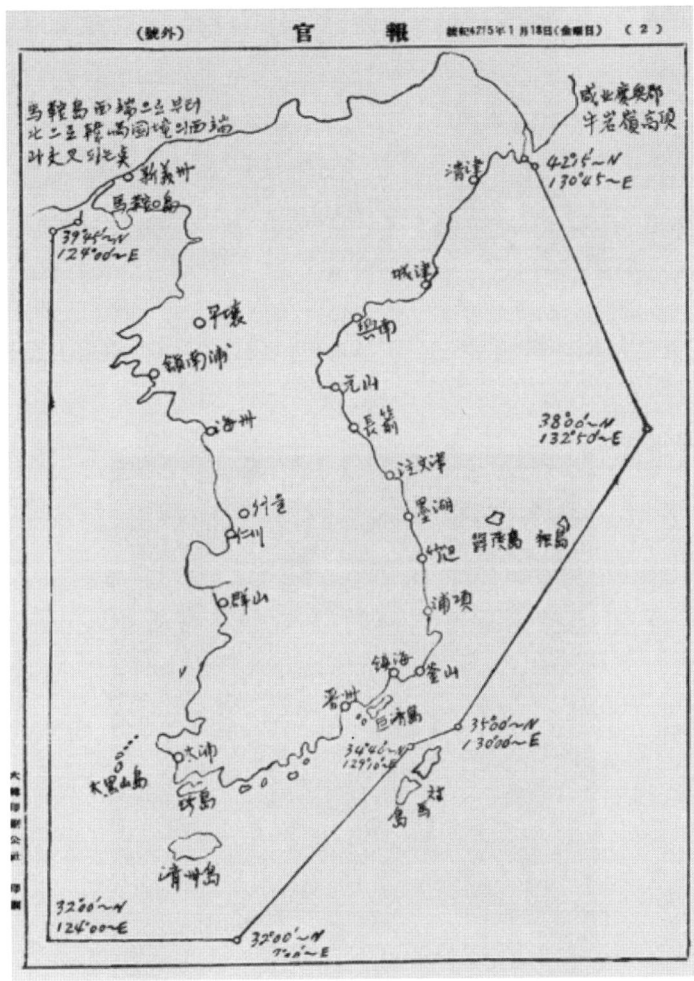

1952년 1월 18일 관보 호외에 실린 평화선 지도.

1979년 2월 24일 인하대 교정에 설치된 설립자 이승만 대통령 동상(왼쪽). 그러나 이 동상은 '독재와 친일행적'을 문제 삼은 학생들에 의해 1983년 10월 끌어 내려졌다(가운데). 동상을 설치했던 기단만 덩그러니 남아있는 2025년 현재 모습(오른쪽).

2014년 8월 1일 개교 60주년을 기념해 용인의 한국외대 글로벌캠퍼스에 세워진 설립자 김흥배 동상.

116
1952년 통계국, '6·25 사변 중 피살자, 피납치자, 월북자' 명부 작성

6·25 전쟁이 가져온 인명 피해는 엄청났다. 전쟁의 인명 피해는 보통 '사망' '부상' '실종/포로' 등과 같은 범주로 구분해 집계한다. 피해 규모를 살피는 과제를 단순화시키기 위해 참전한 군인의 사망 현황을 우선 살펴보자. 2024년 6월 30일 현재 행정안전부 국가기록원이 제공하는 6·25 전쟁 피해 자료에 따르면 남쪽은 국군 14만 명과 UN군 4만 명을 합해 18만 명이 사망하고, 북쪽은 북한군 52만 명과 중공군 15만 명을 합해 67만 명이 사망했다.

군인 사망자가 남쪽에 비해 북쪽이 4배 정도 많은 사실은 남쪽이 전쟁에서 유리했음을, 즉 이기고 있었음을 보여주는 근거가 되기에 충분하다. 이승만 대통령이 휴전에 반대하며 북진통일을 주장한 것이 객관적 상황과 동떨어진 판단이 아니었음을 확인해 준다. 또한 이 사실은 역으로 중공군이 참전하면서 '인해전술'이라 부른 전술 아닌 전술을 사용한 결과가 떼죽음과 다를 바 없는 참혹한 피해를 초래했음도 여실히 보여준다.

그러나 전쟁의 인명 피해는 참전 군인에만 해당하지 않는다. 전쟁의 와중에 민간인도 희생되기 때문이다. 전쟁이 끝나고 대한민국 내무부가 1955년 발행한 《대한민국 통계연감》(pp. 212-213)은 우리 쪽 민간인 피해 상황이 사망 24만 명, 학살 13만 명, 납치 8만 명, 행방불명 30만 명이라 기록하고 있다. 군인보다 훨씬 많은 민간인이 희생당했음을 보여준다.

이 자료에서 특히 주목해야 할 대목은 '사망'과는 다른 '학살'이라는 범주가 따로 설정된 사실이다. 학살은 죽일 필요가 없는데도 죽이는 경우부터 죽이는 방법이 필요 이상으로 잔인한 경우까지 포함하는, 즉 최소한의 인권도 보장하지 않고 함부로 사람을 죽인 경우에 사용하는 용어다. 그러므로 이 자료는 북쪽이 13만 명이나 되는 남쪽의 민간인을 함부로 죽인 사실을 분명히 말하고 있다.

어떻게 이런 자료가 만들어졌는가? 내무부의 1955년 통계는 모두 공보처 통계국이 전쟁 기간에 작성한 자료에 기초하고 있다. 공보처 통계국은 1950년 서울 수복 직후 《서울특별시 피해자명부》를 만들었다. 이어서 1952년에는 '6·25 사변 중'의 《피살자 명부》《피납치자 명부》《월북자 명부》도 각각 만들었다. 이중 《월북자 명부》만이 보안상 공개되지 않고 있을 뿐, 나머지는 모두 현재 국회 전자도서관에 공개돼 있다. 누구나 원문을 내려받을 수 있다.

이 자료 가운데 《피살자 명부》와 《피납치자 명부》는 2003년 월간조선사가 《6·25 피살자 59,994명》 및 《6·25 납북자 82,959명》이란 제목을 단 책자로 재출간해 세간의 엄청난 주목을 받았다. 이 출판을 보도하는 과정에서 '명부 작성'에 직접 참여한 인물 '이원상'을 특종 보도한 월간조선은 명부 작성의 목적이 '휴전협상에 제출'하기 위한 목적이었다고 전한다(김성동·이상훈, 2003, "피 묻은 명부가 대한민국에 던지는 질문" 《월간조선》 9월호).

실제로 '정전협정문' 3조 '전쟁포로에 관한 조치' 59항 '휴전협정 후 상대방 관할 하의 실향(失鄕) 사민(私民: 민간인) 교환에 관한 조건'을 살펴보면 이 명단 작성이 필요한 이유가 명확히 드러난다. 휴전 협상에는 '실향민간인' 즉 '피납치자' 교환이 포함되어 있었기 때문이다. 그러므로 '피납치자 명단' 즉 '납북자 명단'을 만들어야 했던 정부는 전쟁 중 사라진 사람들 가운데 적에 의해 죽음이 확인된 '피살자' 그리고 자진해서 북으로 올라간 '월북자' 파악도 동시에 해야만 했다. 그래야 '납북자 명단'이 나오기 때문이다.

당시 정부는 치열한 전화(戰火) 한가운데서도 피살됐거나 행방불명된 우리 쪽 민간인을 찾기 위해 엄청난 정성을 기울였다. 피납치자와 피살자를 합한 14만여 명 각자에 대해 정성 어린 손글씨로 '성명·성별·연령·직업·피해월일·피해유형·피해장소·약력·주소' 등을 매우 구체적으로 정리한 기록을 남겼기 때문이다. 국립중앙도서관에 묻혀 있던 이 자료가 발굴된 시점은 김대중 정권이 끝나면서 노무현 정권으로 넘어가던 2002년이었다. 발굴의 주역은 월간조선 편집장 조갑제 그리고 '6·25납북인사가족협의회' 이사장 김성호였다.

그러나 인권을 내세우던 노무현 정부는 발굴로 드러난 이 기록을 철저히 외면했다. 김성호 이사장은 치를 떨며 "정부가 계속 무관심으로 일관하는 것은 국민에 대한 예의와 의리를 잊은 것으로 볼 수밖에 없다"고 비판했다. 희생자 가족의 항변은 더 매서웠다. "요즘 민주화운동을 했다는 이유로 국가로부터 보상을 받는다고 다들 난리인데, 진정 국가를 위해 일하다 인민군에 의해 맞아 죽은 '아버지'는 과연 누구한테 보상을 받아야 합니까?"(김성동·이상흔, 위의 글).

2003년 7월 31일 '6·25납북인사가족협의회'는 국회에 재조사를 통해 납북자에 대한 정확한 신상 파악과 명예 회복 그리고 그 가족에 대한 지원을 골자로 한 특별법 제정을 청원했다. 그러나 2005년 노무현 정부가 출범시킨 '진실·화해를 위한 과거사정리위원회(이하 진실화해위)'는 당시 북에 의한 피살자나 피납치자 문제에 대해 이렇다 할 조치를 전혀 취하지 않았다. 인권을 입에 달고 정치를 하던 정권의 위선이 적나라하게 드러난 경우였다.

2005년 제정된 '진실·화해를 위한 과거사 정리 기본법' 제2조는 진실규명의 범위에 '대한민국의 정통성을 부정하거나 대한민국을 적대시하는 세력에 의한 테러·인권유린과 폭력·학살·의문사'를 명확히 포함시키고 있었다. 그럼에도 이 조항은 2022년 말 진실화해위 위원장으로 김광동이 취임하기까지 전혀 활성화되지 못했다.

김광동 위원장은 취임 반년 만인 2023년 6월 21일 '6·25 때 북한군이 저지른 민간인 학살에 대해 대한민국 정부가 북에 사과를 촉구해야 한다'는 원론적 기준을 천명했다. 그 후 진실화해위는 마침내 2024년 4월 18일 역사상 처음으로 '6·25 전쟁을 전후로 북에 의해 종교인 1,700여 명이 학살된 사실'을 확인했다. 휴전협정을 위해 이승만 정부가 작성한 '피살자' 그리고 '피납치자' 명부가 결정적 단서였음은 두말할 나위가 없다.

자유민주연구원장 유동열은 일찍이 2004년 7월 '6·25 전쟁 전후 민간인 희생 사건 진상규명 및 희생자 명예회복 등에 관한 법률'이 논의되는 과정에서 국회 공청회에 나가 다음과 같은 의견을 개진한 바 있다. 좌편향된 법조문 때문에 야기되는 법의 형평성 문제 그리고 그에 따라 국민화합은커녕 국민분열이 우려된다는 요지의 발언이었다.

"이 법률은 6·25 전쟁 기간 국군·경찰·공무원·국제연합군 등에 의해 작전 수행 중 불법적으로 희생당한 민간인 희생사건의 진상규명을 통해 이들 사건의 희생자, 피해자 및 유족의 명예를 회복시키고 피해구제를 통해 향후 인권신장 및 국민화합에 이바지함을 목적으로 하고 있다고 밝히고 있지만, 같은 기간 동시에 북한군이나 좌익분자들에 의해 자유민주 체제를 지지했거나 또는 북한군이나 좌익분자에게 협조하지 않았다는 이유로 무고하게 집단 또는 개별적으로 희생당한 수많은 민간인에 대한 진상규명이나 피해구제 조치 등은 어떻게 할 것인가?"

'진실·화해를 위한 과거사 정리 기본법'에도 똑같이 적용되어야 할 매우 중요한 논거다. 그리고 이 논거는 비단 앞의 두 쟁점에만 적용되어야 할 문제도 아니다. 요즘 성시를 이루고 있는 각종 과거사 쟁점에 모두 적용되어야 할 논거다. 행정안전부 과거사관련업무지원단이 관여하는 각종 업무 예컨대 '대일항쟁기 강제동원피해' '제주 4·3사건' '노근리·거창사건' '민주화운동보상' 등에 모두 적용돼야 한다. 그렇지 않으면 나라가 분열과 반목으로 치달을 뿐이다.

북한군은 퇴각하면서 함흥 반룡산 동굴에서 다이너마이트를 사용해 주민들을 학살했다(출처: 정광성, 2022, "피로 물든 1950년 추석, 민족 대 처형극"《월간조선》7월호).

인민군이 서울을 점령한 1950년 7월 2일 당시 국회의사당(현 서울시 의회) 앞에서 벌어진 '인민재판' 광경을 보여주는 사진이다. 손을 오랏줄에 묶인 채 검은 양복을 입고 있는 중앙의 인물이 문인 김기진(김팔봉: 1903~1985)이다. 그는 이 재판에서 사형선고를 받아 몽둥이로 맞고 기절한 채 끌려다니다 기적적으로 살아났다. 이후 그는 반공 문인으로 활동했다(출처: 김복희, 1995,《아버지 팔봉 김기진과 나의 신앙》, 정우사).

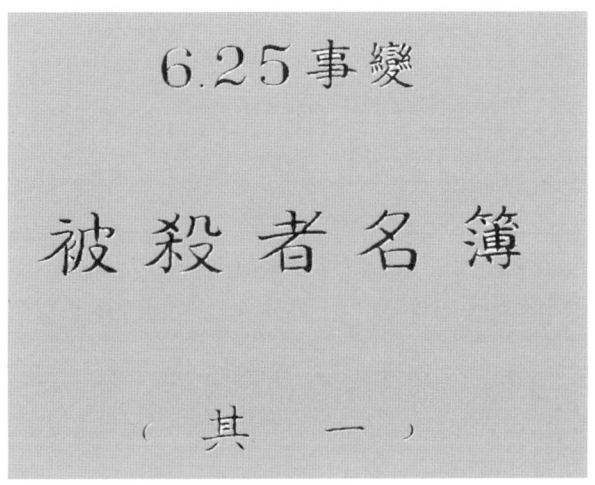

1952년 공보처 통계국이 작성한 《6·25 사변 피살자 명부》(제1권) 표지다.

117
1952 여름 부산정치파동, 직선제 개헌과 미국의 내정간섭이 핵심 쟁점

속칭 '부산정치파동'이라 불리는 사건은 1952년 5월 25일의 계엄령 선포로부터 같은 해 7월 7일 헌법개정 공포에 이르기까지 부산에서 일어난 일련의 파행적 정치과정을 지칭하는 사건이다. 그러나 이 사건은 권력구조를 둘러싼 개헌 문제는 물론 미국의 내정간섭이라는 문제까지 시야에 넣어야 정확한 맥락을 파악할 수 있다.

1948년의 건국헌법에 임기가 2년으로 명시된 제헌국회를 두고 헌법을 고치자는 주장이 처음 나오기 시작한 것은 1949년 5월이었다. 임기연장 개헌에서부터 헌법을 아예 내각제로 바꾸자는 주장까지 여러 의견이 나왔지만, 반민법 그리고 국회프락치 사건 등으로 이 문제는 국회에서 탄력을 받지 못했다.

1950년 1월 28일 민국당이 낸 '내각제 개헌안'이 3월 15일 국회에서 압도적 표 차로 부결되면서 시행 여부가 오락가락하던 2대 국회의원 총선은 결국 6·25 발발 직전인 1950년 5월 30일로 확정되었다. 그리고 이 선거 결과는 무소속의 국회 대거 진출이었다. 이승만은 물론 야당인 민국당도 소수파로 전락하고 말았다.

2대 국회가 전란을 거쳐 본격적 활동을 개시한 것은 1951년 초 부산이었다. 대통령 직선과 국회 양원제를 주장한 이승만의 선공이 새 국회의 개헌 논의를 열었다. 그러나 국민방위군사건 그리고 거창양민학살사건 때문에 개헌 문제는 역시 이번에도 본격적 의제가 되지 못했다.

두 사건이 어느 정도 마무리된 1951년 11월 27일 이승만은 국무회의를 거쳐 발의한 직선제 개헌안을 국회로 넘겼다. 그러나 국회는 1952년 1월 18일 이 개헌안 역시 압도적 표 차로 부결시켰다. 이 결과가 나오는 과정을 거치며 이승만은 그동안 주장하던 '정당무용론'을 포기하고 직접 자신의 정당을 만드는 작업에 착수했다.

물론 다가올 대통령 선거 전략과도 무관치 않은 일이었다. 특이하게도 이승만의 정당은 두 갈래로 추진되었다. 1951년 12월 23일 두어 시간 차이로 탄생한 '원내 자유당' 그리고 '원외 자유당'이 그것이다. 두 정당의 등장을 물밑에서 관리하던 이승만은 애초 어느 쪽도 편들지 않았다.

그러나 원내 자유당이 헌법개정 논의에서 내각제를 지향하고 있음을 확인한 이승만은 결국 '원외 자유당' 손을 들어 주었다. 이범석이 주도한 원외 자유당은 '통일 없는 휴전 반대, 대통령 직선제, 지방자치 조속 실현' 등을 외치며 이승만을 엄호했다. 국회의 직선제 개헌안 부결은 '원내 자유당'을 분열시켰고, 국회를 성토하는 광범한 군중집회가 '원외 자유당' 중심으로 전개되도록 만들었다.

일본에 있던 대한청년단 부단장 문봉제가 귀국해 '민의를 배반한 국회의원을 소환하라'는 등의 구호를 외치며 장외집회를 주도했다. 이승만은 "민주 국가의 주인 되는 투표자들이 [의원을] 소환한다는 것은 이론으로나

법리적으로 누가 막을 사람이 없을 것"이라며 군중집회를 부추겼다(1952년 2월 16일).

이 상황에서 미국 대사 무초는 시위 주동 세력을 '폭력단'이라 판단하는 보고서를 본국 정부에 보내는 동시에 만약 내각제가 실현된다면 '한국은 갈수록 태산'이 될 것이란 우려도 감추지 않았다. 장외집회의 과격한 국회 공격에 자극받은 무초는 한국 정치에 대한 간섭을 본격화하며 "우리는 국회를 강화하기 위해서 할 수 있는 최선을 다할 것"이라 보고하기도 했다(조영중, 2004, 《대통령의 무혈혁명: 1952년 여름 부산》, 나남: 147-148).

미국을 등에 업은 국회는 정부의 직선제 개헌안을 부결시킨 지 3개월 만인 1952년 4월 17일 무소속 곽상훈을 대표로 123명이 서명한 내각제 개헌안을 발의했다. 전체 의석 3분의 2를 1석 넘긴 절대다수였다. 이에 대한 이승만의 방어 혹은 역공이 바로 좁은 의미의 '부산정치파동'이다.

국회가 내각제 개헌에 몰두하던 시기 정부는 1949년의 지방자치법에 따라 1952년 4월 25일 시·읍·면의원 그리고 5월 10일 도의원 선출을 위한 선거 일정을 확정했다. 이 선거를 시찰하는 명분으로 휴회한 국회는 의원 각자가 자신이 후원하는 지방의원 입후보자를 지원하는 시간을 가졌다.

이때 엄청난 사건이 터졌다. 1952년 4월 24일 순천에서 하룻밤을 묵게 된 무소속의 서민호 의원이 지방 유지들과 저녁 식사 중 현역 육군 대위 서창선을 권총으로 쏘아 즉사시켰기 때문이다. 서민호는 다음 날 구속되었고, 5월 10일에는 살인죄로 기소됐다. 그러나 국회는 5월 14일 '94 대 0'으로 서민호 석방을 결의해 버렸다. 국회를 성토하는 장외집회 봇물이 터졌다.

'살인 국회의원을 옹호하는 국회는 물러가라' 등의 구호가 난무했다. 국회의 내각제 세력은 운신의 폭이 좁아졌고, 국회의원 소환 운동은 폭발적 호응을 얻었다. 이 와중에 지방선거를 압승한 이승만 자유당은 1952년 5월 20일 일제히 개원한 지방의회를 국회 압박의 전위부대로 활용했다.

그 사이 유엔총회 대표단으로 활동하던 국무총리 장면과 국회부의장 장택상이 돌아왔다. 두 사람은 당시 정국 현안에 대한 판단은 물론 캐릭터나 배경이 완전 상극이었다. 부드러운 성격의 장면은 미국의 지지를 받고 있었지만 정국 현안에 적극적 입장을 내지 않았다. 반면에 추진력을 무기로 이승만을 돕던 장택상은 귀국과 함께 '개헌이 먼저인지 대통령 선거가 먼저인지' 따져야 한다며 국회의 개헌추진을 막아섰다.

장택상의 '개헌이의(異議) 4원칙'에 서명한 의원들이 순식간에 36명으로 늘어났다. 내각제 개헌에 서명했던 123명 가운데 36명이 돌아선 셈이다. 내각제는 물 건너가는 분위기로 반전됐다. 이를 보던 이승만은 4월 22일 장택상을 총리로 임명했다. 장택상은 취임과 함께 5월 14일 국회의 내각제 개헌안에 대항하는 정부의 대통령 직선제 개헌안을 발의했다.

겉으로는 마주 오는 두 열차가 충돌하는 모습이었지만, 장택상의 총리 취임과 함께 이미 내각제 개헌은 한풀 꺾인 상태였다. 동시에 장외의 이승만 지지는 더한층 강화됐다. 이 상황을 배경으로 이승만은 1952년 5월 25일 0시 경남과 전남북 23개 시·군에 비상계엄령이 선포했다.

공산잔비 출현이 빈번하기 때문이라는 계엄사령관 원용덕의 설명이 뒤따랐다. 25일 밤부터 서민호 등 내각제 추진 의원 체포가 있었고, 26일 아침에는 국회에 등원하던 의원 47명이 탄 통근버스를 헌병대가 통째로 연행했다. 국제공산당 사건으로 지명수배를 받은 이들을 수사해야 한다는 이유였다.

칭병하며 잠수를 타던 부통령 김성수가 29일 대통령을 비난하며 사표를 던졌다. 그럼에도 이승만은 계엄령과 함께 내무장관으로 발탁한 이범석을 통해 5월 30일과 6월 9일 두 차례 이들이 '정부혁신전국지도위원회'를 구성하고, 장면을 대통령에 당선시키기 위해 비서실장인 선우종원을 통해 10억 원의 비밀자금을 뿌리며 국회의원들을 매수했다고 발표했다.

사태가 악화되자 국제연합 한국위원단은 물론 무초가 자리를 비운 사이 대리대사 역할을 하던 라이트너가 이승만의 국회 탄압을 비난하며 계엄령 해제를 요구하는 압력을 행사했다. 이승만은 국내정치 개입이라며 반발했다. 미국 대사관은 유엔군에 의한 계엄선포라는 강경책을 주장했지만, 오히려 동경의 유엔군사령부는 외교적 압력에 만족하는 온건책을 선호했다.

결국 국방장관 로베트가 나서서 공개적 군사개입을 자제하는 정치적 해법을 촉구했고, 국무장관 애치슨 역시 한국에 안정적 정권을 확보하는 선택이 최선이라며 거들었다. 장택상이 발 빠르게 준비한 절충안 즉 양쪽의 개헌안을 발췌해 꿰맞춘 개헌안이 추진되면서 정국은 급속히 안정을 되찾았다.

6·25 발발 2주년 기념식장의 이승만 암살 시도가 마지막 결정타를 날렸다. 의열단 출신 민국당 의원 김시현이 유시태를 사주해 발생한 사건이란 사실이 드러나면서 대통령 직선제를 중심으로 한 발췌 개헌안은 7월 4일 국회를 일사천리로 통과했다. 이승만의 완승이었다. 계엄령 하 국회의원을 연행한 사건은 7월 29일 공판에서 검찰이 공소를 취하하면서 싱겁게 끝났다(조용중, 앞의 책: 207-210).

1952년 5월 26일 부산 임시 국회의사당 경남도청 무덕전 앞에서 헌병대에 통째로 연행당하는 국회의원 통근버스. 47명이 타고 있던 이 버스가 끌려간 곳은 영남지구 계엄사령부가 있는 육군 제70헌병대였다. 부산정치파동을 상징하는 사진이다.

1952년 6·25 기념식에서 연설하는 이승만 대통령을 타원 속 유시태가 권총을 들고 저격하는 장면이다. 행사장에서 유시태에게 권총을 전하는 김시현의 모습이 담긴 미문화원(USIS) 영상을 김창룡 특무대장이 확보하면서 사건은 명확히 마무리됐다(배진영, 2016, 기무사비록 2, 김창룡 특무대장 암살사건, 월간조선, 6월호).

118
정전 3주 후 이승만
'혼자라도 자유 위해 싸우는 이유' 밝혀

　이승만에 관한 연구를 하면 어이없는 일들을 많이 겪는다. 물론 어이없는 일을 저지른 사람들 대부분은 친북·좌익들이다. 대표적인 예가 이승만을 '분단의 원흉'으로 몰아간 일이다. 이들은 1946년 6월 3일 이승만이 정읍에서 '남방만이라도 임시정부 혹은 위원회 같은 것을 조직하여'라고 처음 말했기 때문에, 분단이 시작되었고 또 고착되었다고 주장한다.

　그러나 이 주장을 하는 사람들은 그보다 4개월 앞서 북한의 '정부'인 '북조선임시인민위원회'가 1946년 2월 이미 출범한 사실을 언급하지 않는다. 못 본 채 지나친다. 이 사실을 숨겨야 하니 그보다 더 앞서 해방된 지 한 달 만인 1945년 9월 스탈린이 북한의 소련 군정 책임자에게 '위성국'을 세우라고 명령한 사실은 더욱 숨겨야 할 비밀이다. 어이없다.

　친북·좌익이 이런 일을 하는 것은 어떻게 보면 당연한 일이다. 남한의 적화를 막은 이승만이 그들에겐 천추의 한이니 그럴 만도 하다는 생각이 들기 때문이다. 사실이건 아니건 이들에게 중요한 건 이승만을 깎아내리는 일이다. 그래야 북한의 김일성이 올라간다. 그런데 이런 맥락과는 다른 차원에서 어이없는 일들이 또 있다. 이승만을 제대로 이해하는 데 꼭 필요한 기록을 아예 살피지 않은 경우가 꽤 있기 때문이다.

대표적인 예가 한강 인도교 폭파 현장에서 생존한 종군기자들이 쓴 기사들이다. 폭파 현장에 민간인이 있었는지, 있었다면 얼마나 있었는지 등의 문제를 파악하는 데 이보다 더 중요한 기록은 없다. 그러나 놀랍게도 이를 제대로 확인한 학자 혹은 전문가는 지금껏 한 사람도 없었다. 뚜렷한 근거 없이 '카더라'로 시작한 500명~800명 민간인 희생설이 반복되었을 뿐이다(박종인, '74년 만에 제자리로 돌아가는 6·25 인도교 폭파 사건의 진실' 조선일보 2024. 6. 8).

최근 캐나다 맥매스터 대학 송재윤 역사학 교수가 2024년 3월 23일부터 4월 6일까지 3부작으로 조선일보 인터넷판에 연재한 '미 종군기자 3인이 전한 한강다리 폭파 사건의 진실'이 없었다면 지금까지도 500명~800명의 민간인 희생설이 이승만을 짓누르고 있었을 터다. 그러나 이 기자들 기사를 모두 정밀하게 추적, 검토한 송 교수는 '민간인 희생자는 없거나 극히 소수였을 것'이라 단언했다.

같은 맥락에서 이승만을 짓눌러 온 오해 혹은 음모를 벗겨내는 또 다른 중요한 기록이 최근 발굴됐다(송재윤·이동민, '자유투사 이승만의 절규, 나는 왜 홀로 섰는가?' 조선일보 인터넷판. 2024년 2월 24일). 휴전 직후인 1953년 8월 미국의 수도 워싱턴의 유력지에 장문으로 기고한 이승만 대통령의 글이다. 이 글도 지금까지 아무도 주목하지 않았다. 주목은커녕 존재 자체를 무시당해 왔다.

글이 실린 지면은 당시 유력지였던 '이브닝 스타(Evening Star)' 일요판 '선데이 스타(Sunday Star)'였다. 이 신문 8월 16일 자 7면, 21면, 22면은 1953

년 7월 27일 맺어진 미국, 중공, 북한 간의 정전협정에 서명하지 않은 대한민국 대통령이자 국군 통수권자였던 이승만이 그로부터 3주 후에 쓴 "나는 왜 홀로 섰는가(Why I Stood Alone)"라는 글로 채워져 있다.

휴전에 반대하며 국군에 의한 독자적 북진통일을 주장한 이승만을 국제사회는 '전쟁광'이라 비난하고 있을 때였다. 그렇지만 동시에 대한민국 국민 모두는 당시 이승만의 선택을 한마음으로 지지할 때이기도 했다. 이런 상황에서 이승만은 작심하고 자신의 선택과 입장을 국제사회에 직접 밝혔다. 이렇게 중요한 글을 지금껏 우리 사회가 모르고 있었다는 사실 자체가 정말이지 어이없는 일이다. 지면이 허락하는 한 최대한 압축해 살펴보자.

"나는 아시아에서 공산주의의 침략에 맞서 계속 싸워야만 했다. 그 때문에 나는 많은 비판에 휩싸였다… 그러나 나는 한국의 단호한 태도가 공산 제국주의 폭정에 맞서도록 역사의 조류를 돌리는 데 이바지할 것이라 확신한다….

위대한 웅변가 처칠은 왜 한 나라가 일시적 파괴의 위험을 무릅쓰고 싸우는 편이 투쟁을 포기하는 것보다 더 나은 선택인지 전 세계를 설득할 수 있었다. 그 처칠을 두고 [나는] '자멸적(suicidal)'이라거나 '무모하다(reckless)'고 하는 말을 들어본 적이 없다. 그런데 내가 한국에서 발휘한 리더십을 두고는 이런 말들이 흔히 사용되고 있다.

오늘날 내 나라 한국은 [1938년 9월 뮌헨협정을 체결하여 히틀러의 요구를 다 들어주고서도 불과 1년 만에 침략을 당해서 항전에 나섰던] 1940년의 영국이 그러했듯, 우리 스스로 자살행위라고 확신하는 유화적 정전협정을 수용하기보다는 계속 싸우는 편이 최선이라 믿고 있다… 그렇지 않으면 공산 중국이라는 괴물이 또 다른 점령지를 뜯어 먹으면서 아시아 전체를 향한 힘과 먹성만을 키울 것이기 때문이다….

우리 시대의 극동판 뮌헨협정처럼 보이는 정전협정을 거부한 우리 한국인의 동기에 대해 서방 세계는 너무나 심각한 오해를 하고 있어 참으로 유감이다.

정전협정 원안의 구체적 쟁점을 따져 보자. 수백만 중공군이 무력으로 점령한 북한 땅을 여전히 장악하고 있고, 우리나라 내부에서 붉은 적군(敵軍)의 지속적인 불법 주둔이 종료되어야 할 시점도 전혀 명시되지 않고 있는데, 그 누가 진지하게 공산 침략이 격퇴되었다고 말할 수 있단 말인가? 도무지 믿을 수가 없다.

1950년 당시 우리나라는 50만가량의 북한 적병과 마주하고 있었다. 1953년 현재 우리가 대치하고 있는 중국과 북한의 연합 병력은 수적으로 최초 침략자들의 3배에 달한다… 우리나라 수도 서울은 전선에서 최단 거리로 20마일 이내에 놓여 있다… 침략자가 다시 쳐들어올 경우 미국의 자동 개입을 보장해달라는 우리의 요구가 정말 그토록 터무니 없는가?….

넓은 의미에서 한국과 우방국 사이의 유감스러운 의견 차이는 공산당의 폭정과 팽창주의에 어떻게 대처하는 것이 최선인지에 관한 서로 다른 진단에 근거하고 있다… 승리를 위해 위험을 무릅쓸 각오가 당신의 적만큼 충분히 준비되어 있지 않다면 아예 싸움을 시작도 하지 말아야 한다… 그 어떤 종류의 편의주의도 적에게는 단지 당신의 한계를 노출해 줄 뿐이어서 결국 적이 더 악랄하게 나오도록 부추길 뿐이다….

2차 대전 당시 프랑스의 사례를 생각해 보자. 1940년 프랑스 총리 페탱(Philippe Petain)은 '빈손보다는 반쪽이라도 얻는 편이 낫다'는 판단으로 프랑스 절반을 독일 점령지로 내주는 휴전협정에 합의했다. 나치가 법적인 재가를 얻게 되자 프랑스 사람들의 저항 의지는 약해졌고, 무도해진 독일인들은 유리할 때 나머지 영토도 접수하고 말았다. 페탱은 이후 자기 국민에 의해 반역자로 낙인찍혔다.

한 국가를 '반은 노예, 반은 자유 상태(half slave, half free)'로 남겨 둠으로써 빚어지는 비극은 2차 대전 이후에도 여러 사례를 통해 거듭 입증되었다. 독일과 오스트리아를 붉은 진영과 자유 진영으로 분단한 조치는 결국 분란만 낳았다. 왜 한국에서 같은 실수를 반복해야 하는가?…

우리에게 원조와 지지를 끊겠다고 암시하는 등 갖은 협박으로 우리를 좌우하고자 했던 서방 정치가들은 우리를 완전히 잘못 이해했음에 틀림없다. 그러한 협박은 자유를 지키려면 무엇이 필요한지에 대해 확고한 신념을 가지기보다 일시적으로 유불리만 따지는 나라들에 먹힐 뿐이다… 상황이 더 악화되어 한국이 홀로 투쟁을 이어가야 한다면, 우리는 우리의 운명이 끝내는 선의를 가진 모든 나라를 규합할 수 있으리란 희망을 품고 외로이 싸워나가야 한다."

이 글에 대한 송재윤의 평가다. "[이승만이] 그토록 경계하고 비판했던 공산주의 이념은 20세기 인류사에서 무려 1억 명의 인명을 살상한 죽음의 극단론으로 판명되었다. 그가 '북진통일'을 외치며 해방하고자 했던 북한은 지금도 인류사 최악의 공산 전체주의 세습 전제 정권이 되어 인구의 10% 이상을 노예로 삼는 세계에서 가장 악랄한 노예제 국가로 남아있다." 북한과 중국의 현실이 이승만의 선택과 판단이 옳았음을 웅변하고 있다. 이 글을 이제야 알게 된 나 자신도 부끄러울 뿐이다.

워싱턴의 유력지 '이브닝 스타(Evening Star)'의 일요판 매거진 '선데이 스타(Sunday Star)' 1953년 8월 16일 1면(왼쪽)과 7면(오른쪽)이다. 왼쪽의 잡지 표지 하단에 이승만 대통령의 사진과 함께 7면에 게재된 이승만의 기고문 '나는 왜 홀로 섰는가'를 소개하고 있다(출처: 송재윤·이동민, '자유투사 이승만의 절규, 나는 왜 홀로 섰는가?' 조선일보 인터넷판, 2024년 2월 24일).

1953년 7월 휴전협정 직전의 국내 분위기를 전하는 신문 기사. '한국전토서 휴전반대'를 큰 제목으로 뽑은 '제주신문' 1953년 6월 12일 1면 머리기사의 부제는 '절정에 달한 민족의 분노' '각지서 사태각각 심각화'를 달고 있다.

119
1952년 직선제 개헌부터
1954년 자유경제 개헌까지, 이승만 질주

　1952년 7월 4일 국회를 통과한 개헌은 정부의 '대통령 직선제 개헌안'과 야당의 '내각제 개헌안'이 대립하는 가운데 정치 역학이 만들어 낸 현실에 따라 두 개헌안을 발췌해 꿰맞춘 개헌이었다. 출석의원 166명 중 3명이 기권하고 163명이 찬성했다. 7월 7일 공포된 개정 헌법은 이승만이 주장하던 대통령 직선제에 야당이 주장하던 내각제의 국무위원 불신임제도가 보완된 모습이었다.

　이승만은 국회에서 자신을 지지하는 의원 수가 절대적 열세임에도 불구하고 정치적 언설과 시위 그리고 합법적 통치행위를 통해서 자신이 이상으로 생각하던 대통령 선출 방식, 즉 '국민의 손으로 대통령을 직접 뽑는 직선제 개헌'에 성공했다. 그 과정을 언론은 '정치파동'이라 불렀지만, 사실은 피 한 방울 흘리지 않은 무혈혁명 즉 '명예혁명'과 다름없는 일이었다(인보길, 2020,《이승만 현대사 위대한 3년, 1952~1954》, 기파랑: 148).

　이 개헌으로, 국민적 지지가 높았음에도 무소속이 장악한 국회의 견제로 정치적 운신에 어려움을 겪던 이승만은 날개를 달았다. 헌법 개정 후

한 달 만인 1952년 8월 5일 치러진 제2대 대통령 선거 결과가 이를 뒷받침한다. 기호 2번 자유당으로 출마한 이승만은 압도적 표 차로 당선됐다. 총유권자 830만 명 가운데 700만 명이 투표한 선거에서(투표율 88%), 이승만은 무려 520여 만 표를 얻었다(득표율 75%).

휴전협정에 반대하며 북진통일을 주장하던 이승만을 상대로 미국은 고분고분한 장면을 내세워 전쟁을 빨리 끝내고자 내정간섭마저 불사하며 국회 편을 들었다. 미국을 등에 업고 권력분점을 위해 내각제를 주장하던 국회의 야당 주류 민주국민당(민국당)은 그러나 일련의 정치과정을 거치며 이승만에게 완패했다. 그 여파로 민국당은 개헌 직후 치러진 대통령 선거에서 후보조차 세우지 못했다.

1952년 8월 대통령 선거에서 이승만과 경쟁한 후보 3인은 모두 무소속이었다. 이들의 득표 또한 초라했다. 조봉암과 이시영이 각각 80만 표(11%) 그리고 신흥우가 20만 표(3%)에 그쳤다. 경쟁자 3인의 표를 모두 합쳐도 이승만이 얻은 표의 1/3에 불과했다. 드디어 미국식 민주주의의 챔피언 이승만이 현실 정치를 통해 자신의 비전은 물론 정책과 판단을 마음껏 펼칠 수 있는 여건이 제도적으로 또한 심리적으로 완성됐다.

동시에 '주권재민(主權在民)' 원칙을 천명한 건국헌법 제1조 "대한민국은 민주공화국이다. 주권은 국민에게 있고 모든 권력은 국민으로부터 나온다"는 조항도 명실상부한 모습을 갖추게 됐다. 한국 민주화의 대명사로 알려진 '대통령 직선제'는 그러므로 1987년이 아니라 1952년에 이미 성취되었다. 그 주역은 이승만 그리고 그를 지지한 장외세력이었다. 대한민국 민주주의 역사의 불편한 진실이다.

이승만이 당시 누리던 국민적 지지의 정도는 이때 함께 치러진 부통령 선거 결과에서도 확인된다. 이승만은 자신이 속한 정당인 자유당의 부통령 후보 이범석을 떨어뜨리고 무소속 후보 함태영을 당선시키고자 했다. 이승만의 이와 같은 선택 배후에는 조선민족청년단(족청)을 장악한 이범석의 정치적 장래에 대한 견제 심리가 작용하고 있었다. 정치적 야망을 가진 2인자의 처신이 얼마나 어려운가를 잘 보여주는 대목이다.

이승만의 이범석에 대한 견제는 이번이 처음이 아니었다. 1948년 출범한 건국 내각에서 이범석이 국무총리와 국방부 장관을 겸직하자 이범석의 족청은 폭발적 성장의 기회를 맞았다. 그러나 족청의 일방적 우위를 우려한 이승만은 우익 청년단체의 통합을 강조하면서 여순사건이 일단락된 직후인 1948년 12월 '대한청년단'을 창단하고 한 달여 만인 1949년 1월 족청을 흡수해 버렸다.

이번에도 마찬가지였다. 이승만은 자유당을 창당하고 직선제 개헌안을 통과시키는 과정에서 이범석이 보여준 능력과 조직력을 확인했다. 이승만은 이범석과 족청이 장차 자신에 대한 도전 세력으로 성장할 것을 우려하지 않을 수 없었다. 그리하여 이승만은 자유당이 정식으로 공천한 이범석을 제쳐놓고, 총리인 장택상을 통해 무소속으로 입후보한 함태영을 물밑에서 지지하는 작업에 간여했다.

그 결과 공천을 받은 이범석은 낙선하고(득표율 25%), 무소속 함태영이 당선됐다(득표율 41%). 이승만의 후원 없이는 집권 여당의 공천조차 전혀 맥을 못 쓰는 당시 상황을 단적으로 드러낸 경우다(손봉숙, 1991, '자유당의 정당정치' 《국사관논총》 27집: 43-44). 김일영은 이를 두고 이승만이 한국의 '보나파르트'가 되었다고 꼬집기도 했다(김일영, 2004,《건국과 부국》생각의나무: 196-201). 이범석의 길은 그로부터 10년 후 5·16이 성공하고 '자의반·타의반' 길을 간

김종필마저도 반복해야 했던 2인자의 길이었다.

　이승만에 대한 국민의 지지는 이어서 펼쳐진 3대 국회의원 선거에서도 확인할 수 있다. 2대 대통령 선거로부터 대략 2년 후인 1954년 5월 20일 실시된 3대 총선에서 이승만의 자유당은 국회 의석의 과반을 훌쩍 넘는 결과를 얻었다. 총유권자 840만 명 중 91%가 투표에 참여해 전체 의석 203명의 의원을 뽑는 총선이었다. 자유당은 114명을 당선시켰다. 반면에 신익희가 대표인 민국당은 달랑 15명 당선이었다. 무소속 67명 당선 또한 2대 국회 126명에 비해 절반으로 줄어든 숫자였다.

　당시 날개를 단 이승만의 판단과 지도력은 대한민국 역사에 크나큰 족적을 남겼다. 대표적인 예가 휴전을 담보로 얻어낸 한미상호방위조약이다. 하지만 이승만은 이 조약이 전쟁이 재발할 때 미군의 자동 개입을 보장하지 않는 사실이 못내 마음에 걸렸다. 조약에 따르면 휴전하고 미군이 철수한 상황에서 전쟁이 재발했을 때 미군이 다시 오기 위해서는 미 의회가 동의하는 절차가 필요했다.

　이 문제를 해결하기 위해 이승만은 조약의 발효를 10개월이나 질질 끌었다. 1954년 1월 두 나라 의회가 각각 통과시킨 조약의 비준서를 11월에서야 교환해 발효하도록 했기 때문이다. 그 사이 이승만은 미군의 자동 개입을 사실상 보장하는 미군 서울 북방 배치 즉 '인계철선' 역할에 대한 합의를 이끌어냈다. 1954년 11월 17일 서명한 '한미의사합의록'에 담긴 내용이다(김일영, 앞의 책: 157-161). 외교의 달인 이승만이 국민적 지지를 배경으로 성취한 섬세한 마무리였다.

　또 다른 예는 1954년 11월 27일 이루어진 이른바 '사사오입(四捨五入)' 개헌이다. 1953년 휴전이 되고 미국의 전후 복구 지원사업이 본격화되자 이승만은 건국헌법이 담았던 사회주의적 요소를 제거하는 개헌안을 국회에 제출했다. '산업부흥 5개년계획'에 따라 생산공장 건설 특히 섬유산업 공장, 비료공장, 시멘트공장, 판유리공장, 발전소 건설, 광업자원 개발 등을 자유경제 체제로 추진하기 위해서였다.

헌법 85조·87조·88조·89조 경제조항을 개정해 통제경제 체제로부터 자유경제 체제로 전환하기 위한 개헌이었다. 그러나 이 개헌안에는 정치적으로 민감한 문제 조항이 하나 포함되어 있었다. '현직 대통령에 한해서는 중임제한을 철폐한다'는 조항이었다. 야당은 펄펄 뛰었다. 그럼에도 표결은 강행되었다. '찬성 135, 반대 60, 기권 7' 표가 나왔다.

재적 의원 총수 203명의 3분의 2가 넘는 '136명 이상이 찬성해야 통과'라고 판단한 사회자 최순주 부의장이 부결을 선언했다. 그러나 다음날인 11월 28일 정부는 국무회의를 거쳐 '개헌안은 통과된 것으로 본다'는 담화를 발표했다. "재적 의원 2/3는 135.3 명인데, 사람은 소수점으로 나눌 수 없으므로 소수점 이하는 '사사오입' 즉 '반 내림'해서 135명이 통과 기준"이란 설명이 뒤따랐다. 부결을 선포한 최순주 부의장은 '내가 흥분해 착각했다'며 사퇴를 선언했다.

다음날 11월 29일 국회는 난투장이 됐다. 결국 자유당 의원들만이 '부결된 개헌안을 가결 통과'된 것으로 수정해 정부로 이송했다. 당시 나이 79세인 이승만에게 종신 집권의 길을 열어 준 개헌이라는 비판을 받는 '사사오입' 개헌은 그러나 실제로는 사회주의 경제를 정리하고 자유주의 시장경제로 전환하기 위한 개헌이었다. 이승만은 종신 집권은커녕 부정선거를 확인하자 바로 스스로 하야한 대통령이었다. 역사의 진실이다. 그러므로 이 사건은 이승만에 대한 국민적 지지를 배경으로 국회의 정치 현실이 만들어 낸 촌극일 뿐이었다.

6·25 전쟁 중인 1952년 8월 5일 실시된 제2대 정·부통령 선거 모습. 피란길에 천막과 병풍을 둘러친 임시 투표장에서 유권자가 투표하고 있다. 투표소 기표대가 너무 낮아 유권자가 쪼그린 자세로 기표하는 모습이 인상적이다. 전쟁 중에도 직선제 선거의 전국적 시행을 강행한 이승만 대통령의 의지를 읽을 수 있는 사진이다(사진 출처: 국가기록원).

1952년 8월 5일 치러진 정·부통령 선거의 이승만(좌) 및 이범석(우) 후보 포스터. 모두 자유당 공천이라 명기되어 있다.

자유시장경제 체제를 도입한 1954년 11월의 2차 개헌은 27일과 29일 사이 '사사오입'을 기준으로 결과가 뒤바뀌었다(출처: 천재학습백과).

120
1954년 이승만, 미 의회 연설에서 '중공 자유화 전쟁' 불사 호소

　이승만 대통령은 1954년 7월 26일부터 8월 13일까지 미국을 국빈 방문했다. 아이젠하워 대통령 초청으로 7월 25일 출국한 이승만은 26일 워싱턴 DC에 도착해, 8월 1일 필라델피아, 2일 뉴욕, 5일 로스앤젤레스, 7일 샌프란시스코, 8일 하와이를 방문한 후 11일 귀국하는 비행기를 탔다. 서울에 돌아온 날이 13일이었으니 대략 20일에 걸친 대장정이었다.

　1953년 7월 27일 휴전협정이 성사되기까지 그리고 그 이후에도 아이젠하워는 이승만을 달래고 또 달래야 했다. 역발상에 능한 이승만은 6·25전쟁 발발과 함께 통일의 기회가 열렸음을 본능적으로 내다봤다. 서울을 포기하는 순간인 1950년 6월 27일 밤 10시 전파를 탄 대통령의 육성 연설이 증거다. 이 방송에서 이승만은 "적과의 싸움에서 우리가 용기, 힘, 결단력을 가지고 있음을 세계에 보여주면 우리는 그들로부터 지원을 받아 남북한의 통일을 달성할 수 있다"고 말했다(이 책 103. 1950년 6월 27일 밤 10시 이승만 대통령 육성 방송 연설 전문).

　인천상륙작전이 성공하자 이승만은 북한 해방을 기정사실로 삼으며 북진통일을 부르짖기 시작했다. 중공군의 참전으로 1·4 후퇴할 때도 이승만은 맥아더와 함께 확전을 주장하며 북진통일에 대한 기대를 접지 않았다. 3차대전 발발을 우려한 트루먼이 맥아더를 해임하고, '명예로운 조기 휴전'을 공약으로 내세운 아이젠하워가 미국 대통령에 당선돼도 이승만은 요지부동이었다.

이승만은 휴전이 전쟁을 중지시킬 뿐 한반도 문제의 근본적 해결책이 될 수 없다고 지적했다. 이승만은 정전협정을 한다면 3개월 내로 외국군 철수 문제를 포함한 한반도 문제의 근본 해결책 마련을 위해 고위급 정치회담을 열어야 한다고 주장했다(정전협정 4조 60항). 이승만의 주장에 따라 미국은 1954년 4월 26일부터 6월 15일까지 한반도 통일 문제를 다루는 국제회의를 제네바에서 개최했지만 아무런 성과도 거둘 수 없었다.

한국 문제에 관한 제네바회담이 말 잔치로 끝나면서 이승만은 더욱더 기세등등해졌다. "분단된 폐허 위에서 북한의 위협을 그대로 안고 미국이 주도하는 휴전협상을 받아들이는 것은 '자살을 강요당하는 모습'과 다를 바 없다"는 이승만의 지론이 다시 가동됐다. 이승만의 불만을 달래기 위해 아이젠하워는 '한미상호방위조약'이라는 엄청난 선물까지 내줘야 했다. 그러나 한미상호방위조약은 이승만에게 필요한 것이기는 했지만, 충분한 것은 아니었다.

이승만은 미군을 포함해 유엔군 전부가 철수하더라도 한국군에 무기를 주면 적의 도발을 응징하고 북진통일을 이룰 수 있다고 줄기차게 주장했다. 이승만의 집념을 누구보다 잘 아는 아이젠하워는 미국이 한국의 입장을 존중하는 우방이라는 사실을 입증하는 정치·외교적 해법이 필요했다. 이를 위해 아이젠하워는 덜레스 국무장관과 로버트슨 국무차관보를 통해 이승만의 방미를 교섭했다.

마침내 두 나라 간 동맹을 과시하는 최고의 외교 이벤트가 마련됐다. 그러나 방미 요청에 응한 이승만의 계산은 따로 있었다. 그는 이 기회를 이용해 한국민으로부터 전폭적 지지를 얻고 있는 자신의 판단과 입장을 미국 국민은 물론 전 세계에 알리고 또 그들을 설득하고자 했다.

당시 주미 한국대사관 공사로 일하던 한표욱은 이승만이 얼마나 이 기회를 중요하게 생각했는지 다음과 같이 생생하게 증언했다. "당시 외무부가 업무를 총괄했으나, 모든 훈령은 거의 이 대통령이 직접 내렸다. 대통령 연설은 단어 하나하나 경무대 허락을 받아야만 했다"(한표욱, 1996, 《이승만과 한미 외교》, 중앙 M&B). 이승만이 방미 중 행한 각종 영어 연설 기록은 이승만 정부의 공보처가 1955년 영문으로 출판한 *President Syngman Rhee's Journey to America*라는 책자에 고스란히 담겨있다.

이 책은 당시 공보처장 갈홍기가 직접 편집 책임을 맡은 책이다. 2005년 워싱턴 인근 골동품 가게에서 이 책을 우연히 입수한 주미 한국대사관 문화홍보위원장 이현표는 이를 근거로 영한(英韓) 대역(對譯)으로 구성한 《이승만 대통령 방미일기》(2011, 코러스)라는 책을 출판했다. 이현표는 이 책을 다시 한글로만 구성해 2022년 《워싱턴의 겁쟁이들》(기파랑)이란 제목을 붙인 책으로 재출간했다.

여기에는 7월 27일 1차 한미정상회담, 28일 미국 국회 상·하원 합동회의, 29일 2차 한미정상회담 등과 같은 공식 행사에서의 대통령 발언과 연설은 물론, 그 사이사이 그리고 그 이후의 각종 행사에서 이승만이 한 발언 심지어는 즉흥적이기까지 한 발언도 모두 기록되어 있다. 이 글에서는 이승만의 방미 의도를 가장 명확히 드러낸 7월 28일 미 의회 연설을 집중적으로 검토한다. 33번이나 중간 기립박수를 받은 연설에서 이승만은 다음과 같은 놀라운 발언을 했다.

"…한국 전선에서 현명치 못한 휴전으로 포화가 잠시 멎었지만, 적들은 이 기회를 무력 증강을 위해 이용하고 있습니다. 제네바 회의도 예견되었던 것처럼 아무런 성과 없이 끝났으니 이제 휴전의 종식을 선언할 적절한 시기가 되었습니다. 우리나라 북반부는 소련이 조종하는 100만 명의 중국인 노예들에 의해 점령·지배되고 있습니다. 적의 병사들로 가득 찬 공산군 참호가 우리 수도에서 불과 40마일 이내의 거리에 있습니다….

그러나 죽음은 워싱턴보다 서울에 더 가까이 있지 않습니다. 왜냐하면 크렘린의 음모자들이 노리는 최고의 목표는 미국을 파괴하는 것이기 때문입니다. 소련의 수소폭탄은 파괴된 우리나라 도시 위로 떨어지기보다는 오히려 미국 대도시에 먼저 떨어질지 모릅니다. 세계 정복을 위한 소련 전략의 핵심은 기습공격으로 미국의 비행장과 생산 중심지를 분쇄하기 충분한 수소폭탄과 대륙횡단 폭격기를 보유하게 될 때까지 평화를 얘기하며 미국인들을 달래서 죽음의 잠에 빠지게 하는 것입니다….

우리가 중국을 다시 찾아오지 못하는 한 자유 진영의 궁극적 승리는 생각할 수 없습니다. 그것을 아는 소련 정부가 중국 본토를 차지하기 위한 전투에 지상군과 공군을 투입하지 않을까요? 아마 투입할 것입니다. 그러나 소련의 지상군과 공군 투입은 오히려 자유세계를 위해서 아주 좋은 일이 될 것입니다. 왜냐하면 그것은 소련이 수소폭탄을 대량 생산하기 전에 그 제조 중심지를 미 공군이 파괴하는 것을 정당화시켜 줄 것이기 때문입니다…"(이현표, 2022: 71-75).

약소국 지도자 이승만은 작심하고 세계 최강국 미국의 자존심을 건드리며 "중국의 자유화를 위한 중대한 결단이 필요하다"는 주장을 전개했다. 다음 날 미국의 주요 언론은 모두 이 연설을 대서특필했다. 그러나 논조는 대부분 이승만의 '전쟁 불사론'을 매우 우려하는 것이었다. 이를 두고 이승만의 최측근 참모 올리버는 이승만이 이 연설을 후회했다고 기록했다(올리버 저·박일영 역, 1982. 《이승만 비록》 한국문화출판사: 566).

그러나 이 판단은 잘못된 것이다. 올리버 스스로 밝혔듯이 이승만은 이 연설 원고를 미리 확인해 보겠다는 올리버의 요청을 거절하며 다음과 같이 말했었다. "국회에 내놓을 이 이야기는 나 자신의 것이오. 여기에는 내가 아주 특별히 하고 싶은 이야기가 담겨있고, 나는 그 이야기를 내가 작성한 방법 그대로 정확하게 전달하려 하오"(올리버 저·박일영 역, 위의 책: 563).

만약 이승만이 이 연설을 후회했다면 이승만 정부의 공보처장 갈홍기가 방미 1년 후인 1955년 출간한 정부 출판물에서 이 연설을 대대적으로 홍보할 이유가 없다. 또한 이승만은 이어서 8월 1일 뉴욕타임스 단독 인터뷰 기사 "이 대통령, 미국을 근시안적이라고 공격: 한반도 분단은 미국이 배짱이 없어서 초래됐다고 비판" 그리고 8월 13일 US News & World Report에 실은 장문의 인터뷰 기사 '공산주의자들에게 항복하지 마시오'에서 '워싱턴의 겁쟁이들'에 관한 비판을 이어가지 않았을 터이기 때문이다(이현표, 2022: 78-114).

이승만은 방미 기간 내내 미국을 향해 그리고 전 세계를 향해 냉전을 직시할 용기가 필요하며, 한국이 그 일에 앞장설 테니 당신들은 한국을 지원해야 한다고 당당하게 호소했다. 김정은의 핵 공갈에 대처하는 대한민국 대통령들의 선택을 보며 우리가 이승만 대통령을 더욱 그리워하는 까닭이다.

1954년 7월 28일 미국 상·하 양원 합동 회의장에서 연설하는 이승만 대통령. 이 연설에서 이승만은 한국의 '자유통일'을 강조하며 공산주의 확산을 막기 위해서는 '중국 자유화 전쟁'도 불사해야 한다고 주장해 기립박수 포함 모두 33차례 박수를 받았다. 이승만 뒷줄 왼쪽 끝이 부통령 겸 상원의장인 닉슨(Richard M Nixon) 그리고 그 오른쪽이 하원의장인 마틴(Joseph W Martin Jr)이다. 오른쪽 하단의 상자 속 작은 사진은 같은 장면을 정면에서 찍은 사진이다.

1955년 대한민국 공보처가 출판한 책 President Syngman Rhee's Journey To America 표지. 전체 171쪽 분량의 영문 책으로 공보처장 갈홍기가 편집 책임을 맡았다.

121
이승만, 1954년부터 1955년까지
7차례 유시로 불교 정화

식민 통치를 거치면서 번창한 왜색불교를 전통불교로 되돌리고자 이승만 대통령은 이른바 '불교 정화'를 위한 유시(諭示, 타일러 가르침)를 1954년 5월 21일 처음 발표했다. "사찰을 보존하자, 김 대사(大師)를 찬양"이라는 제목의 담화를 시작으로(공보처, 1956, 《대통령이승만박사담화집》제2집) 이승만은 1955년 12월 8일까지 대략 1년 반 동안의 기간에 총 7번 '불교 정화'에 관한 유시를 이어갔다(이재헌, 2014, "이승만 대통령의 유시와 불교정화 운동의 전개"《대각사상》22집: 279-333).

이승만의 1차 유시를 보도한 5월 23일 동아일보 기사를 살펴보자. "이 대통령은 21일 서울 교외 정릉에 있는 경국사 주지 김보현 대사를 찬양하는 담화를 발표하였다. 이 대통령은 동 담화 속에서 사찰 보존과 기지[대지] 및 수목 보유[보호 및 유지]를 위하여 김보현 대사가 꾸준히 싸워 온 것을 찬양하였으며, 또한 과거 일제 40년간의 압제 밑에서도 굴하지 않고 우리나라 불교의 종지(宗旨)를 지켜 승도(僧道)의 도리를 더럽히지 않고 지조를 지켜온 것을 극찬하였다.

그리고 이 대통령은 동 담화에서 가정을 가지고 사는 중들은 모조리 사찰에서 나가 살 것이며 우리 불도를 숭상하는 중들에 대해서는 사찰에 속한 불량답(佛糧畓, 사찰의 곡식을 대는 논)이나 토지를 중들이 개척해서 농작할 만한 것은 절에 부쳐주어서 이것으로 생활을 보유하고 사찰을 지켜 갈 수 있게 하도록 정부에서 결정한 것이니 만일 이런 전답을 내주지 않는 곳이 있으면 당국에서는 하루바삐 절에서 부칠 수 있도록 실시하라는 지시를 하였다."

대통령 유시는 결국 이렇게 요약된다. '경국사 주지 김보현은 왜색불교의 압력에도 불구하고 전통불교를 지켜낸 비구승의 모범이다. 앞으로는 일본식 불교에 따라 결혼해 가정을 이뤄 승려 생활하는 대처승들은 사찰을 떠나고, 한국의 전통불교에 따라 독신으로 수도하며 승려 생활하는 비구승들은 사찰에 속한 논이나 토지를 부쳐 생활하며 사찰을 보존하라.' '대처승은 친일'이라는 이승만의 불교관이 형성되는 과정에는 다음과 같은 몇 가지 에피소드가 있었다고 전해진다.

① 서울 교외 성남의 봉국사에서 승려가 여성과 살림하는 모습, ② 관악산의 한 암자에서 일본에서 돌아온 승려가 일본 여인과 살며 법당에 천황의 만수무강과 황군(皇軍)의 무운장구를 비는 주련(柱聯, 기둥에 세로로 써 붙인 문구)을 걸어 놓은 모습, ③ 논산의 관촉사에서 주지가 장발을 감추기 위해 모자를 쓰고 양복 위에 장삼을 걸치고 대통령을 맞는 모습 등을 보고 충격을 받아 왜색불교를 일소하는 정화가 필요하다고 생각하게 되었다는 이야기다(강석주·박경훈 공저, 1980,《불교근세백년》중앙일보사: 240-241; 이재헌, 위의 글, 285에서 재인용).

이승만의 1차 유시는 해방 이후 미군정과 전쟁을 거치며 갈등과 반목을 점철한 불교계에 폭발적 반응을 가져왔다. 사회의 다른 영역과 마찬가지로 당시 불교계는 보수/혁신, 친일/항일, 좌익/우익, 비구/대처 등의 문제가 얽히고설켜 혼란을 겪고 있었는데, 대통령의 유시가 기폭제가 되어 대처승을 몰아내는 비구승 운동이 전개되기 시작했기 때문이다(이재헌, 위의 글: 284).

조선 불교는 '참선'과 '교리'를 각각 강조하는 두 종파의 병립 즉 '선교양종(禪敎兩宗)'을 특징으로 하고 있었다. 세종이 불교의 여러 종파를 선교양종으로 통폐합한 이후 조선은 식민지가 되기까지 척불(斥佛)을 표방하면서도 즉위한 왕의 정책에 따라 불교가 불규칙적으로 세력을 확장하는 모습을 보이고 있었다. 그럼에도 조선 불교는 선교양종 모두 승(僧, 중)의 결혼을 허용하지 않는 비구승 중심 체제였다.

식민지가 되자 왜색불교의 영향으로 조선 불교에 점차 대처승 문화가 파고들어 왔다. 동시에 식민지 조선의 불교는 조직적으로 전국을 31 본산으로 나눈 지방분권적 교단 체제를 유지하고 있었다. 일본 불교에 대항하기 위해서라도 자주적 종단 혹은 총본산 건설을 염원했지만, 불교의 중앙집권화는 쉽지 않았다(김성연, 2019, "조계사의 창건과정과 종단건설",《전자불전》 21집: 47).

그러나 1938년 태고사(지금의 조계사)라는 이름의 사원 건립이 총독부 인가를 받고 대웅전을 완공하자 총본산 건설은 탄력을 받았다. 1940년에는 '조선불교조계종'이 그리고 1941년에는 '조선불교조계종 총본산 태고사법'이 인가되었다. 이에 따라 식민지 조선의 불교는 명목상의 선교양종 체제를 벗어나, 근대적 모습의 종단 즉 실무행정 기구를 갖춘 중앙이 집권적 통제를 하는 대처승 위주의 총무원 체제 '조계종'이 정식으로 출범하게 됐다(김성연, 위의 글: 56).

해방 후 인적 구성은 바뀌어도 대처승 중심의 총무원 체제는 이어졌다. 비구승을 중심으로 선학원(禪學院) 계열의 승려들이 친일 잔재 청산을 내걸고 총무원 측과 대립하면서 자신들의 수행을 위한 사찰 48곳 지정을 요구하기도 했지만 이루어지지 않았다. 당시의 객관적 상황은 대처승 측 7천여 명의 승려들이 1,300여 사찰을 장악하고 있었고, 비구승들은 300~500명 정도에 불과했다(김진흠, 2015, "1950년대 이승만 대통령의 '불교 정화' 유시와 불교계의 정치 개입"《사림》제53호: 305-306).

이와 같은 상황에서 발표한 이승만의 1차 불교 유시는 '가정을 가진 승려들은 친일자로 인정할 수밖에 없다'고 말해 대처승들은 '친일자'가 되지 않기 위해 가정을 버리든지 아니면 사찰을 떠나야 하는 상황으로 몰렸다. 이에 더해 이승만은 농지개혁으로 몰수된 사찰의 농지를 반환시켜 사찰의 경제적 기반이 유지·보호되도록 했다(김진흠, 위의 글: 311).

이승만은 총 7번의 불교 유시를 하며 '대처승은 친일자이니 집으로 가라'는 입장을 전혀 바꾸지 않았다. 그 결과 비구승과 대처승은 폭력을 동반한 갈등에 휩싸이기도 했다. 1954년 11월 10일 비구승들은 '태고사' 간판을 떼어내고 '조계사' 간판을 달았다. 이후 몇 차례 간판이 오르내리는 상황이 재연되면서 양측은 소송은 물론 할복자살 기도까지도 서슴지 않았다. 이러한 갈등은 5·16 이후까지 이어지다가 문교부 중재를 거쳐 마침내 1962년 4월 통합종단 '대한불교조계종'이 출범하면서 일단락됐다(김성연, 앞의 글: 66).

이승만을 폄훼하는 일부 학자들은 이승만이 불교 정화를 통해 대처승와 비구승을 갈라치기한 결과 두 집단 모두를 정치적으로 이용할 수 있었다고 분석한다(김진흠, 위의 글: 327-333). 이승만의 지원을 받은 비구승 측은 물론이고, 이승만이 비토한 대처승 측 또한 살아남기 위해서는 이승만을 정치적으로 지지하지 않을 수 없었다는 설명이다.

이들에게 이승만은 전지전능한 신과 같은 모습이다. 무엇을 해도 성공하는 올마이티(All Mighty) 정치인으로 그려지기 때문이다. 이들은 이승만이 경찰과 관료를 상대로 중하위 친일 경력자를 포섭했기 때문에 권력을 잡고 유지할 수 있었다고 설명한다. 동시에 이들은 이승만이 승려를 상대로 중하위 친일 경력자를 배제했기 때문에 권력을 잡고 유지할 수 있었다고도 설명한다. 이중잣대도 이런 이중잣대가 없다.

더구나 이승만이 불교 유시를 시행한 시기는 이승만의 집권 기간 중 가장 지지가 높던 시기였다. 1차 유시를 시작한 1954년 5월 21일은 3대 민의원 선거 바로 다음 날이었다. 이승만의 자유당은 203명의 국회의원을 뽑는 선거에서 불교 유시와 상관없이 과반을 넘긴 113석을 차지했다. 이어서 두 달만인 1954년 7월 미국을 국빈 방문한 이승만은 전 세계 언론의 주목을 받으며 미국 시민은 물론 한국 국민으로부터 열광적 호응을 얻었다.

7차 유시를 마친 1955년 12월 8일로부터 불과 5개월 후에 치러진 3대 대선에서도 이승만은 득표율 70%로, 30% 득표에 그친 조봉암을 더블스코어 이상으로 따돌렸다. 불교정화는 이승만 지지율의 종속변수였지 결코 독립변수가 아니었다. 기독교 장로임에도 이승만은 대한민국 정신문화의 뿌리인 불교의 문화적 가치에 눈을 떠 정화에 힘쓴 선각자였다.

4·19로 이승만이 하야하자 대처승들은 종권 회복을 위한 반격에 나섰고, 비구승들 역시 맞대응에 나섰다. 사진은 1960년 11월 19일 비구승들이 '불법에 대처승 없다'는 현수막을 들고 중앙청 앞 거리를 행진하는 모습이다(사진 출처: '한국불교 100년' 〈현대불교〉 2016. 6. 3)

1954년 11월 10일 비구승들이 '태고사'에 '조계사' 현판을 달고 있다(출처: 조계사 홈페이지).

122
1956년 1월 김창룡 암살, 이승만 집권기 권력 생태계 변곡점

잘 나가던 이승만 대통령의 앞날에 먹구름이 끼는 사건이 발생했다. 대통령에게 '국방부 원면(原綿) 부정'과 '군 고위층 축첩(蓄妾)'에 관한 내사 결과를 보고하기 위해 1956년 1월 30일 아침 지프차로 원효로 집을 나서던 특무대장 김창룡 소장이 총격으로 암살당했기 때문이다. 이 사건이 이승만 대통령의 통치에 어떤 의미를 갖는지 그리고 그로부터 시작된 통치의 누수와 균열은 무엇인지 살펴보도록 한다.

우선 정치 타임라인에서 1956년 1월 30일이라는 시점이 갖는 의미와 맥락을 거시적으로 검토해 보자. 이승만은 부산 임시수도에서 1952년 7월 직선제 개헌에 성공하고 8월 압도적 지지로 임기 4년의 대한민국 제2대 대통령에 당선됐다. 그로부터 3년 반이 지난 1956년 1월 현재 대통령 이승만은 임기의 3년 반을 넘기고 있었으며 다음 대선은 4개월가량 남은 상태였다.

휴전과 함께 한미상호방위조약을 얻어낸 이승만은 아이젠하워 초청으로 미국에 가서 소련의 팽창에 정면으로 대응하지 못하는 워싱턴의 겁쟁

이들을 비판하며 전 세계 언론의 주목을 받고 돌아왔다. 국내적으로는 왜색불교를 정화해 전통문화에 대한 자부심을 되살렸고, 전후 복구에 필요한 경제정책도 추진해 주택건설 등 민생문제 해결에 상당한 성과를 얻고 있었다. 별 이변이 없는 한 이승만은 다가오는 대선에서 승리를 장담할 수 있는 모습이었다.

예상대로 1956년 5월 15일 3대 대선에서 이승만은 압도적으로 승리했다. 자유당을 견제하기 위해 1955년 9월 새로 탄생한 거대 야당 민주당은 대선 후보로 신익희를 내세웠지만, 선거 10일 전인 5월 5일 전라남도 유세를 위해 기차를 타고 이동하는 중 심장마비로 급사했다. 유력한 경쟁자마저 사라진 선거에서 이승만은 투표자 70% 지지를 얻으며 낙승했다. 경쟁자인 무소속 조봉암은 30% 지지에 만족해야 했다.

문제는 대통령 선거와 함께 치러진 부통령 선거였다. 자유당 후보 이기붕과 민주당 후보 장면이 맞대결해 이기붕이 근소한 차로 패했다(장면 46%, 이기붕 44%). 차이는 근소했지만, 선거 결과는 엄청난 후폭풍을 몰고 왔다. 대통령과 부통령의 소속 정당이 엇갈렸기 때문이다. 정국은 끊임없는 파행의 연속으로 치달을 수밖에 없었다.

이때의 어려움으로 자유당은 그로부터 4년 후 치러진 1960년 3월 15일 선거에서 정·부통령 후보가 함께 승리해야 한다는 당위에 집착하게 됐다. 공교롭게도 이승만은 4대 대통령 선거에서도 또 한 번 뜻밖의 수혜를 입었다. 유력한 경쟁자인 민주당 후보 조병옥 박사가 선거를 한 달 남겨놓은 2월 15일 미국 병원에서 수술 후유증으로 사망했기 때문이다. 이번에는 무투표 당선이었다.

부통령으로 출마한 자유당의 이기붕이 이번에도 문제였다. 민주당 후보 장면을 이긴다는 보장이 없었다. 자유당은 고령의 이승만이 임기 중 유고가 생겨 부통령이 대통령직을 승계하는 문제에 매우 신경이 쓰였다. 만약 4년 전과 같은 결과가 나오면 정권이 야당으로 넘어갈 수도 있는 상황이었다. 이승만 대통령이 워낙 고령이었기 때문이다. 이기붕 당선을 위한 관권 동원 부정선거가 전국적으로 감행됐다. 4·19가 벌어졌고 이승만은 하야해야 했다.

이와 같은 거시적 맥락을 고려하면 1960년 이승만의 몰락은 1956년 5월 부통령 선거에서 비롯됐다고 말해도 전혀 과언이 아니다. 김창룡 암살은 바로 이와 같은 역사의 변곡점이 시작되는 시점과 불과 4개월밖에 차이가 없었다. 김창룡의 보고로 만약 이승만의 정치가 민심을 얻는 방향으로 바뀌어 1956년 선거에서 이기붕이 이겼다면, 1960년 이승만의 하야를 부른 부정선거는 아예 없었을지도 모를 일이다.

지금부터는 김창룡 암살이 갖는 정치적 파장을 보다 미시적 맥락에서 구체적으로 살펴보자. 특무대장 김창룡은 당일 대통령에게 보고할 극비 보고서 두 개를 품고 있었다. 하나는 장병들에게 입힐 군복을 만드는 원면을 사들이는 국방부의 예산 집행을 둘러싼 비리, 그리고 다른 하나는 군의 장성들이 첩을 두고 두 집 살림하는 비리에 관한 내사 보고서였다.

두 문제 모두 6·25 이후 비대해진 군 특히 군의 최상층부 뇌관을 건드리는 문제였다. 남침 전쟁을 막아낸 군은 당시 대한민국 최고의 실세 집단으로 성장하고 있었다. 병력과 무기의 양과 질이 비약적으로 향상되었음은 물론 미국의 원조와 지원이 집중되면서 군은 당시 사회의 가장 선진적 영역으로 부상하고 있었다. 그러나 동시에 부작용 또한 함께 응축되고 있었다.

이승만은 부산에서 직선제 개헌을 추진하면서 금정산 공비 출몰을 이유로 1952년 5월 25일 계엄령을 선포하고 당시 참모총장 이종찬에게 병력동원을 명령했다. 그러나 이종찬은 전시 작전 지휘권이 유엔군 사령관에게 있다는 명분을 내세우며 이승만의 지시를 거부했다. 당황한 이승만은 어쩔 수 없이 군복을 벗고 당시 국방장관 특별보좌관으로 일하던 원용덕을 영남지구 계엄사령관으로 임명해야 했다. 국방장관 이기붕이 신태영으로 교체된 직후의 일이다.

원용덕은 헌병대를 동원해 국회의원 출근 버스를 통째로 연행하는 등 이승만을 도와 직선제 개헌이 이루어지는 데 크게 기여했다(이 책 117. 1952 여름 부산정치파동, 직선제 개헌과 미국의 내정간섭이 핵심 쟁점). 이 개헌을 거쳐 재선에 성공한 이승만은 군과 관련해 두 가지 인사를 취임 즉시 전격적으로 단행했다. 하나는 이종찬을 육참총장 보직에서 해임해 미국으로 연수보낸 것이고, 다른 하나는 육·해·공군 헌병을 총괄하는 헌병총사령관 직제를 만들어 원용덕을 그 자리에 앉힌 것이다. 원용덕은 그 보직을 맡아 반공포로 석방에 결정적 역할을 했다.

이종찬의 항명을 겪으며 이승만은 군 수뇌부가 마음만 먹으면 언제라도 정부를 전복시킬 수 있는 힘을 가지고 있음을 실감했다. 휴전 이후 군이 그런 사태를 일으킬 가능성 또한 더욱 커지고 있음도 깨달았다. 이에 더해 국회의 절대 다수당으로 변신한 자유당 또한 이승만의 후계 구도에 민감하게 반응하며 정국의 주도권을 잃지 않기 위한 노력을 기울이고 있었다(정주진, 2022, 《김창룡 특무대장 암살사건 해부》 북랩: 207-209).

전후의 새로운 정치 지형에서 이승만은 자신을 돕는 측근 집단 간에 견제와 균형을 통해 권력을 유지·관리하는 고전적 분할통치 전략을 적극 구사했다. 군에서는 이승만 스스로 자신의 '어금니들'이라 부른 4성 장군 셋

이 그 대상이었다(하우스만/정일화, 1995, 《한국 대통령을 움직인 미군 대위》 한국문원: 188-189).

이들은 모두 창군 초기 멤버로 6·25 전쟁을 거치며 고속 승진한 엘리트 장군들이었다. 만군 출신의 백선엽은 평안도 출신 군인들의 대부였다. 일본 육사 출신의 정일권은 함경도 출신 군인들의 대부였다. 역시 일본 육사 출신의 이형근은 충청도 출신이라 남한 출신 군인들의 대부였다.

이들은 모두 김창룡의 죽음을 전후로 이승만에 의해 참모총장으로 중용됐다. 정일권은 김창룡 암살 당시 현역 참모총장이었고(1954.2~1956.6), 백선엽은 전임(1952.7~1954.2) 그리고 이형근은 후임 참모총장이었다(1956.6~ 1957.5). 이들은 각자 파벌을 형성해 서로 경쟁적으로 이승만의 신임을 얻기 위한 노력을 기울이고 있었다.

동시에 이승만은 군의 통상적 활동과는 별도의 계선에 특무부대 및 헌병부대를 각각 설치해 필요한 경우 이들이 군은 물론 검경과 합동으로 민간에 대한 정보와 사찰까지도 시행할 수 있는 시스템을 구축했다. 대공업무는 특무대를 책임진 김창룡 그리고 군 비리는 헌병대를 책임진 원용덕에게 각각 맡긴 것처럼 보였지만, 당시 둘은 각각 이승만의 왼팔과 오른팔로 대통령의 관심에 따라 영역을 구분하지 않고 업무를 담당하고 있었다(정주진, 2022: 200-229).

그 상황에서 김창룡이 군의 재편을 가져올 수 있는 폭탄과 같은 보고서를 둘이나 들고 대통령을 만나러 가는 중이었다. 경우에 따라서는 기존의 군 내부 견제와 균형 시스템이 완전히 무너지고, 새로운 질서가 탄생할 수도 있는 상황이었다. 또한 그 결과가 민심에 영향을 미쳐 4개월 후의 부통령 선거 결과가 바뀔 수도 있는 상황이었다.

특무부대원들에게 훈시하는 이승만 대통령. 왼쪽 끝부터 이승만 대통령, 정일권 참모총장, 김창룡 특무부대장이다.

이승만의 어금니라 불리며 대장 시대를 열었던 주역 3인방이 한 자리에 모였다. 왼쪽부터 이형근 합동참모회의 의장, 정일권 육군참모총장, 백선엽 1군사령관(출처: 월간조선 2010년 6월호).

123
1956년 김창룡 암살 배후,
단순한 원한 관계 vs 군내 파벌 갈등

1956년 1월 30일 출근길의 김창룡 소장을 저격한 범인은 육군 소령 그리고 중위 계급장을 각각 단 군복을 입은 송용고와 신초식이었다. 이들이 쏜 6발의 총탄으로 김창룡은 서대문 적십자 병원으로 이송됐으나 결국 숨졌다. 연락을 받은 김창룡의 부관 엄재림이 달려와 시신을 통의동 특무부대로 옮기고, 지금 4·19혁명기념도서관[경교장] 자리에 있던 국회의장 이기붕 자택을 경유해 경무대의 이승만 대통령에게 피격 사실을 보고했다(이대인, 2011, 《대한민국 특무부대장 김창룡》 기파랑: 265).

이승만은 '나라가 망했군, 나라가 망했어'라고 탄식하며 잠옷에 외투만 걸치고 특무부대를 찾았다. 조문 현장에서 이승만은 수사의 책임을 서울지구 특무부대장 조서길 중령에게 맡겼다(이대인, 위의 책: 265-266). 육군 중장으로 추서된 김창룡 특무부대장 장례는 1956년 2월 3일 대한민국 최초의 국군장으로 치러졌다. 시신은 경기도 안양시 석수동에 마련된 묘소에 묻혔다가, 1998년 2월 대전 국립 현충원 장군묘역으로 이장됐다(정주진, 2022, 《김창룡 암살사건 해부》 북랩: 241-242).

이승만은 1월 30일 김창룡의 공적을 기리는 담화를 발표했다. "고 김창룡 중장은… 군인으로서 공산당의 지하공작을 적발 취체(取締, 단속)하며 국가의 안전보장을 위하여 힘썼으며, 동시에 공산당들이 인접 나라를 통하여 백방으로 침투하는 것과 아편과 금전을 밀수하여다가 분란을 일으키는 것을 모두 방어해 왔으며, 또 국내의 모든 이적(利敵) 분자들을 적발 징벌케 함으로써 신분에 위험을 무릅쓰고 특무대를 공고히 조직해서… 목숨을 아끼지 않고 충성을 다하다가 이번에 이러한 참화를 당한 것"이라며 애도했다(공보실, 1956, 《대통령이승만박사담화집》II: 234).

특무부대는 대략 한 달만인 1956년 2월 27일 범인 7명을 일망타진했다고 발표했다. 다음날 동아일보는 사회면 머리기사에 '출세 방해의 사원(私怨)을 가지고 범행을 저지른 암살범인 7명'의 명단을 보도했다. 기사는 범인이 1) 서울지구 병사구(병무청) 사령관이었고 현재 무보직으로 있는 육군 대령 허태영과, 2) 특무대 특무처장을 역임하고 현 육군본부 정병감(징병감)인 이진용 대령이 주모자, 3) 특무대 출신이며 현 12 범죄수사대(CID) 대장 안정수 [헌병] 소령과, 4) 전기(前記) 허 대령의 동생이며 헌병 중위인 허병익이 공모자, 5) 허 대령 운전사 이유회 일등중사, 6) 그리고 하수인 신초식(민간인)과 7) 송용고(민간인)라고 밝혔다.

이들 중 현역 군인 5명에 대한 사법절차는 단심 군법회의를 통해 이뤄졌다. 1956년 8월 17일 언도 공판에서 허태영·이유회 사형, 안정수 무기, 허병익 5년, 이진용 3년 징역형이 각각 선고됐다. 허태영은 재판 과정에서 저격의 동기가 김창룡 부대장에 대한 '개인적 사감'이 아니라 그의 월권 등 잘못을 바로잡는 '애국적 동기'라 주장했지만 인정받지 못했다(정주진: 위의 책: 258-264).

군복을 입은 민간인으로 밝혀진 송용고와 신초식에 대한 사법절차는 민간 법정에서 행해졌다. 이들은 3심 끝에 1957년 4월 19일 대법원에서 사형선고를 받았다. 사형집행은 한 달 후인 1957년 5월 20일 이뤄졌다.

반면에 군사법정의 사형선고를 받은 허태영·이유회에 대한 사형집행은 1년도 넘게 지난 1957년 9월 24일에야 이뤄졌다(행안부 국가기록원 홈페이지→사건기록으로 보는 한국 현대사→김창룡 저격 사건→군사재판일지, 2024년 8월 25일 검색). 무슨 일이 있었던가?

특무부대 수사는 초기에 정일권이 참모총장으로 있던 육군본부 그리고 원용덕이 사령관으로 있던 헌병사령부의 방해로 좌절될 뻔했다. 두 기관이 대법원에 재정신청을 올려 전쟁이 아닌 상황이니 3심 절차를 밟도록 하고 현역 복장을 해 군인같이 보인 사람들에 의한 범행이므로 헌병사령부가 수사해야 한다고 주장했기 때문이다. 그러나 김병로 대법원장은 '휴전은 전시 상황의 연장'이라 해석해 특무부대 손을 들어 주었다(이대인: 위의 책: 268-269).

허태영·이유회에 대한 사형집행은 1956년 10월 4일 대통령 결재를 얻어 같은 해 11월 12일로 예정되어 있었다. 그런데 집행 하루 전인 11월 11일 허태영의 부인 황운하가 대통령, 국회의장, 대법원장, 언론사 등 관계 요로에 탄원서를 보내, 사건의 배후에 2군 사령관 강문봉 중장 등 군 최고위층이 개입했다는 폭탄선언을 했다. 두 사람에 대한 사형집행이 연기되고, 탄원서에 관한 진상조사가 시작됐다(정주진, 위의 책: 284-286).

이승만의 진상조사 지시를 받은 국방부는 백선엽 대장의 동생 백인엽 중장을 조사위원장으로 지명했으나, 강문봉의 반발로 유재흥 중장으로 바뀌었다. 1956년 11월 30일까지 집중적으로 조사한 결과 탄원 내용이 대부분 사실로 드러났다. 심지어 정일권 대장이 깊이 관련돼 있다는 물적 증거마저 나왔다(정주진, 위의 책: 287-290).

김창룡의 죽음 이후 새 참모총장으로 부임한 이형근 대장은 유재흥 조사위원장을 동반해 대통령 보고를 위해 경무대를 방문했다. 그 자리에서 이승만 대통령은 "정[일권] 대장이 이 문제로 다치지 않도록 각별히 조심하게"라고 지시했다. 형평에 어긋난다고 반발한 이형근에게 대통령은 "나라의 위신을 생각해 내 말대로 처리해 주기 바란다"고 덧붙였다("정일권 체포 이승만이 말렸다" 〈월간중앙〉 1992년 8월호).

대통령 지침에 따라 국방부는 1956년 12월 7일 정일권을 빼고 강문봉을 살인죄로 그리고 강문봉에 협조한 육군 헌병사령관 공국진 준장 등 4명을 살인음모죄 등으로 기소했다. 1957년 4월 17일 선고 공판에서 백선엽 재판장은 강문봉 사형, 공국진 징역 5년 등을 선고했다. 재판 결과를 보고받은 이승만은 이틀 후 강문봉에 대한 사형을 무기징역으로 감형했다.

우여곡절 끝에 허태영·이유회에 대한 사형집행이 1957년 9월 24일 이루어지면서 마침내 사건은 일단락됐다. 그러나 일부에서는 이 사건이 결코 개인적 원한에서만 비롯된 사건이 아니라고 주장한다. 이 주장의 근거는 무엇인가?

시간을 거꾸로 올라가면서 당시 상황을 재구성해 보자. 김창룡이 암살당하기 직전 언론에는 군 지휘부가 연루된 국방부 원면 부정 사건이 보도되고 있었다. 군 지휘부가 미국 원조로 확보한 원면을 시중에서 싸구려 인도산으로 바꾸면서 남긴 엄청난 차익을 자유당 고위층에 정치자금으로 상납했다는 의혹이었다. 이승만은 김창룡에게 이 사건을 은밀히 조사하라고 지시했다. 암살이 벌어지기 3일 전 일이다(정주헌, 위의 책: 318).

암살 현장의 김창룡 보고서 내용은 알려지지 않았다. 그러나 여러 가지 정황상 그 보고서에는 당시 군의 최고 실세 정일권과 당시 자유당의 최고 실세 이기붕을 동시에 날릴 수 있는 엄청난 내용이 담겨있었을 가능성이 매우 높았다. 두 가지 사실이 이를 뒷받침한다.

하나는 당시 이승만은 부통령감으로 건강이 나쁜 이기붕을 대신할 인물을 찾고 있었기 때문이었다(김교식, 1984, "이승만 정권의 특무대장 김창룡 사건의 배후는 이렇다"《마당》p. 205; 이형근, 1993,《군번 1번의 외길 인생》중앙일보사: 106; 정주진, 위의 책: 317-318 재인용).

다른 하나는 김창룡이 탄피 일본 밀수출 혐의를 받고 있던 공국진을 끼고 돌던 정일권과 이미 1합을 겨뤘기 때문이었다(공국진, 2001,《한 노병의 애환》원민 Publishing House: 246-247; "강문봉 언론 인터뷰"〈신동아〉1983년 5월호; 정주진 위의 책: 307-310 재인용).

이 글에서 이 문제에 대한 설득력 있는 결론을 내리기 쉽지 않다. 그러나 6·25 전쟁에서 나라를 구한 김창룡의 철저한 숙군작업 그리고 전쟁 중 그가 보여준 투철한 대공 활동과 국가에 대한 충성심을 고려하면, 그의 보고서로 타격을 입을 집단이 조직적으로 암살을 계획했을 가능성이 높다고 추론하는 것은 결코 무리가 아니다.

사건이 어느 정도 정리된 1957년 5월 이승만은 정일권을 주터키 대사 그리고 이형근을 주영국 대사로 발령했다. 정일권은 부임했고, 이형근은 발령을 거부하고 군에서 퇴임했다. 어쨌건 김창룡의 죽음으로 군벌은 결국 해체됐다.

"김 중장 암살범인 7명 일망타진"을 보도한 1956년 2월 28일 동아일보 사회면 머리기사. 네 가지 소제목을 단 기사로 구성되어 있다. 1) '주모(主謀)는 현역 육군 대령 허태영·이진용, 하수자는 민간인 신[초식]·송[용고] 양명(兩名, 두 사람)' 2) '출세 방해의 사원(私怨, 사사로운 원한), 특무대서 배후 관계는 문초 중' 3) '범행 전말을 자백, 하수자는 허 대령 집에서 피신' 4) '특무대발표'.

1956년 2월 3일 국군장으로 치러진 김창룡 장군 장례식에서 조사를 읽는 국회의장 이기붕.

124
타공(打共)에 헌신하며 이승만 도운
김창룡이 비난받는 까닭은…

　　1956년 1월 40세의 나이에 흉탄으로 쓰러진 특무대장 김창룡 소장의 죽음은 잘 나가던 이승만 정권에 어두운 그림자가 드리우는 서막이었다. 개인적 원한과 비리 그리고 권력 내부의 갈등이 얽히고설켜 빚어진 사건은 80대 나이로 접어든 고령의 대통령 이승만이 권력을 유지하기 위해 구사하던 분할지배(divide and rule) 전략에 엄청난 구멍을 냈다.

　　이때부터 권력의 누수를 겪으며 이승만 정권은 서서히 무너지기 시작했다. 김창룡은 이승만 정권에서 도대체 어떤 역할을 했길래 그의 죽음이 그렇게나 엄청난 후폭풍을 초래하게 되었는가? 그의 경력을 따라가며 이 문제를 살펴보도록 한다. 이 작업을 위해서는 김창룡 스스로 생전에 자신의 회고록을 구술해 남긴 원고 '대공수사 비망록'을 참고하지 않을 수 없다.

　　"김창록의 구술원고는 200자 원고지 1,600매에 달하는 적지 않은 분량이다. 원고는 김창룡 장군이 특무대장으로 재직할 때인 1954년과 1955년 사이에 서울대학교 국문학과 출신의 특무대원에게 구술하여 작성된 것으로 알려지고 있다… 피살 직후 부인 도상원 여사에게 전달되었다가 그의 사후 66년 만인 2022년 [청미디어 출판사에서 《숙명의 하이라루》라는 제목을 단] 책으로 [자녀들에 의해] 발간되었다"(남정옥, 2022, "김창룡 장군 구술 회고록의 의미" 월간조선 5월호).

책을 엮은 남정옥 박사는 마치 김창룡 장군의 구술원고가 2022년 처음 세상에 알려진 것처럼 썼다. 그러나 구술원고가 존재하는 사실은 물론 그 주요 내용을 이미 세상에 알린 책이 있다. 김창룡 사후 대략 10년이 되어 가던 1965년에 동아출판사가 간행한 박성환의 《파도는 내일도 친다》라는 제목의 책이다. '박성환 기자 20년의 공개수첩'이란 부제도 붙어 있다.

이 책 136쪽부터 202쪽까지 '숙군야화'라는 큰 단락 속에는 '김창룡 장군의 비밀수기'라는 소제목을 단 글이 있다. 여기에는 또한 '남로당 군사부책 이재복의 체포' 그리고 '송호성 준장은 공산당원이었다' 등과 같은 자극적 소재의 글들도 등장한다. 단락 끝부분에는 '박정희 소령에의 증언'이란 소제목의 글도 있다.

마지막 소제목 글이 특히 필자의 호기심을 자극했지만, 결국 다음과 같은 문장을 읽는 것으로 만족해야 했다. "'무너진 붉은 아성'('숙명의 하이라루' 3장, pp. 84-127)이라는 2백자 원고지 1천여 장의 기록 속을 세밀하게 뒤져 보아도 박정희 소령에 관한 것은 하나도 없으며 창군 당시의 붉은 명단 속에도 박정희 소령이라는 이름은 찾아볼 수가 없다"(박성환, 1965: 188). 더 이상의 정보는 찾을 수 없었다.

그러나, 기자의 본능인지는 몰라도 박성환 역시 1965년 출판한 책에서 김창룡의 비밀수기에 박정희에 관한 언급이 나오는지를 매우 궁금해 했던 사실만은 확인해 주는 셈이다. 박성환은 자신의 책에서 김창룡의 구술원고를 입수해 밤새워 읽고 메모를 남긴 것을 토대로 글을 썼다고 밝혔다. 이 문제에 관심을 가진 필자 역시 1965년 출판된 박성환의 책 내용과 2022년 출판된《숙명의 하이라루》책 내용을 세밀히 비교·검토해 보았지만, 1965년 책이 2022년 책 내용을 정확히 요약하고 있음만을 확인할 수 있을 뿐이었다.

박성환은 어떤 경력을 가진 기자인가? 자신의 책에서 박성환은 스스로 경향신문 출신으로 6·25 발발 전부터 국방부 출입 기자였으며, 전쟁의 시작부터 끝까지 종군기자로 활약했다고 밝히고 있다. 나아가서 그는 1949년 5월 강원도 춘천과 홍천에 주둔하던 6사단 8연대 표무원·강태무 두 소령이 부대를 이끌고 월북한 사실을 최초로 단독 보도 했음도 밝혔다. 또한 그는 국방부 공인 '대한민국 1호 종군기자'로 부산에서 해병대 군함을 타고 인천상륙작전 및 9·28 서울수복을 취재하고, 수복 당시 중앙청에 태극기가 올라가는 사진도 촬영했다고 밝혔다. 당대 최고의 경력을 가진 기자라고 평가해도 전혀 무리가 아니다.

《숙명의 하이라루》를 펴낸 남정옥 박사는 책 서두 '엮은이 말'에서 김창룡의 배경과 활동을 다음과 같이 정리했다. "김창룡 장군은 함경남도 영흥이 고향이다. 그는 그곳에서 태어나 영흥공립농잠학교를 마치고 영흥 군청에 다니다가 만주로 가서 철도학교를 졸업한 후 역무원으로 근무 중 일본군에 강제 입대하게 되었다. 일본 관동군 헌병대에 배치된 김창룡은 그때부터 필생의 업이 된 공산주의를 상대하는 대공(對共) 업무를 맡게 되었다.

그로 인해 해방 후 고향에 돌아온 김창룡은 소련이 지배하는 공산 치하에서 도저히 살지 못하고 월남하게 되었고, 이 땅에서 공산주의를 없애고 자유민주주의 통일 국가를 건설하기 위해 군에 입대하게 되었다. 그는 자유민주주의의 적인 공산주의의 폐해와 잔학상을 일찍이 깨우쳤고 그것을 몸으로 직접 체험했기 때문에, 육군 소위로 임관하자마자 대공 업무의 최선봉에서 그 누구보다 열심히 그 일에 매진하게 되었다"(《숙명의 하이라루》 8쪽).

월간조선에 '기무사 비록'을 3회에 걸쳐 연재한 배진영 기자는 김창룡이 관동군 헌병으로 일하게 된 경위와 배경을 보다 구체적으로 밝힌다. "성실하고 중국어·일본어에 능통한 그를 눈여겨본 만철(滿鐵) 상사(上司)가 그를 1940년 관동군 헌병으로 추천했다. 정보요원 양성소인 나가노(長野) 정보학교 교육을 받으며 그는 유능한 요원이자 철저한 반공주의자로 거듭났다. 교육 후 그는 소만(蘇滿) 국경지대 하이라루(海拉甫, 해랍보)에서 대공 특수공작 임무를 맡아 공산주의자들을 잡는 사상(思想) 헌병이 됐다.

김창룡은 위장·침투와 역공작(逆工作)에 능했다. 거물급 공산주의자 왕근례(王近禮)가 운영하는 잡화점에 취직, 그 밑에서 3년여를 근무하며 일당을 일망타진했다. 또한 철도노동자들 사이에 쿠리(막노동꾼, 苦力) 감독으로 들어가 2년간 함께 생활하면서 50여 건의 공산당 조직을 적발해 냈다. 이런 공로로 그는 1945년 1월 헌병 오장(伍長, 하사관)으로 특진했다"(배진영, 2016, "특무대의 탄생과 김창룡의 시대" 월간조선 5월호).

그렇기 때문에 김창룡은 이승만의 반공 노선에 없어서는 안 될 인물이 되었다. 공산주의를 때려잡는 타공(打共)에 삶을 바친 김창룡에 대한 평가를 박성환은 책에서 다음과 같이 기술했다. "그는 실제 숙군에 착수하여 뿌리를 뽑았다. 그러나 뿌리를 뽑는데 묻어 들어온 부작용도 적지 않았다. 후일 그의 주위를 둘러싼 많은 비난 가운데는 이러한 부작용의 산물도 그의 한 역할이었던 것만은 사실이다"(박성환, 1965: 152).

부작용의 대표적 예를 두 가지만 들어보자. 박정희 정권에서 해직 기자

경력을 가진 강성재는 군의 정치적 중립을 실천한 이종찬 장군에 관한 평전을 쓰며 다음과 같은 기록을 남겼다. "1968년 봄 진해에 들른 박정희 대통령 내외는… 이종찬 부부를 공관에 초청, 함께 저녁을 나누게 되었다… 박정희는 한강 인도교가 폭파된 후 어수선한 가운데 도강하기까지의 얘기를 하면서 이런 비화를 털어놓았다.

'28일 새벽 인도교가 폭파되자 할 수 없이 정보국 장병들을 이끌고 서빙고 쪽으로 돌아서 간신히 보트 하나를 구해가지고 몇몇이 타고 한강을 건너오는데 보니까 김창룡이가 타고 있었어요. 그때 군을 이간시키는 이 자를 권총으로 쏘아 죽일까 하다가 참았는데 그 후에 특무부대장으로 있으면서 날뛰는 것을 보고 그때 결행하지 않은 것을 후회했습니다"(강성재, 1986, 《참군인 이종찬 장군》 동아일보사: 209).

1952년 부산에서 직선제 개헌파동이 벌어지기까지 국무총리 장면의 비서실장을 하던 반공 검사 선우종원 역시 이승만 대통령이 국무회의 석상에서 지나치게 김창룡 대령을 칭찬하는 모습이 불편했다. "그[김창룡]는 어제 지리산 공비들이 부산에 들어와 무기를 사가지고 관에다 넣고는 상복까지 입고 상여처럼 매고 위장한 채 지리산으로 가는 걸 붙잡았소. 이 얼마나 애국자요."

이 발언 끝에 이승만은 김창룡을 국무회의 석상에 들어오라 지시했다. 김창룡은 압수한 무기를 늘어놓았다. 이를 본 선우종원은 다음과 같은 비아냥을 남겼다. "빨갱이한테서 압수했다는 무기라는데 개머리판도 없고 낡아, 저게 살상용으로 제대로 쓰일 수 있을까 하는 의문이 들었다. 그러나 그런 물건을 보는 이 박사의 입가에는 흐뭇한 웃음이 배어 있는 것을 어쩌랴"(선우종원, 1998, 《격랑 80년》 인물연구소: 139-140).

김창룡이 제거되면서 고령의 이승만은 김창룡과 같은 진심 어린 측근의 도움을 더 이상 받지 못했다. 고령의 권력자를 이용만 하는 측근들로 채워졌기 때문이다. 권력을 이용만 하는 측근은 물론 그들의 주변은 호시탐탐 권력의 교체를 모색했다. 박정희와 선우종원은 이승만 권력의 대표적 주변 반골들이었다. 시간이 가면서 고령의 권력은 결국 교체되지 않을 수 없었고, 새 권력과 그 측근은 과거의 권력과 그 측근을 비난의 대상으로 삼아 새 권력의 정당성을 주장하지 않을 수 없었다. 권력의 속성이다. 절대 변하지 않는 속성이다.

김창룡 장군이 생전에 구술한 회고록 원고 '대공수사 비망록' 실물 사진이다.

김창룡 장군이 생전에 준비한 원고 '대공수사 비망록' 전체를 기록한 《숙명의 하이라루》(2022년, 청미디어).

125
김창룡 사후 현실정치 역관계, 이기붕·박마리아 중심으로 재편

1960년 이승만이 4·19로 하야하는 과정에는 1956년 김창룡의 죽음이 가져온 정치 지형의 변화가 배경으로 자리 잡고 있다. 당시 대한민국을 움직이던 정치는 크게 세 영역의 상호작용으로 이루어지고 있었다. 첫째는 6·25로 비대해진 군, 둘째는 여당인 자유당, 그리고 셋째는 대통령 비서실인 경무대 간의 역학이다. 이 과정을 구체적으로 살펴보자.

김창룡 죽음 이전까지 군은 비록 삐걱거리긴 했지만 '정일권·백선엽·이형근' 세 육군 대장이 이끄는 파벌 사이의 견제와 균형 그리고 특무부대장 김창룡과 헌병총사령관 원용덕의 견제와 균형이 동시에 작동하며 굴러가고 있었다. 그러나 김창룡 암살의 후폭풍은 결국 정일권과 이형근을 1957년 5월 군에서 퇴역시키며 파벌을 없앴지만, 군이 이승만의 후계자로 부상하던 이기붕의 자장 속으로 빨려 들어가도록 만들었다.

"이 대통령은 자신의 안전한 집권을 위해 김창룡의 특무부대와 원용덕의 헌병사령부로 쌍두마차를 만들었고, 그 쌍두마차는 어떤 장애물도 없이 거침없이 달려 나갔다. 그렇다면 [1952년 5월] 부산 정치파동 이후 대통령의 후계자로 등장한 이기붕은 과연 쌍두마차의 어느 고삐를 잡고 있었을까?

김창룡은 이기붕의 득세에 절대적인 공헌을 했고 또 오랫동안 이기붕과 밀착되어 온 것도 사실이다. 반면 원용덕은 이 대통령을 향해 엎드렸을 뿐이고 아래 자리에 있는 이기붕에게는 단 한 번도 고개를 돌린 일이 없다. 이기붕이 득세한 이후부터 대부분의 군 장성들이 그의 부름에 응했고 또 열심히 찾아다녔으나 원용덕만은 단 한 번도 이기붕을 찾아간 일이 없는 것으로 전해지고 있다.

그러면서도 그가 4·19 때까지 권좌에 계속 버틸 수 있었던 것은 무슨 이유였을까? …[이기붕의 아내] 박마리아는 미국에서 이기붕을 만나기 전에 의학도(세브란스 의전)였던 원용덕을 만났었고, 원용덕이 의전을 나와 만군(滿軍)에 입대하자 그를 따라 만주에까지 갔던 것으로 알려지고 있다. 이기붕은 그러한 박마리아의 과거를 까맣게 모르고 있다가 해방 후 한국에 돌아와서야 아내의 과거를 알게 되었다.

이기붕은 김창룡이나 혹은 주변에서 원용덕을 못마땅히 말할 때면 오히려 그를 감싸주는 처지에 서곤 했는데, 이것은 자신의 인격을 지키자는 생각에서였던 것이라 한다. 김창룡도 그러한 사실들을 알게 된 다음부터는 이기붕을 찾아가 원용덕에 관해 말하지 않았고, 그때부터는 오직 이 대통령에게만 헌병총사령관의 잘못을 보고했다고 한다. 한데 1956년 1월 26일, 세칭 국방부 '원면 사건'이 터지면서 이기붕과 김창룡 사이에도 금이 가기 시작했다"(김교식, 1984, "김창룡 사건의 배후는 이렇다"《마당》10월호: 203).

'원면 사건'은 미국이 원조한 장병들의 월동용 군복에 사용할 원면(솜)을 국방부가 시중에 내다 팔고 값싼 인도산을 사들이며 생긴 시세차익을 자유당에 정치자금으로 건넸다는 야당 및 자유당 비주류의 주장과, 떳떳하지 못한 방법으로 시세차익을 만든 것은 사실이지만 차익의 용도는 예산 지원이 없던 수많은 국방부 문관들 인건비였다는 국방부의 해명을 엄호하는 자유당 주류의 주장이 국회에서 부딪히며 세간에 알려진 사건이다.

"김창룡은 이 사건을 인지하면서 이 기회에 국방장관(손원일)과 참모총장(정일권)을 밀어낼 심산이었다. 김창룡은 옛 부하인 도진희가 국회의원이 된 것을 기화로, 도진희를 불러 국회가 원면 사건을 크게 떠들도록 지시(?)했다… 문제는 이러한 사실들이 당시 '서대문 경무대'라 불리는 제2인자 이기붕에게 낱낱이 보고되고 있었다는 점이다.

'김 장군, 원면 사건의 내용은 김 장군도 잘 알지 않소? 야당이 저렇게 떠들어대면 우리 자유당 정부가 장병들의 솜옷까지 빼앗아 먹는 줄 그렇게 오해하게 될 거요. 어른(이 대통령)께서도 국회가 저렇게 떠드는 것을 원치 않으세요. 김 장군이 어떻게 하든 이 문제가 더 이상 시끄럽게 되지 않도록 잘 좀 마무리해 주시오.' …김창룡은 이기붕의 간곡한 당부에도 불구하고 원면 사건을 계속 들추었고 국회가 원면 사건을 더욱 크게 떠들기를 내심 바라고 있었다….

'[1956년 5월] 정·부통령 선거를 앞두고 자유당은 대통령에 이승만, 부통령에 이기붕, 이렇게 가고 있었지만, 당시 이 대통령은 이기붕의 건강 때문에 다른 사람을 물색하고 있었어요. 김 장군이 경무대에 호출되어 갔는데 이 대통령께서 이기붕이는 민의원 의장 자리도 과분한 사람이니 부통령에 누가 좋겠느냐고 물어보시더래요.'…

김창룡은 이때부터 이기붕은 이미 끝난 사람이라고 보고 배를 갈아탈 준비를 서둘렀고 이런 때 이기붕의 당부쯤은 귀 밖으로 흘려버릴 수가 있었다… 이 무렵 이기붕, 박마리아 쪽에서도 김창룡의 퇴진을 고려하고 있을 때가 아니었던가 싶다. 김창룡은… 원면사건 수사를 진두지휘했고, 밤늦도록 이 대통령에 보고할 자료를 정리한 다음 집으로 돌아갔었다. 그런데 바로 그 다음날… 저격을 당했던 것이다"(김교식: 1984: 204-206).

군과 자유당의 관계가 이와 같은 변화를 겪는 배경에는 다음과 같은 경무대 내부의 동학이 있었다. "프란체스카 여사의 가장 큰 관심사는 남편의 건강이었다… 프란체스카 여사는 누군가 대통령에게 직언을 해 남편의 기분이 상하거나 심사가 불편해지면 가만 있지 않았다. 대통령에게 누가, 왜, 무엇 때문에 그랬는지 따져 묻고 급기야 남편의 건강에 해를 끼친 당사자를 매장시켰다. 이런 일이 반복되면서 프란체스카 여사가 인사와 국정에 깊이 관여한다는 소문이 나돌았다….

그러나 프란체스카 여사의 마음에 꼭 드는 여성이 있었다. 이기붕 씨의 아내 박마리아 씨였다. 박 씨는 미국 유학을 통해 유창한 영어 실력을 갖추고 있었다. 1948년 8월15일 대한민국 정부가 수립되고 이승만 박사가 초대 대통령에 취임하면서 이기붕 씨는 정식으로 대통령 비서실장이 됐고, 박 씨는 영부인 프란체스카 여사의 개인비서가 됐다….

박 씨는 한국말을 전혀 못 하는 영부인에게 세상 소식을 전하는 유일한 통로였다. 대통령의 정치 구상이나 생각은 프란체스카 여사를 통해 박 씨에게 전달됐고, 반대로 박 씨의 '뜻'은 영부인을 통해 대통령에게 즉각 전달됐다. 이러한 과정이 반복되면서 '박마리아를 통하면 안 되는 일이 없다'는 말이 세간에 퍼졌다… 두 개의 경무대가 존재한다는 얘기가 나돌 정도였다. 하나는 실제 대통령이 기거하는 경무대, 다른 하나는 이기붕 비서실장과 박 씨가 사는 서대문 관저였다….

프란체스카 여사는 근검절약하고 헌신적이고 남편밖에 모르는 여자였지만 남편의 건강과 일상을 과보호하는 과정에서 본의 아니게 인(人)의 장막을 쳤다. 이는 이 대통령의 심사를 거슬렀을 뿐 아니라 눈과 귀를 가로막는 결과로 이어졌다. 결국 대통령 부부의 주변에는 국정 운영 전반에 대해 직언이나 조언을 하는 사람이 사라졌고 "각하, 아무 일 없이 다 잘돼갑니다" 하는 아부성 발언이 난무했다"(김순희, 2007, "대통령 상전 영부인 열전" 신동아 8월호).

3·15 부정선거로 가는 길은 이렇게 닦이고 있었다. 경무대 동학이 군에 미친 영향에 관해서는 '군번 1번' 이형근 대장의 생생한 증언이 남아있다. "[1956년 6월 27일] 내가 육군 참모총장으로 취임한 후 절감한 것은 자유당이 군을 그들의 정치자금 출처로 착각하고 있다는 점이었다"("이형근 증언" 월간중앙. 1992년 8월호).

자유당 내부도 변화를 겪고 있었다. 1954년 5월 3대 민의원 선거에서 압승한 자유당은 같은 해 11월 이승만의 중임제한을 풀어주는 사사오입 개헌을 밀어붙이면서 새로운 흐름이 생겨났다. 이기붕이 2인자로 떠오르면서 이범석·신익희·조병옥 등과 같은 건국 초기의 인물들이 차례로 이승만을 떠났기 때문이다.

그 자리를 대신해 자유당에는 일제 때 혹은 해방 후 감투를 쓴 경력이 있는 사람들이 주류로 떠오르기 시작했다. 한희석·장경근·인태식·이익흥·최인규 등과 같은 엘리트 관료파들은 이기붕을 등에 업고 과거 건국 과정에서 조직 생활을 오래 해온 사회단체 출신의 '무식한' 원외 간부들을 거세해 나가고 있었다. 이들은 스스로 유능하다는 자만에 차 있었다. 자유당 정권이 패망하는 날까지 이들은 천하를 주름잡고 호령했다(박용만, 1965, 《제1공화국 비화》 내외신서: 264-270).

원용덕 국방부 장관 특별보좌관
(1952년 2월 29일부터 3월 29일까지).

1957년 5월 27일 경무대에 모인 이승만·이기붕 가족. 왼쪽부터 이기붕 민의원 의장 장남 이강석, 프란체스카 여사, 이승만 대통령, 이기붕 의장, 이 의장 아내 박마리아, 이 의장의 차남 이강욱. 이강석은 이 대통령 82회 생일(1957년 3월 26일)에 대통령의 양자로 입적됐다(사진 출처: 국가기록원).

126
건국 헌법의 기형적 권력 배치 아래
후계 경쟁이 이기붕 띄워

　1950년대 후반 이승만 정권이 몰락으로 접어드는 길목에는 크게 두 가지 요인이 작용하고 있었다. 하나는 건국헌법이 채택한 권력구조 특히 행정부를 대표하는 정·부통령과 국회 인준을 거치는 총리가 분점하고 있는 권력의 제도적 배열에 관한 문제, 그리고 다른 하나는 고령의 현직 대통령을 둘러싼 후계 구도에서 유리한 입지를 차지하기 위한 심리적 충성 경쟁 문제였다. 물론 두 문제는 중층적으로 연관되어 있었다.

　대한민국 건국헌법의 권력구조는 한민당이 유진오를 매개로 준비하던 내각제를 막판에 이승만이 대통령제로 바꾸면서 탄생했다(《이승만 시간을 달린 지도자 2》, 82. 1948년 5월 31일 개헌한 제헌의회, 건국헌법을 50일 만에 공포하다). 이 과정에서 대통령제와 내각제는 서로 뒤섞여 결국 미국식 대통령과 부통령 그리고 영국식 총리가 동시에 공존하는 기형적 제도가 만들어졌다. 그러나 권력의 지분을 분점하는 세 자리의 공존이 만들어 낼 딜레마에 관한 고민은 별로 없었다.

　이 기형적 제도는 결국 이승만 시대가 끝나면서 함께 정리됐다. 4·19

후 잠시 순수 내각제로 바뀌었다가, 5·16과 함께 다시 내각제를 가미한 대통령제로 복귀한 대한민국 헌법의 권력 배열에서 부통령 자리는 영원히 사라졌다. 그렇다면 부통령 자리는 도대체 어떤 문제를 보였길래 역사에서 자취를 감추게 되었는가?

4년의 임기를 3번 채운 대통령 이승만 집권 12년 동안 부통령은 3명이 아니라 4명이 존재했다. 첫 부통령이 임기 중간에 사임하고 보궐로 후임자를 뽑았기 때문이다. 세 번째와 네 번째 부통령은 대통령과 임기를 각각 같이했다. 이승만이 4번째 집권을 노렸던 1960년의 3·15 선거가 부정으로 얼룩지면서 이승만 시대는 마감했다. 이 부정 또한 대통령 때문이 아니라 대통령이 원한 부통령 당선 때문에 빚어진 부정이었다. 이 과정을 세밀히 살펴보자.

1948년 건국 의회에서 대통령 이승만과 함께 선출된 부통령 이시영은 6·25 전쟁 중 발생한 '국민방위군' 사건의 책임을 진다며 대통령과 교감 없이 1951년 스스로 하야해 버렸다. 국회는 보궐선거를 통해 한민당 김성수를 부통령으로 선출했다. 그러나 부통령 김성수는 1952년 임시수도 부산에서 추진된 직선제 개헌에 반발해 사표를 던졌다. 두 경우 모두 대통령 이승만의 리더십에 심각한 상처를 남긴 퇴진이었다.

이를 겪은 이승만은 1952년 8월 직선제로 치러지는 정·부통령 선거에서 누구도 상상하기 어려운 독특한 선택을 밀어붙였다. 자신의 당선에 전혀 부담이 없었던 이승만은 선거방식을 직선제로 바꾸는 개헌에 결정적으로 기여하고 또한 자신이 총재로 있던 자유당이 공천한 부통령 후보 이범석을 따돌리고, 은밀히 무소속의 함태영을 지원해 부통령에 당선시켰기 때문이다. 도대체 왜 이런 일이 벌어진 건가?

우선, 당시는 정당정치가 뿌리내리기 전이라 국민적 지지를 누리던 이승만의 개인적 판단에 지지자들이 민감하게 반응하던 시절이었다는 사실을 이해해야 한다. 다음, 이승만은 '족청'이라는 자생적 정치 조직을 가진 이범석이 선거를 통해 부통령에 당선되면, 대통령 자신의 권력에 심각한 누수가 생기리라 우려하지 않을 수 없었던 사실도 이해해야 한다. 아래 설명을 참고해 보자.

"[1952년 8월] 2대 대선은 이승만과 다른 대통령 후보자들 간의 경쟁이 아니라 사실상 이승만과 같은 당 러닝메이트인 이범석 간의 대결이었다. 정확히 말하면 이승만은 이때 자신의 당선 운동보다는 은밀하게 이범석 낙선운동에 더 치중했다. 두 번 다시 이시영이나 김성수 같은 골칫덩어리 부통령과 함께하는 끔찍한 악몽을 겪지 않기로 다짐한 것이다.

그들은 모두 처음에는 이승만과 밀월관계였다가 철천지원수가 되어 헤어졌다. 그들은 사퇴할 때마다 성명서를 발표하여 이승만의 실정을 거의 눈이 빠질 만큼 혹독하게 비판했고(이것이 과연 정치 도의상 맞는 일인지는 모르겠지만), 특히 김성수의 경우에는 부통령 당선 직후 국무회의에서 신성모 주일 대표부 대사의 임명 반대 결의안을 이끌어내면서 이승만에게 한 방 펀치를 먹였을 정도로 세계사적으로 전무후무한 일까지 주도했다.

이는 모두 당시 부통령 선출이 국회의 고유권한이라서 대통령이 전혀 관여할 수도 없게 되어 있는 제헌헌법의 기형적 구조 덕분이었다. 이승만은 이제 직선제 개헌을 한 만큼 다시는 그런 일이 없도록 철저히 원천 봉쇄하기로 결심했다… 이 덕분에 엉뚱하게도 자다가 부통령 감투라는 생각지도 못했던 횡재를 맞은 인물은 독립운동 경력이 있고 한신대 학장과 심계원장(현 감사원장)을 역임했던 무명의 목사 함태영이었다"(이명인, '대한민국 대통령 선거의 역사 7', NGO Press, 2022년 4월 1일).

그러나 대통령 이승만에게 가장 불편했던 부통령은 1956년 선거에서 이기붕을 누르고 당선된 장면이었다. 1952년 부산의 직선제 개헌 과정에서 미국을 등에 업고 민주당의 지원을 받으며 내각제 개헌을 주장했던 장면은, 1950년대 후반 이승만에 도전하는 정치세력의 중심인물이었다. 야당인 민주당 소속으로 부통령에 당선된 장면은 임기 4년 내내 대통령과 각을 세우며 이승만을 흔들었다.

엎친 데 덮친 이 부작용이야말로 말로 1960년 치러진 3·15 선거가 부정으로 가는 제도적 모순의 원천이었다. 더구나 이와 같은 조건 아래 80세를 넘긴 고령의 대통령 사후를 대비하는 측근들의 물밑 경쟁 또한 치열했다. 이중 단연 돋보인 인물이 부인 박마리아를 통해 영부인 프란체스카를 사로잡아 대통령과 간접적인 그렇지만 가장 확실한 채널을 구축한 국회의장 이기붕이었다.

"이승만은 자신의 권력에 누구도 간섭하는 것을 불허했지만 프란체스카에게만큼은 유일한 예외를 허용했다. 이 덕분에 눈치가 빠른 이기붕은 이승만에게 건의할 일이 있을 때는 절대로 직접 의견을 표명하지 않고 항상 부인 박마리아를 통해 프란체스카에게 부탁하는 방법으로 해결했다. 그렇게 해서 이기붕은 당 밖에 머물고 있던 신성모의 복귀를 철저히 봉쇄했고 자유당 내에서 자신과 2인자 경쟁을 하고 있던 이갑성과 배은희 그룹도 모두 제거했던 것이다.

한때 윤치영과 임영신도 이기붕과 함께 미국 유학파 가신그룹이었지만 프란체스카와 사이가 나빴던 관계로 자연스럽게 이승만의 주변에서 멀어졌다. 비록 미국 유학을 하기는 했으나 윤치영은 골수 양반 가문의 후예답

게 남존여비 사상으로 뭉쳐 있어서 서양인 영부인의 존재에 대해 거부감을 갖고 있었고, 특히 프란체스카가 영어로만 의사소통을 했기 때문에 한국인들과의 소통에 소극적이었던 점도 탐탁치 않게 생각했다. 결국 최종적으로는 이기붕만이 이승만의 최측근으로 남게 됐고 여기에다 프란체스카가 좋아하던 그의 장남 이강석을 양자로 넘겨줌으로써 정권 후계자로서 확실한 담보까지 확보하게 됐다"(이명인, "대한민국 대통령 선거의 역사 8" NGO Press, 2022년 5월 5일).

1958년 5월 2일 치러진 민의원 선거는 이 체제의 유지가 가능하다는 착시를 만들었다. 전체 의석 233석 가운데 여당인 자유당이 과반을 넘긴 127석, 야당인 민주당이 79석, 김준연의 통일당 1석, 그리고 무소속이 26석을 차지했다. 선거의 결과는 양당제의 확립과 함께 여당의 안정적 국정 운영이 보장된 것이었다. 또한 고촌저도(高村低都, 농촌은 높고 도시는 낮은) 투표율과 여촌야도(與村野都, 여당은 농촌 야당은 도시) 투표행태가 뚜렷이 나타난 선거였다.

하지만 이 선거는 1956년 대통령 선거에서 30% 지지를 받은 조봉암의 진보당이 참여를 봉쇄당한 선거이기도 했다. 1958년 1월 정부는 국가보안법 위반 혐의로 조봉암 등 진보당 간부 대부분을 체포한 사실을 발표했다. 2월 16일 검찰은 기소장에서 조봉암이 남파간첩 및 재외 북한 관련 단체와 접선해 공작금을 받은 사실이 있으며, 진보당의 평화통일론이 대한민국의 존립을 부인하고 있어 헌법을 위반한 불법단체라 명시했다.

결국 진보당은 1958년 2월 25일 등록이 취소됐다. 진보당 해산 과정에는 2월 16일 발생한 북한의 남한 여객기 납치 사건 또한 한몫했다. 우리나라 최초의 민항기 회사(KNA: Korea National Air) 비행기가 부산 수영에서 서울 여의도로 승객을 태우고 오던 중 김택선 등 남파공작원들이 평양으로 납치했기 때문이다. 진보당을 둘러싼 공안정국이 더욱 경색되지 않을 수 없었다.

4명의 부통령과 이승만. ① 이시영과 이승만(국제연합의 날 행사, 1950년 10월 24일) ② 김성수와 이승만(부산 임시수도, 1951) ③ 함태영과 이승만(정·부통령 취임식 포스터, 1952년 8월 15일) ④ 장면과 이승만(당선 축하 예방, 동아일보 1956년 5월 25일).

이승만과 이기붕(1960년 3·15 선거 결과 발표 직후 경무대)

127
1959년 12월 14일 재일 한인 북송, 이승만 외교의 뼈아픈 실패

1959년 12월 14일 일본의 니가타항에서는 '재일 한인 238세대 975명'이 소련 군함을 개조한 배 두 척을 타고 북한 청진항으로 출항했다. 이날 시작된 재일 한인 북송은 1984년 7월 24일 완전히 막을 내릴 때까지 누적 인원 9만여 명이 참여한 대규모 인구 이동이었다(박정진, 2023, 《재일한인 북송 문제(1959)》 선인: 100).

절대다수의 북송은 이승만 시대의 말년인 1959년부터 4·19가 일어난 1960년을 거쳐 5·16이 벌어진 1961년까지 3년 사이에 이루어졌다. 전체 북송의 80%인 7만 4천여 명이 이 기간에 북으로 갔다. 대한민국 권력 교체기 혼란한 틈을 타 대규모 북송이 이루어진 셈이다. 그러나 이들을 통해 북한의 실상이 알려지면서 북송은 급격히 줄어들었다.

재일 한인 북송은 그렇다면 언제부터 그리고 무엇 때문에 비롯된 일인가? 외교의 달인이라는 이승만은 이 문제에 대해 어떻게 대처했고 또한 어떤 해법을 추구했기에 이런 결과로 이어지게 되었는가? 문제의 기원과 전개 과정을 살펴보자.

태평양전쟁 종전 당시 일본에는 200만 명이 넘는 한인이 체류하고 있었다. 동경의 최고사령부 주선으로 이들 대부분은 1946년 4월부터 12월 사이 미군정이 통치하는 남한으로 송환됐다. 그러나 이들에게는 1인당 1,000엔과 개인 소지품 지참만이 허용됐다. 재산이 있는 한인들은 귀국을 포기할 수밖에 없었다. 이런 사정으로 일본에 잔류하게 된 한인이 60만 명을 넘었다.

그러자 이들의 국적에 관한 논란이 벌어졌다. 패전한 '일본 국민'인지 혹은 해방된 '적국 국민'인지를 따지는 이른바 '재일 한인의 법적 지위' 문제였다. 최고사령부는 1946년 5월 한국에 정부가 수립되어 이들이 한국 국적을 취득할 수 있을 때까지 잠정적으로 일본 국민으로 취급하는 정책을 채택했다.

적국 국민으로 분류할 경우 미국이 책임질 식량 지원의 양이 너무 많아질 뿐만 아니라, 이들이 조련(朝聯: 재일조선인연맹)을 중심으로 한 좌익의 폭력시위에 가담하는 경향이 있어 이를 통제하기 위해서라도 일본 국민으로 취급할 필요가 있었기 때문이었다. 그러나 이 정책에 한인은 물론 일본도 반발했다(유의상, 2016,《13년 8개월의 대일협상》역사공간: 36-37).

그러자 미국은 재일 한인을 중국인, 타이완인, 류큐인(琉球人, 오키나와인)과 함께 '특수지위의 비일본인 일본 국민'으로 분류하고 이들을 모두 고국에 돌려보낸다는 전제 아래 최고사령부에 등록하도록 했다. 등록 결과 대략 50만여 명이 귀국을 원하는 것으로 확인됐으나, 이중 실제 송환은 10만여 명에 그치고 말았다.

결국 일본에는 귀국을 원치 않는 10만여 명을 포함해 50만여 명의 한인이 남게 됐다. 이후 대한민국이 1948년 건국됐으나 건국을 둘러싼 여러 현안 그리고 전쟁으로 이 문제에 대한 해법을 마련할 틈이 없었다. 6·25 전쟁이 교착 상태로 접어든 1951년 최고사령부는 이 문제에 관해 당사자인 한일 양국이 직접 교섭할 필요가 있다고 판단했다. 한국에 있던 무초 대사도 이승만 대통령과 협의 끝에 양자 회담 개최를 본국에 건의했다.

미 국무부는 이 문제에 관한 양국의 입장 차이로 고심했다. 한국은 일본의 식민 통치와 관련된 '모든 현안'을 논의하자는 반면, 일본은 '한인의 법적 지위'만 논의하자고 했기 때문이다. 당시 미국은 태평양전쟁 전후처리를 위해 샌프란시스코 강화조약 마무리에 전념하고 있었다. 미국은 강화조약에서 배제된 한국을 1951년 9월 체결되고 다음 해 4월 발효된 '샌프란시스코 체제'에서 동아시아의 일본 중심 '반공체제'에 편입시키고자 했다.

고심 끝에 미국은 양자 회담을 추진하되 미국이 '옵서버' 자격으로 참여한다는 결정을 내렸다. 이렇게 가동하게 된 '한일회담'은 1951년 10월 예비회담을 시작으로 1965년 6월 7차 본회담에서 최종 타결에 이르기까지 무려 13년 8개월을 끌었다. 그 이유는 한국이 중시하던 '대일 청구권 문제'와 일본이 중시하던 '어업 및 평화선 문제'가 엇갈리며 중단과 재개가 반복됐기 때문이다(유의상, 2016: 38-40).

1951년 11월 예비회담에서 양국은 본회담 의제 5가지 즉 '국교정상화, 재일한인법적지위, 청구권, 어업, 문화재 반환 등 기타'를 채택하고 1952년 2월 본회담 개최에 합의했다. 이 국면을 넘긴 직후 이승만은 본회담 시작 한 달 전인 1952년 1월 한국의 해양 주권을 200해리로 설정하는 '평화선' 선포를 단행했다(이 책 115. 전쟁 중 이승만, 평화선 선포하고 인하공대·한국외대 추진).

일본 어선의 한국 영해 진입을 불허한 '맥아더 라인'이 대일 강화조약 발효로 폐지되는 문제에 대한 강경한 대응책이었다. '이승만 라인'이라고도 불린 평화선은 그러나 이후 전개될 한일회담에서 한국의 협상력을 높이는 결정적 수단이 됐다. 회담이 결렬될 때마다 한국은 평화선을 침범하는 일본 어선을 나포해 일본을 압박했다. 미국 또한 동아시아 반공체제 구축을 위해 회담 재개를 양국에 종용했다.

1차 회담에서 한국은 식민지배에 대한 배상 즉 '청구권' 주장을 강하게 제기했다. 일본은 종전 이후 민간이 한반도에 남기고 간 재산을 돌려 달라는 '역청구권' 주장을 펼쳤다. 회담은 2달 만에 결렬됐다. 1953년 4월 재개된 2차 회담에서 한국은 1949년 이승만 정부가 준비한 '대일배상요구조서'를 근거로 일본을 압박했다(동북아역사재단, 2021, 한일회담 자료총서 1권). 그러나 일본은 요지부동이었다. 결국 3개월 만에 회담은 또 결렬됐다.

1953년 10월 다시 열린 3차 회담에서는 일본 대표 구보다(久保田)가 '일본의 통치가 한국에 유익했다'는 발언을 해 회담은 또다시 2주 만에 결렬됐다. 이후 한일회담은 4년 반 동안 중단됐다. 중단된 기간 한국이 나포한 일본 어선과 어민의 수는 93척 1,285명에 달했다(유의상 2016: 63).

4차 회담의 계기는 기시 노부스케(岸信介)가 1957년 2월 일본 총리로 집권하면서 만들어졌다. 당시 양국은 한일회담과는 별도로 불법으로 입국해 억류된 양국 국민을 맞교환하는 교섭을 벌이고 있었다. 한국은 불법 조업한 일본인 선원을 부산에 억류하고 있었고, 일본은 밀입국한 한국인을 나가사키현(長崎縣) 오무라(大村)수용소에 억류하고 있었다. 1957년 12월 31일 이들의 맞교환이 성사됐다.

동시에 기시 정권은 사유재산을 몰수당한 자국민에 대한 보상을 자체적으로 시행하겠다는 결정도 했다. 이를 동력으로 양국은 '구보다 발언 철회 및 일본의 역청구권 포기' 등에 합의하고 4차 한일회담을 1958년 3월에 개최하기로 결정했다. 그러나 4차 회담 개최에 즈음해 일본은 오무라 수용소에 억류 중인 한국인 가운데 93명을 '본인 의사에 따라 한국이 아닌 북한'에 송환하겠다는 뜻을 밝혔다.

한국은 반발해 일부 일본인 어부의 송환을 거부했다. 양국은 북한행을 원하는 억류자의 의사가 바뀔 때까지 기다려 이들을 '한국에 송환한다'는 미봉책을 만들어 4차 회담에 들어갔다(유의상 2016: 65). 하지만 1958년 4월부터 8개월간 그리고 1959년 8월부터 3개월간 두 단계로 진행된 4차 한일회담은 기시 정부의 양보가 제공한 호재에도 불구하고 일본과 북한이 추진한 '재일한인북송사업' 때문에 아무런 성과도 낼 수 없었다.

심지어 일본 정부는 억류자뿐 아니라 재일 한인 전체에 대해 그들이 북송을 원하면 '국제인권규범'에 따라 인도적 해법을 추구해야 한다고 주장했다. 반면에 한국 정부는 이들에 대한 북송은 해외의 '국민 주권을 수호'해야 할 국가의 기본 책무를 저버리게 만드는 도발이라 주장하며 부딪혔다.

1959년 2월 일본 정부는 '재일조선인 중 북한 귀환 희망자를 다루기 위한 각의 양해'를 발표했다. '결정' 대신 '양해'라는 용어로 이 문제가 국제적십자사 주도의 해법임을 강조했지만, 이면에서는 재일 한인의 '범죄율이 높기 때문에 치안상 문제'가 되고 또 대부분이 '생활보호 대상자라 재정상 부담스러운 존재'라는 일본 정부의 판단이 반영된 결과였다(박정진 2023: 58).

이승만은 '대일무역 전면봉쇄'라는 강경책까지도 구사했지만 북송을 막지 못했다. 북한은 북송 대상을 오무라수용소의 불법입국자로 제한하지 않고 재일한인 전체로 확대하는 전략을 구사했다. 이를 위해 북한은 조총련을 통해 교육비를 지원하는 등 재일 한인 사회의 지지 확보에 총력을 기울였다. 1959년 1월 말이 되자 북한 귀국 희망자는 10만 명을 넘었다(박정진, 2023: 50-51). 이승만 외교의 뼈아픈 실패였다.

'재일한인 북송' 문제와 관련해 마지막으로 흥미로운 쟁점 하나를 소개하지 않을 수 없다. 이 문제를 '반공포로 석방'과 교차시키면 이승만의 입장이 두 경우 완전히 반대였음을 확인할 수 있기 때문이다. 전쟁포로 석방과 관련해 이승만은 포로의 출신 국가 즉 '대한민국 출신이냐 북한 출신이냐'보다는 포로의 자유의사에 따라야 한다고 주장했었다(이 책 113. 휴전 반대하며 반공포로 석방한 이승만, 한미상호방위조약 얻어내).

반면에 재일한인의 경우 이승만은 자유의사보다는 한인의 출신 국가 즉 '남한 출신이냐 혹은 북한 출신이냐'에 따라 해당 국가로 한인을 돌려보내야 한다고 주장했다. 두 쟁점에 대한 이승만의 입장에 일관성이 없다는 비판이 가능한 대목이다. 그러나 정치인 더구나 국가 최고 통치자 이승만으로서는 두 경우 모두 국익을 최우선으로 판단했다고 설명할 수 있는 대목이기도 하다. 개인적 일관성을 지키는 선택보다 국가의 이익을 지키는 선택이 통치자에게는 더욱 중요한 기준이 되어야 함을 일깨워 준다.

1959년 12월 14일 일본 니가타항에서 북한 청진으로 가는 '귀국선' 모습이다. 배에는 '재일 조선 공민들의 귀국을 열렬히 환영한다'는 북측 문구가 걸려 있다. 그러나 이는 엄밀히 말해 '귀국'이 아니었다. 이들 대부분이 북한이 아닌 남한 출신이었기 때문이다.

이승만으로부터 '일본의 재일동포 북송계획을 분쇄하라'고 지시받은 4차 한일회담 후반기 대표 일행이 1959년 8월 11일 동경으로 출발하는 비행기 트랩에서 출국 인사를 하고 있다. 위에서 두 번째 안경 낀 인물이 수석 대표 허정이고 그로부터 시계방향으로 이호, 유진오, 유태하, 장경근이다(출처: 대한뉴스 226호).

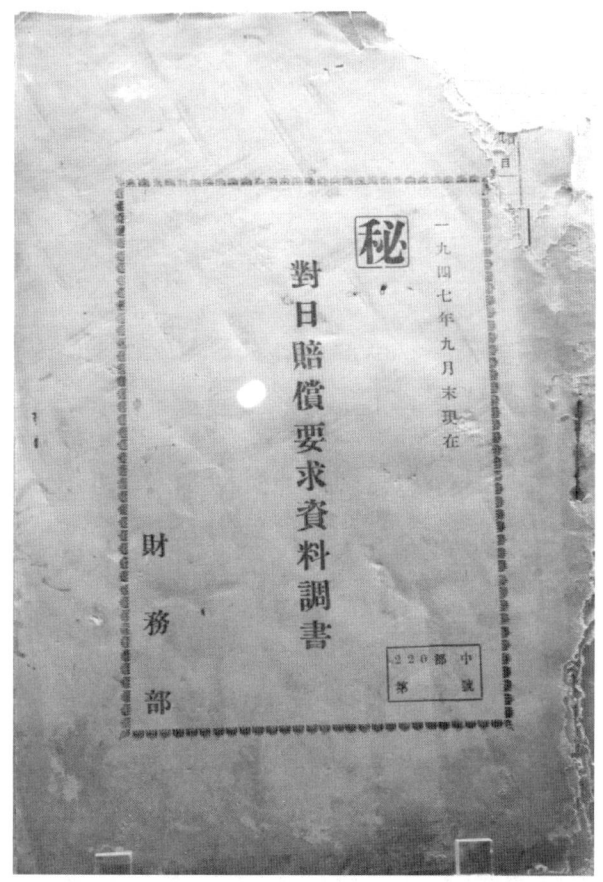

이승만 정부의 재무부가 1949년 만든 '대일배상요구자료조서' 책자 표지.

128
3·15 부정선거 불러온 이승만의 노쇠:
판단력·인내심·기억력 감퇴

이승만 시대가 저물어 가는 마지막 장면은 마치 한 사람의 삶이 끝나가는 모습과 유사했다. 새 나라를 세우고 지킨 불굴의 투지와 안목이 사그라지는 과정을 관찰하는 고통은 마치 부모의 임종을 지키는 자식이 마주하는 감정의 기복과 같았기 때문이다. 이승만의 판단력과 기억력이 흐려지는 모습은 지금도 너무 아프고 생생하게 다가온다. 그가 마지막으로 남긴 말 또한 가슴을 후빈다.

1960년 4월 23일 서울대 병원에 입원한 부상 학생을 찾아 이승만이 한 말이다. "장하다… 장하다… 젊은이들이 불의를 보고 일어서지 않으면 젊은이가 아니다… 어떻게 백성을 죽일 수가 있어? 내가 그만두면 사람들이 더 안 다치겠지…"(김정렬, 2010, 《항공의 경종》 대희: 233-234). 자신을 둘러싼 인물들의 여전한 아부를 뒤로하고 스스로 사퇴 성명서를 작성한 이승만은 마침내 1960년 4월 26일 하야했다.

이 상황을 당시 대통령의 현역 비서였던 '우제하(이승만 누님의 손자)'는 '경무대 사계(四季)'라는 글에서 다음과 같이 전하고 있다. "어떻게 국민을 죽일 수가 있어. 내가 물러나야지" 하면서 구본준 비서에게 "국민이 원한다면 대통령직을 사임하겠다"는 요지의 하야 성명서를 받아쓰게 했다(중앙일보·동양방송,《남기고 싶은 이야기들》1977: 410-411).

말년의 이승만을 둘러싼 이상 징후는 입체적으로 확인된다. 1957년 3월 26일 82회 생일을 맞은 이승만은 당시 20살이던 이기붕의 장남 이강석을 양자로 들였다. 1899년 한성 감옥에서 얻은 아들을 1906년 미국에서 병으로 잃은 지 51년 만이었다. 혈육에 대한 그리움에서 비롯된 일이었지만, '가짜 이강석' 사건이 터지면서 대통령 주변의 권력 남용이 온 국민에게 알려지는 계기가 됐다. '귀하신 몸'이라는 비아냥마저 유행했다.

1958년 5월 자유당이 승리한 민의원 선거 역시 정치 지형을 억지로 비튼 결과였다. 조봉암과 진보당을 원천 봉쇄한 선거는 그해 12월 보안법 강화 개정으로 이어졌고, 이듬해인 1959년 4월에는 경향신문 폐간으로까지 치달았다. 23세에 협성회회보·매일신문·제국신문을 연달아 창간하며 언론기관의 주필로 전제군주 고종을 향해 필봉을 휘두르던 이승만이 자신이 세운 민주공화국의 84세 대통령이 되자 쓴소리하는 신문 칼럼 하나를 인내하지 못했다.

1959년 2월 4일 경향신문 '여적(餘滴: 붓끝에 남은 먹물, 즉 못다 쓴 이야기)' 고정란은 '진정한 다수' 즉 '민심'과 '가장된 다수' 즉 '국회의 다수 의석'를 구분하면서 '민심이 국회 다수당의 결정을 뒤엎는 혁명이 역사의 원칙'이라 주장했다. 1952년 부산에서 이승만 본인이 직선제 개헌을 할 때 주장한 바로 그 논리다. 그러나 글을 쓴 논설위원 주요한과 신문사 사장 한창우는 '헌법에 규정된 선거 제도를 부정하고 폭동을 선동했다'는 이유로 개정된 국가보안법에 따라 기소됐고, 경향신문은 같은 해 4월 30일 폐간됐다.

이런 사례들이 이승만의 판단력과 인내심에 문제가 생겼음을 드러낸 사건들이라면, 이승만의 기억력 또한 문제가 심각했음을 보여주는 기록도 여럿 있다. 2002년 비밀이 해제된 1959년 미국 정부 문서에 나오는 기록들이다. 하나는 다울링(Dowling) 주한 미국 대사가 1959년 8월 15일 본국 국무부로 보낸 2쪽짜리 전문(telegram)이고, 다른 하나는 1959년 8월 1일 미국 CIA가 작성한 1쪽짜리 극비 보고서다. 두 문건 모두 뉴시스 노창현 특파원이 2015년 7월 22일 뉴욕발로 특종 보도해 세상에 알려졌다.

우선, 다울링 대사의 문건 일부를 살펴보자. "그[이승만]와 정기적으로 접촉하는 한국 정부의 관료들 및 전부터 그를 알고 지내던 방문객들을 통해 국무부가 이미 인지하고 있었듯이 그가 정신적 능력이 약해지고 있음을 지적하는 보고에 주목할 필요가 있다. 그들 모두는 의사의 검진 결과가 확인해 주듯 대통령의 목소리나 걸음걸이가 비록 힘이 없더라도 84세 노인의 건강 상태치고는 상당히 좋은 편이라 인정하지만. 정신적 명민함이 떨어진 것은 확실하다고 본다.

내가 개인적으로 관찰한 결과 역시 3년 전과 비교해 그가 정신적으로 또 육체적으로 많이 노쇠해졌음을 확인할 수 있었다. 이 같은 노쇠 현상은 어느 날 매우 심각하게 나타났다가 또 다른 날에는 전혀 그렇지 않기도 했다. 내가 볼 때 그의 노쇠를 보여주는 가장 확실한 징후는 방문객들을 맞이하는 자리에서 그가 즐겁고 또 추억을 소환하는 담소에만 집착하는 모습이다. 그러나 과거의 그는 그런 기회가 있을 때마다 실질적인 토론을 하거나 자신의 견해를 상세히 설명하곤 했었다"(FRUS, 1958-1960, Vol. 18. #280, August 15, 1959, Dowling).

다울링 대사는 이승만 대통령이 치매의 초기 증상을 겪고 있음을 완곡하고 예의 바른 방식으로 본국에 보고하고 있었다. 1959년 84세 이승만 대통령은 2024년 81세 바이든 미국 대통령이 민주당 대선 후보 자리를 해리스 부통령에게 넘겨야만 했던 바로 그 이유와 같은 모습의 증상을 보이고 있었다.

다음, 엇비슷한 기록을 전하는 CIA 극비 보고서도 살펴보자. "최인규 내무, 홍진기 법무, 송인성 재무로 구성된 '3인조 연합'과 자유당 강경파[이기붕]가 통치권을 장악하고 있다는 지적이 있다. 경무대 비서진 역시 대통령이 무엇을 보고 누구를 만나는가를 통제하면서 정부의 의사결정에 상당한 영향력을 미치고 있는 것으로 보인다. 특히 이승만보다 더 반일적인 박찬일 비서가 가장 큰 영향력을 행사하고 있다.

만약 이승만의 정신상태에 문제가 있는 사실이 알려지면 정부에 대한 신뢰가 추락하면서 대한민국은 다음 해로 예정된 대통령 선거를 치르기도 전에 매우 불안정한 국면을 맞이하게 될 것이다. 더구나 대통령의 통수권을 장악하고 있다고 알려진 사람들은 이미 과거에 권력을 유지하기 위해 극단적인 방법을 동원한 경력마저 있는 사람들이다. 이들은 대통령 유고(有故) 시 헌법에 따라 야당 소속의 장면 부통령이 권력을 승계하는 상황을 막기 위해서라면 무슨 일이든 저지르고 그것을 정당화하는 시도를 할 것이다"(Central Intelligence Bulletin, August 1, 1959, p. 10). 이 보고서는 이미 3·15 부정선거를 내다보고 있었던 셈이다.

미국 문서들만이 아니다. 앞서 소개한 중앙일보·동양방송이 1977년 출판한 《남기고 싶은 이야기들》 중 '경무대 사계(四季)' 부분에서 '후기 비서실'이란 소제목을 단 글을 쓴 이승만의 비서 김상래도 마찬가지 상황을 회고했다. "1958년 이후… 같은 비서라도 박찬일 비서 외에는 대통령 뵙기가 쉽지 않았다… 이런 사태는 만송[이기붕]과 박[찬일] 비서가 철저히 결탁했기 때문에 일어났다. 정치인이 이[승만] 박사를 만나려면 우선 만송의 허락을 얻어 만송이 박 비서에게 연락해야만 가능했다"(위 책: 381-382).

이승만 시대의 비극적 종말을 초래한 가장 핵심 당사자 다시 말해 선거부정을 주도해 결국 사형에 처 해진 내무장관 최인규의 회고록을 마지막으로 검토해 보자. 최인규 회고록은 중앙일보사가 1984년 《최인규 옥중자서전》이라는 제목으로 출판했다. 이 책 193-197쪽에는 1956년 5·15 정·부통령 선거와 1960년 3·15 정·부통령 선거가 최인규 자신에게 어떻게 연관되어 인식되고 있는지를 밝히는 대목이 나온다. 5·15 선거에서 민주당 대통령 후보 신익희가 서거한 직후의 상황에 대한 언급부터 인용한다.

"이때의 민주당 태도는 어떠하였던가. 조병옥 박사와 김준연 씨를 중심으로 한 소위 구파(전 한국민주당/민주국민당 계통)는 대통령에 조봉암을 당선시킬 수 없다고 주장하고, 장면 씨를 중심으로 한 소위 신파 측은 '타도 이[승만] 박사'를 위해서는 용공 세력과도 강력한 공동전선을 펼 것을 주장했다… 나의 민주당 신파에 대한 불신은 이때부터 시작되었다.

같은 민주당이라고 하더라도 조병옥, 윤보선, 김준연(후에 탈당) 씨 등을 중심으로 하는 세력은 반공 지도자로서 국가·민족적인 문제에 있어서는 당파를 초월하여 신임할 수 있다. 그러나… 국가적 위기에 서서 자당(自黨) 부통령 후보[장면]를 당선시키기 위하여 용공 세력과 단합하여 조봉암 씨를 대통령에 당선시키려고 나서는 사람들을 신임할 수는 없었다….

나는 3·15 선거 시 공무원을 선거운동 시켰다고 기소되었다. 나는 사실 그렇게 했다. 그것은… 5·15 선거 때 자극을 받은 것이 원인이었다. 물론 공무원이 선거운동을 하는 것은 공무원법 위반이다. 그러나 나는 아직까지도 이것이 국가·민족적인 죄악이라고는 보지 않는다."

최인규의 민주당 신파에 대한 불신은 반공에 대한 확실한 입장 없이 권력만 추구하는 야당의 기회주의적 행태에 대한 분노의 결과였다. 최인규는 이 문제가 다가오는 선거에서 결코 반복되어선 안 될 일이라 확신했다. 실정법에는 저촉될지라도 국가·민족적 차원에서 최인규는 이승만의 반공 노선이 선거를 통해 반드시 승리해야 한다고 판단했다. 그러나 최인규의 이와 같은 신념은 결국 이승만에 대한 맹목적 충성으로 이어지며 '오버'를 저지르고 말았다. 결국 이승만을 파멸로 이끄는 도화선이 됐다.

이 모든 상황이 결합해 3·15 부정선거 그리고 4·19 의거가 이루어졌다. 나라를 세우고 지킨 대통령 이승만의 판단력이 이 과정을 거치며 하나씩 둘씩 잠식되었고 결국에는 스스로 권력을 포기하지 않으면 안 되는 벼랑 끝으로 몰리고 말았다. 안타까운 나머지 가슴이 시린 대목이다. 그나마 당신 스스로 선택한 하야(下野)가 그 상황에선 최선이었다.

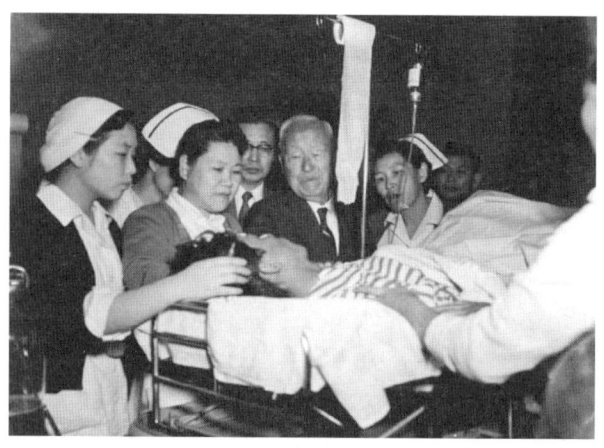

1960년 4월 23일 서울대 병원을 찾아 4·19 부상 학생들을 위문하며 눈시울을 적시는 이승만 대통령.

하야 후 이승만 대통령의 거처인 이화장 담벼락에 학생들이 붙인 '만수무강'을 비는 벽보.

최인규 옥중 자서전 표지(중앙일보사, 1984).

이승만 대통령의 경무대 비서들이 나누어 쓴 '경무대 사계'가 수록된 책
《남기고 싶은 이야기들》 표지(중앙일보·동양방송, 1977년).

129
4·19 전후 정국 전개와 이승만 부처의 하와이 여행 그리고 영면

    3·15 선거 당일 마산에서는 부정선거에 항의하는 시위가 있었다. 최인규 내무장관의 강경 진압 명령에 마산은 유혈사태로 치달았다. 최인규의 사표가 수리되고, 3월 23일 법무장관 홍진기가 후임으로 임명됐다. 사태를 수습해 나가던 4월 11일, 시위 참가자 마산상고 1학년 김주열의 시신이 마산 앞 바다에 떠올랐다. 한쪽 눈에 최루탄이 박힌 상태였다. 시위는 삽시간에 전국으로 확산됐다.

    4월 18일에는 고려대 학생들의 시위를 신도환의 반공청년단이 임화수를 내세워 습격하는 사건이 벌어졌다. 4월 19일이 되자 3만여 명의 대학생과 고등학생 시위대가 서울 거리로 쏟아져 나왔다. 일부는 대통령이 있는 경무대로 향했다. 시위대를 향해 경찰이 발포했다. 경무대 경호 책임자 곽영주의 지시에 따른 일이었다. 발포에도 불구하고 시위는 더욱 격화됐다. 당일 자정까지 130여 명의 학생과 시민이 목숨을 잃었다.

    경찰의 발포 직후 계엄령이 선포됐고 계엄사령관에 송요찬이 임명됐다. 그러나 군대는 시위대 해산에 적극적이지 않았다. 유혈사태 방지에만 집중했다. 사태에 책임을 지고 4월 21일 내각이 총사퇴했다. 재야의 변영태, 허정 등과 물밑 협의를 거친 대통령 이승만은 이기붕을 모든 공직에서 물러나도록 하겠다고 약속했다. 4월 23일 부통령 장면은 대통령 사임을 유도하기 위해 스스로 부통령직을 사퇴했다.

그 사이 시위대의 관심은 '3·15 선거 다시 해야'에서 '이승만의 즉각 사퇴'로 옮겨갔다. 시위대는 점점 더 폭력적인 모습으로 변해갔다. 반공청년단과 자유당 간부들 집을 파괴하고 심지어는 방화도 했다. 4월 25일에는 대학교수들마저 시위에 나섰다. 마침내 4월 26일 이승만의 하야 성명이 나왔다. 병원에 입원한 부상 학생들을 위문한 후 허정, 송요찬, 주한 미국 대사 맥카나기 등의 조언을 들은 직후였다.

"국민이 원하니 대통령직을 사퇴하겠다… 3.15 선거를 다시 하겠다… 이기붕을 모든 공직에서 물러나도록 했다… 내각제 개헌을 하겠다" 등을 천명한 성명에서 이승만은 동시에 "38선 이북에서 우리를 침입코자 공산군이 호시탐탐 기다리는 것을 명심하라"는 당부도 잊지 않았다.

하야 이틀 전인 4월 24일 이승만에 의해 외무장관으로 임명된 허정이 과도정부 수반이 됐다. 부통령 자리가 공석이라 내각 서열 1위인 외무장관이 대통령직을 승계했다. 허정은 1952년 부산에서 이승만의 군 동원에 반대한 이종찬을 국방장관으로 임명하며 군의 정치적 중립에 신경을 썼다.

4월 28일 새벽 5시 40분, 세종로 1번지 경무대 36호 관사 이무기의 거처에서 이기붕 일가의 권총 자살 사건이 발생했다. 그러나 이 사건에는 풀리지 않는 미스터리가 남아있다. 1) 이강석의 총질이라면 다른 가족 3명을 먼저 쏜 세 발의 총성 그리고 숨을 고른 후 자신에게 쏜 두 발의 총성이 시차를 두고 울려야 했는데 5발의 총성이 연달아 울렸다는 조사 결과, 2) 이강석이 자신에게 쏜 두 발이 모두 급소를 관통했기 때문에 총을 한 번 쏜 다음 다음번은 쏠 수 없었다는 조사 결과가 의문으로 남아있기 때문이다. 일부는 곽영주에 의한 타살을 주장하고 있다(김태완, 2020, '이기붕 60주기, 일가 죽음을 둘러싼 미스터리' 《월간조선》 6월호).

허정 과도정부가 준비한 내각제 개헌안이 1960년 6월 15일 국회를 압도적으로 통과했다. 같은 해 7월 28일 치러진 국회의원 선거에서 민주당이 압승했다. 민의원 정원 233석 중 3/4인 175석을 쓸어 담았고, 참의원 정원 58석 가운데 과반이 넘는 31석을 차지했다. 8월 12일 민의원·참의원 합동회의는 윤보선을 4대 대통령으로 선출했다.

대통령 윤보선은 8월 16일 내각제에서 실권을 행사하는 총리로 민주당 구파인 김도연을 지명했다. 그러나 국회 동의에 필요한 재적 과반에 3표가 모자라 탈락하고 말았다. 8월 18일 윤보선은 민주당 신파인 장면을 총리 후보로 다시 지명했다. 국회 재적 과반을 2표 넘기며 장면이 총리가 됐다.

그러나 2공화국 장면 체제는 4·19 이후 분출하는 각계각층의 요구를 수렴해 정국을 안정시킬 능력이 없었다. 권력에 오른 지 1년이 채 되기도 전인 1961년 5월 16일 군을 이끌고 한강을 넘은 박정희에게 권력이 넘어갔다. 아침부터 밤까지, 초등학생부터 노인까지 시위로 날을 세우던 2공화국은 이렇게 막을 내렸다.

허정이 대통령 권한대행이던 시점인 1960년 5월 29일 이승만 부처는 하와이로 출국했다. 하야 후 이화장에 거처하던 이승만 부처는 기분 전환을 위한 하와이 여행을 원했다. 허정은 이승만의 출국을 미국 대사관과 비밀리에 협의한 후, 출국 당일 새벽 이수영 외무차관을 이화장에 보내 두 사람을 김포공항으로 모시도록 했다.

공항에 나온 허정에게 이승만은 "나, 하와이에서 잠시 쉬고 아이크가 오기 전에 돌아오겠소"라고 말했다. 아이젠하워 대통령의 방한이 예정되어 있었기 때문이었다. 허정은 "염려 마시고 푹 쉬고 오십시오"라며 작별인사를 했다. 각료들도 모르게 준비한 이승만의 출국이었지만, 용케 정보를 입수한 경향신문은 이화장에서 뻗치기를 한 끝에 이승만의 하와이 출국을 '망명'이라 특종 보도했다(허정, 1979,《내일을 위한 증언》샘터사: 231-232).

프란체스카는 1988년 발간한 책《대통령의 건강》에서 하와이 도착 후 생활을 비교적 상세히 회고했다. 윌버트 최의 별장에서 임시로 기거하며 "독립운동 당시의 동지들과 제자들을 만난 대통령은 한결 즐거운 듯하였고 건강도 좋아지는 듯싶었다… 남의 별장에서 한없이 신세를 질 수는 없는 일이어서 결국 윌버트 최 씨와 옛 동지들이 호놀룰루시 매키키가에 우리의 주거를 마련해 주고 생계도 보살펴 주게 되었다"(프란체스카 여사, 120쪽).

"새로 양자를 맞이할 것을 상의하였다… 누가 한국에 가서 이 어려운 일을 해 줄 것인가… [내무부 장관을 지낸] 뉴욕에 있는 이순용 씨에게 이 일을 부탁하였다… 마침내 인수를 입양하도록 하는 데 성공했다. 양녕대군파 종친회 추천으로… 입양하게 된 인수의 사진을 보게 된 대통령의 표정은 하와이에 온 후 가장 밝은 것이었다"(프란체스카 여사, 122쪽). "드디어 1961년 12월 13일 대통령이 그토록 기다리던 인수가 도착했다… 우리가 아들을 맞는 경사에… 매키키가에 살림을 차리게 된 후 가장 큰 잔치가 벌어졌고 나는 오랜만에 대통령의 즐거운 웃음소리를 들을 수 있었다"(프란체스카 여사, 123쪽).

"대통령은 '내가 우리 땅을 밟고 죽는 것이 소원인데 여기서 죽으면 어떻게 해… 모두 어떻게 할 작정이냐?'며 상기된 눈에 눈물이 가득 맺혔었다"(프란체스카 여사, 125쪽). "나는 주치의의 '지금 시기가 아니면 비행기 여행조차 불가능하다'는 의견과 조국의 땅을 밟아보고 죽겠다는 남편의 뜻에 따라 1962년 3월 17일을 귀국 날짜로 잡았다….

출발의 날이 밝자… 대통령은 외출복을 입고 소파에 앉았다… 우리 영사관에서 전화 연락이 있은 후 9시 반에 김세원 총영사가 내방하였다… 김 총영사가 [박정희] 정부의 귀국 만류 권고를 대통령에게 전달했다.

조용히 듣고 있던 대통령은 어느덧 눈이 충혈되어 갔다. 이어 '누가 정부 일을 하든지 정말 잘해 가기를 바라오' 하는 것이 대통령의 대답이요 부탁의 전부였다. 그런 뒤 휠체어에 몸을 기댄 후 다시는 혼자서 일어나지 못했다"(프란체스카 여사, 128쪽).

"87세의 노인에게 정부의 귀국 만류는 치명적인 타격이었다… 트리플러(Tripler) 육군병원으로부터 회복이 불가능하다는 진단 결과를 통보받았을 때 나는 인수를 붙잡고 함께 울었다… 인수는 대통령을 위해 그래도 귀국의 길을 열어 보겠다는 마음으로 어떠한 일이 닥칠지도 모를 단독 귀국의 길을 택하였다"(프란체스카 여사, 129쪽).

"마우나라니 요양원(Maunalani Nursing Center) 원장 존슨 여사는 대통령을 무료로 입원시켜 간병해 줄 것을 제의해 와 나는 얼마나 다행하고 감사했는지 모른다"(프란체스카 여사, 128쪽). "인수가 하와이로 두 번째 와서 대통령의 병상을 함께 돌보던 때였다"(프란체스카 여사, 131쪽).

"1964년 4월에는 대통령의 별세 후를 생각하여 그 준비차 인수가 한국으로 떠났다. 그리고 1965년 6월 말에는 인수를 다시 급하게 불러야만 했다. 대통령의 병세가 위독했기 때문이었다… 7월 18일 밤 나와 인수는 대통령의 병상 곁에서 임종을 지켜보게 되었다… 하와이 시간 [1965년] 7월 19일 0시 35분 [한국 시간 19일 저녁 7시 35분] 이었다"(프란체스카 여사, 133쪽).

하와이 마우나라니 요양원에 입원 중인 이승만과 간호하는 프란체스카 모습.

1960년 5월 29일 김포공항에서 모자와 검은 안경을 쓰고 하와이로 출국하는 이승만을 배웅하는 허정 대통령 권한대행.

130
1965년 7월 19일 서거 이승만 유해,
23일 박정희 대통령 공항 영접

　이승만이 하와이에서 꿈에도 그리던 조국에 돌아오지 못한 이유는 1962년 3월 17일로 작정한 고국행을 당시 하와이 총영사 김세원이 방문해 만류했기 때문이었다. 87세 고령의 이승만은 그 말에 충격받고 쓰러져 다시는 일어서지 못했다(프란체스카, 1988, 《대통령의 건강》 보건신문사: 128). 김세원 총영사의 만류는 말할 것도 없이 1961년 5·16을 통해 권력을 잡은 국가재건최고회의 의장 박정희의 의중이 작용한 결과였을 터다.

　그러나 그로부터 8개월 후인 1962년 11월에는 정반대의 상황이 벌어졌다. 이번에는 5·16을 주도한 김종필이 하와이를 찾아 이승만을 방문하고 최고회의 의장 박정희가 '이승만 대통령의 환국'을 원한다고 전했기 때문이다(중앙일보, 전영기·최준호 기자, [김종필 증언록, 소이부답(笑而不答) 58] "'이승만 모셔라' 특명받은 JP, 하와이 요양원에서 목격한 것" 2015. 7. 17, https://www.joongang.co.kr/article/25210754). 김종필의 증언을 우선 살펴보자.

　"62년 11월 중앙정보부장이던 나는(1961년 5월부터 1963년 1월까지 재직) 국무부와 중앙정보국(CIA) 초청으로 미국을 방문할 때 하와이에 들렀다. 호놀룰루 공항에 내리자마자… 이승만 전 대통령을 찾아갔다. 그는 호놀룰루 동쪽 산기슭에 있는 요양원에 입원하고 있었다. 와이키키 해변이 멀리 보이는 핑크빛 3층 건물의 2층 끝 방 202호실이었다.

이 대통령은 내 가슴께까지 닿는 높은 철 침대에 누워서 눈을 감은 채 신음을 내고 있었다. 양팔은 깁스를 한 채 끈으로 묶여 천장에 매달려 있었다. 평소 검소했던 프란체스카 여사는 10~20달러만 주면 살 만한 원피스를 입고 눈물을 글썽이며 옆에 서 있었다. '대통령께서 왜 이렇게 되셨느냐'고 물으니 이 대통령이 바로 전날 '내가 여기 왜 있어, 서울 가, 서울에 갈 거야'라고 하면서 침대에서 일어나려다 낙상(落傷)했다는 것이다.

나는… 한참을 서 있다, 호주머니에서 현금 2만 달러를 꺼냈다. 서울을 떠나기 전 박정희 최고회의 의장이 챙겨준 돈이었다. 그는 '이거 열 배를 해드려도 모자랄 텐데 아쉬우나마 프란체스카 여사에게 가져다 드려라'고 내게 지시했다… 돈을 받아 든 프란체스카 여사가 울먹이더니 눈물을 터뜨렸다… 사실 2만 달러는 그냥 가지고 간 게 아니다.

박 의장은 출국 전 나에게 '하와이에 가서 우남의 환국을 추진해 보라'는 특명과 함께 돈을 주었다. 박 의장은 '이 박사가 돌아오시겠다고 하면 정중히 모시라'고 말했다. 나는 미국인 요양원장에게 '이 대통령을 서울로 모셨으면 좋겠다. 본인도 가고 싶어 하시고 한국의 지도자도 이 대통령을 모시길 원한다'고 말했다. 하지만 요양원장은 난색을 표했다. '지금 비행기를 타면 그 자리에서 돌아가신다. 앞으로도 상당 기간 여기 누워 있어야 한다.'

숙소에 돌아와 박 의장에게 전화를 드렸다. 내가 본 상황을 전하니 한참 동안 아무 말도 않고 계셨다. 박 의장은 '그렇게 위독한가, 어쨌든 잘 모셔라, 내가 이 박사를 꼭 환국하게 해드리겠다고 전하라'고 당부했다. 이후 이 박사의 병세는 더 악화됐다. 돌아가신 다음에야 그의 유해(遺骸)를 한국에 모실 수 있었다. 1965년 7월 23일 오후 대한민국 초대 대통령의 유해를 실은 미군 수송기가 김포공항에 도착했다. 박정희 대통령은 이효상 국회의장, 조진만 대법원장, 정일권 국무총리 등 3부 요인을 대동하고 공항에 나가 이승만 박사의 유해를 영접했다. 그때 나는 미국에 있었다.

세간에 '박정희 대통령이 이승만 박사의 환국을 막았다'는 얘기들이 있는데 이는 과장됐거나 잘못이다. 박 의장은 그와 반대로 이 박사의 환국을 원했고 추진했다. 그때 정부 내부뿐 아니라 4·19 세력과 언론 등에서도 이 박사의 귀국을 반대하는 의견이 강했지만, 박 의장과 나는 그렇지 않았다. 박 의장은 우남 이승만 박사를 건국의 아버지로 생각했다. 적당한 때에 이 대통령을 서울로 모실 생각을 하고 있었다. 그때가 1962년 말이었다."

박정희 의장의 뜻이 바뀌는 1962년 3월과 11월 사이는 5·16 정변이 성공으로 가는 길목을 통과하던 시점이었다. 1961년 11월 12일부터 23일까지 미국을 방문한 박정희는 돌아오는 길에 하와이를 들렀지만, 이승만을 찾지 않았다. 미국 방문에서 박정희는 케네디 미국 대통령을 상대로 베트남 파병 등과 같은 굵직한 문제를 거론하며 안보를 확고히 보장해 주는 미국의 지원을 요구했다. 케네디는 분명한 답을 주지 않았다.

미국의 지원은 일본과의 국교 정상화에도 중요한 변수였다. 미국으로 가는 길에 박정희는 일본을 경유해 경제발전 자금으로 활용할 대일청구권자금 문제를 이케다(池田勇人) 총리와 협의했다. 이러한 노력은 마침내 1년 후인 1962년 11월 '김종필-오히라 메모'로 성과를 얻었다. 그러므로 1962년 3월은 아직 성과가 확인되기 전이었고, 11월은 성과가 손에 잡히는 시점이었다. 성과에 따른 자신감이 박정희로 하여금 국내 일부 세력의 반대에도 불구하고 이승만을 국부로 모시는 과제에 진심을 갖도록 만든 것으로 보인다.

이와 같은 상황 변화를 배경으로 대한민국 독립과 건국의 주역 이승만의 유해는 김포공항에서 박정희를 선두로 대한민국 3부 요인의 영접을 받았고 온 국민의 애도 속에 1965년 7월 27일 동작동 국립묘지에 묻혔다. 당시 상황을 전하는 1965년 7월 27일 동아일보 1면 기사를 살펴본다. 제목을 '이승만 박사 장례 엄수'라 붙인 기사는 다음과 같은 내용을 담고 있다.

"이날 아침 8시 이 박사의 영구(靈柩, 시신을 넣은 관)는… 이화장을 출발, 태극기와 초상화·만장(輓章, 죽은 이를 기리는 글)·화환을 앞세우고 앰뷸런스에 실려… 도보로 수도의 도심을 누벼 종로5가-세종로네거리-신문로-이화여고 앞을 거쳐… 이 박사가 생전에 다니던 서대문구 정동교회에 당도했다… 곧 이어 영구는 시청 앞 광장에 운구되어 일반 시민과 고별, 도보로 삼각지 육군교회에 이른 후 장의행렬은 일단 해산하고, 차편으로 국립묘지로 가서 정부 주관 영결식을 마친 후, 오후 4시 넘어 하관(下棺, 관을 내림), 안장됐다… 장례 행렬 코스에는 아침부터 몰려든 수십만 시민들이 파란만장했던 노 애국자의 마지막 길을 장송(葬送, 장지로 보냄)하며 명복을 빌었다."

이어서 기사는 '박 대통령 조사'라는 소제목 하에 "박정희 대통령은 27일 오전 고 이승만 박사의 장례식에 즈음한 조사를 통해 '이 박사는 민족과 국가의 방향을 제시해 준 민주 한국 독립사(獨立史)의 선구자'라고 찬양하고 '뭉치면 살고 흩어지면 죽는다는 이 박사의 말은 오늘도 오히려 이 나라 국민에게 들려줄 수 있는 최후의 유언과 같이 받아들여 민족 사활의 잠언(箴言, 교훈의 말)으로 삼겠다'고 말했다. 박 대통령은 '조국의 헌정사(憲政

史)상에 최후의 십자가를 지고 가는 박사는 다시는 이 땅에 4·19나 5·16 같은 역사적 고민이 나타나지 않도록 보살펴 이 나라 자주독립과 반공투쟁의 길잡이가 되어 주기 바란다'고 말했다"(박정희 대통령의 조사 전문은 《이승만 시간을 달린 지도자 1》 20-22쪽에서 확인할 수 있다).

기사의 마지막에는 '장례행렬 1㎞'라는 소제목 아래 '연연 1킬로미터에 달하는 고 이 박사의 장례 행렬이 남대문을 지나 동작동을 향하고 있다'고 썼으며, 사진은 동아일보 파랑새호에서 최금영 기자가 항공촬영한 것이라 밝혔다. 인파가 길어 비행기에서 사진을 찍었다는 설명이다.

이승만 대통령의 영결식에 허정 전 대통령 권한대행이 올린 추도사 또한 당시 분위기는 물론 생전의 이승만 모습을 잘 그리고 있어 아래 일부를 발췌해 옮긴다(한국일보, 1965년 7월 20일, 특별부록).

"선생은 이 나라 민주주의의 확립자이십니다. 비록 몇몇 사람들의 불민한 과오로 하여, 국부로서 만민의 추앙을 받는데 흠을 끼치기는 했을망정, 일제의 질곡에서 광복된 조국을 반공·반탁·자유·민주의 독립 국가로 창건하여 국기(國基)를 공고한 반석 위에 세우신 그 위대한 업적은 한국의 근대사를 길이 빛낼 것입니다….

선생은 민의를 존중하는 정치인이었습니다. 부정선거에 항거하는 4·19의 노도가 장안을 휩쓸 때, 비로소 민의의 소재를 정확히 파악한 선생은 '부정을 보고 일어서지 않는 백성은 죽은 것'이라고 하시면서 깨끗이 권부(權府)를 물러나시지 않았습니까. 젊은 학생들의 애국 기상을 가상히 여기시고 '국민이 원한다면 사퇴하겠다'면서 자진해서 대통령직을 내던지시고 하야하심은 선생이 아니고서는 하지 못할 결단이었습니다." 그렇다. 독재자는 결코 스스로 하야하지 않는다.

'이승만 박사 장례 엄수'라는 제목을 단 1965년 7월 27 동아일보 1면 기사.
추모 행렬이 길어 사진을 항공촬영했다고 기사에 쓰고 있다.

박정희와 이승만의 만남. 1955년 11월 3일 이승만 대통령(오른쪽)이 강원도 인제군의 3군단을 찾아 예하 5사단장이던 박정희 준장과 악수하고 있다. 2015년 중앙일보가 김종필 증언록을 연재하며 두 사람이 만나는 장면을 발굴, 신문 지상에 처음으로 공개했다(사진 대한뉴스 캡처, 출처 중앙일보).

131
"우리 국민, 이승만에 대해 잘못 알고 있는 게 너무 많아 재평가 시급"

[인터뷰] 류석춘 연세대 정년 교수(자유일보, 2024. 11. 27, 전경웅 기자)

본지 '시간을 달리는 지도자 이승만' 기획 3년간 130회 연재 마무리

본지에 건국대통령 이승만 박사 일대기를 130회에 걸쳐 연재했던 류석춘 교수(2020년 연세대 정년)는 "우리나라 사람들은 이승만 대통령에 대해 잘못 알고 있는 게 너무 많다"고 지적했다.

특히 이승만 대통령의 젊은 시절부터 해방 때까지 활동, 해방 이후 건국과 6·25 전쟁 동안 있었던 일에 대해 잘못된 내용들이 사실인 양 알려져 있는 걸 안타까워했다. 류 전 교수는 본지와 인터뷰에서 이승만 대통령 관련 사실 가운데 특히 주목해야 할 부분을 재차 설명했다.

◇ "이승만 대통령, 미국 처음 갔을 때부터 동아시아의 스타 대접"

자유일보: 이승만 대통령이 미국에서 혈혈단신 독립운동을 펼칠 수 있었던 게 신기하다. 동아시아의 작은 나라에서 온 무명의 청년이 어떻게 미국 조야를 누비며 중견 정치인을 만날 수 있었을까? 그 비결이 뭐였을까?

류석춘: 이승만 대통령이 독립운동 과정에서 한 일이 워낙 많기 때문에 학계에서 놓쳤을 수도 있다. 사실 이승만 대통령이 1905년 미국에 처음 가자마자 현지 메이저 언론들이 대서특필해 보도를 했다는 점에 우리나라 학계는 주목할 필요가 있다. 이승만 대통령은 미국에 갔을 당시 혜성처럼 나타난 아시안 스타였다. 그 배경은 국내에서 활동하던 선교사들의 추천 덕분이다.

알려지다시피 이승만 대통령은 배재학당에서 공부했다. 그를 가르친 게일, 언더우드 등은 미국에서 온 선교사들이었는데 이들은 미국 각 교단을 대표하는 엘리트였다. 미국 교계에서도 소위 '에이스'로 꼽히는 사람들이었다. 한국에 선교활동을 하며 자금도 엄청 많이 가져왔다. 예를 들어 언더우드 집안은 타자기를 개발한 업체를 소유하고 있었다. 이런 선교사들이 미국에 가는 이승만 대통령에게 추천서를 써줬다. 무려 19통이나 됐다.

선교사들이 보기에 이승만 대통령은 미국이 추구하는 정신과 가치를 체화한 청년이었다. 즉 '이 사람을 키우면 한국 나아가 아시아를 근본적으로 바꿀 수 있겠구나'라고 생각했다는 말이다. 사실상 미국 교회의 기대를 한 몸에 받은 이승만 대통령이 미국에 도착하니 현지 언론들이 크게 보도한 건 어찌 보면 당연한 일이었다.

류석춘 교수는 1904년 11월 제임스 게일 선교사가 쓴 추천서 내용도 소개했다. 게일은 이승만이 한국의 독립은 물론 무기력에 빠진 한국인들을 바꾸기 위해 언론인으로 활동했고, 언론과 사상의 자유를 설파하다 옥살이도 했다고 적었다. 또한 옥살이 와중에도 계몽적 사상과 자주독립에 대한 꿈을 버리지 않았고, 주변 사람들에게 기독교를 전파했다고 설명했다. 그러면서 "이승만이 미국에 갔을 때 도와주면 나중에 귀국한 뒤 자신의 민족을 위해 훌륭한 과업을 수행하게 될 것"이라며 그를 도와 줄 것을 당부했다.

자유일보: 선교사들이 소개한 것만으로 이승만이 40여 년간 미국에서 독립운동을 활발히 펼치고 정치인들이 그를 도와준 걸 설명하기는 어렵다. 그가 미국인을 자극한 부분이 있는가?

류석춘: 이승만 대통령은 미국 정치인과 학자들을 만나면 1882년 체결한 '조미수호통상조약'을 끄집어냈다. 그는 "우리와 미국은 조약까지 맺었다. 너희 미국은 하나님이 세운 나라라면서 약속도 안 지킬 거냐"라며 미국인들의 정서와 도덕적 가치를 건드렸다. 이승만 대통령은 독립운동 내내 미국의 핵심 가치 즉 기독교 가치를 지적하며 미국이 한국의 독립을 도와야 한다고 설득했다.

◇ "6·25 전쟁 당시 한강 인도교 폭파 때 다리 위에는 민간인 없었다"

자유일보: 이승만 대통령을 두고 "미국에서 편하게 외교활동만 하지 않았느냐? 좌익의 무장독립투쟁이 더 중요하다"라는 주장도 있다. 여기에

우파 진영은 제대로 된 반박을 못 하고 있다.

류석춘: 우리가 독립운동을 평가할 때 중요한 것은 독립을 한 뒤 어떤 나라를 세우려 했느냐라는 점이라고 본다. 독립운동을 평가하는 기준이 일본을 상대로 무장투쟁을 했느냐 아니냐로 판단해서는 안 된다. 즉 자유민주주의 국가를 세우려던 사람들이 진짜 독립운동가이지 세계 공산주의와 연대하고 무장투쟁을 통해 공산국가를 세우려던 사람들을 독립운동가로 기릴 필요가 있는지 의문이다. 공산국가를 세우려 한 사람들을 왜 자유민주주의 국가 대한민국에서 기려야 하나?

자유일보: 이승만 대통령의 과(過)를 언급할 때마다 나오는 것이 6·25 전쟁 당시 한강 인도교 폭파다. 이때 희생된 민간인이 최소 500명, 최대 800명이라는 게 현재 좌익 역사가들의 주장이다.

류석춘: 그에 대해서는 2024년 5월 26일 게재한 연재물에서 명확한 자료를 제시했다. 인도교 폭파를 이승만 대통령이 지시한 까닭에 수백 명의 민간인이 희생됐다는 건 완전한 거짓말이다(이 책 '104. 1950년 한강 인도교 폭파로 희생된 민간인? 없다' 관련 자료 총정리).

6·25 전쟁을 종군 취재한 박성환 경향신문 기자가 1965년에 쓴 책이 있다. 박성환 기자는 6·25 전쟁 전부터 국방부 출입기자였고, 전쟁 발발 후부턴 종군기자단 간사였다. 그의 회고록 《파도는 내일도 친다》 300쪽을 보면 "27일 밤 9시경부터는 한강다리는 보통 사람들이 지나가는 것은 금지되었다"고 적혀 있다.

이어 "폭파장치가 완료되어 난간 옆에 폭파전선이 길게 뻗혀 있었고 작업복을 입은 군인들만이 지키고 있었다. 군용차는 지나갈 수 있었다"고 돼 있다. 그런데 한강 인도교 폭파 시간은 28일 새벽 2시 반경이었다. 즉 한강 인도교를 폭파한 시간에는 다리에 민간인이 지나가지 못했다는 말이다.

◇ "친일파로 비난받는 김창룡 특무대장, 건재했다면 3·15 부정선거 없었을 것"

자유일보: 이승만 대통령의 집권 말기 상황에 대한 비판은 피하기 어렵지 않을까? 또한 이승만 대통령이 '친일반민족행위자'인 김창룡 특무대장을 등용하고 신임한 데 대해서도 비난이 많다.

류석춘: 이 책의 꼭지 122~125 부분에서 설명했지만 김창룡 특무대장에 대한 비난은 그가 해방 이후 군내 좌익들을 숙군하는데 혁혁한 공을 세웠기 때문으로 풀이된다. 김창룡은 젊은 시절 만주철도에서 하위직으로 근무했다. 이때 직장 상사에게 자극받아 중국 공산당을 때려잡는 일을 하게 된다. 해방 이후 육사 3기로 입교해 임관한 뒤 여순반란 진압에도 투입됐다.

특히 김창룡이 해방 이후 군 내부 좌익을 숙군하지 않았다면 6·25 전쟁이 발발했을 때 북한과 맞서 싸우지 못하고 내부에서 와해됐을 것이라는 평가가 많다.

김창룡이 1956년 암살당한 것을 두고 당시 정치권에서는 "그가 살아

있었다면 이승만 대통령을 어떻게든 움직여서 3·15 부정선거와 같은 일이 일어나지 않도록 막았을 것"이라는 평가가 지배적이다. 이승만 대통령은 집권 말기 치매 초기증상을 보였다. 당시 주한 미대사도 국무부에 보낸 보고서에서 "이승만 대통령이 치매 초기증상을 보인다"고 적었다. 만약 김창룡이 건재했다면 이기붕과 최인규 그리고 박찬일 비서 등이 기억력 감퇴를 겪고 있는 이승만의 약점을 이용해 부정선거를 기획하는 일을 막았을 것이라는 지적이다.

류석춘 교수에 따르면, 이 밖에도 이승만 대통령은 미군정이 좌우합작을 추진하며 그를 소외시키자 직접 싱크탱크 겸 정보기관을 만들어 정세 분석을 했다고 한다. 잘 알려지지 않았지만 'KDRK(Keep Dr. Rhee Korea, 이승만 지킴이)'라는 사설 정보기관에서 작성한 총 17건의 보고서가 현재도 남아있다고 한다. 류 전 교수는 "이승만 대통령이 이런 기관을 만들 수 있었던 것도 언론인 출신이었기 때문에 가능하지 않았을까"라고 했다.

건국 77년 자유 77년
대한민국을 지키는 힘

자유일보

| ≡ | 오피니언 | 연재 | 기획특집 | 정치 | 경제 | 사회 | 국제 | Mission |

🏠 홈 › 연재 › 류석춘의 시간을 달린 지도자, 이승만

"우리 국민들, 이승만 대통령에 대해 모르는 게 너무 많다"

전경웅 기자 | 입력 2024.11.27 14:10 | 수정 2024.11.27 14:24 | 댓글 0

[인터뷰] 류석춘 연세대 정년 교수
본지 '시간을 달리는 지도자 이승만' 기획 3년간 130회 연재 마무리

본지에 건국대통령 이승만 박사의 일대기를 130여 회에 걸쳐 게재한 류석춘 전 연세대 교수. 류석춘 교수는 우리 국민들이 이승만 대통령에 대해 잘못 알고 있는 점이 많다고 지적했다. /자유일보

부록

북한 친일(親日) 청산론의 허구와 진실[1]

류석춘·김광동

1. 머리말

'북에서는 철저한 친일청산이 이루어졌다'는 주장과 논리가 우리 사회에 정설처럼 만연해 있다. 이승만 정부는 친일세력을 정권의 지지 기반으로 활용했지만, 김일성 정권은 친일파를 철저히 청산했기에 '민족 정통성'이 북한에 있다는 논리가 그것이다. 한 걸음 나아가 일부 학자들은 '북한에서는 통치구조의 개편과 토지개혁 및 산업국유화라는 경제개혁을 통해 친일파 청산이 철저하게 이루어졌다'고 설파한다. 대표적 예가 전 동국대 교수 강정구다.

"북한의 친일청산은 일본의 패망이 발표되는 해방공간 시점인 45년 8월부터 조선 민중의 자연발생적 힘에 의해 곧바로 시작되어 46년 거의 완벽할 정도로 마무리 되었다. 이 결과 북한에서는 친일이라는 과거청산 논쟁이 아예 발붙일 틈이 없게 되었다. 남한 역시 해방과 동시에 친일청산의 민중적 욕구가 분출되어 자연발생적인 청산작업이 시작되었으나 미 점령

---
1) 《시대정신》 2013년 봄호(통권 58호: 238-276)에 발표한 글을 다듬었다.

군의 개입으로 즉각 중단되고 말았다. 이승만 정부 수립 이후인 49년도에 서야 늑장 부린 친일청산이 시작되다가 이번에도 흐지부지되고 말았다. 그래서 해방 60년 환갑이 된 시점에서도 친일청산이 미완의 과제로 남아 뜨거운 논쟁이 되고 있는 것이다."[2]

그러나 이런 주장은 구체적 근거를 토대로 하지 않은 선전 논리에 지나지 않는다. 북한의 대표적 작가 양성기관인 '김형직 사범대'를 졸업하고 1999년 탈북한 최진이 작가[3]는 북한의 친일청산에 관해 다음과 같이 증언하고 있다.

"일제 잔재 청산이라는 해방 이후 전 국민의 숙원인 이 주제를 어떻게 다루어 내는가 하는 문제는 정치가로서의 승패가 달린 관건적 안건이 아닐 수 없었다. 당시 떠오르던 많은 정치 인사들 중 누구보다 정치 감각이 탁월했던 김일성은 이를 자기 권력기반 형성에 완벽하게 이용하였다. 그 대표적 방법이 인구 70% 이상이 농업에 종사하는 농업사회에서 일제 시기 땅마지기나 가지고 있던 자들을 우선 처벌하는 일이었다. 3천 평 이상 소유한 자는 지주, 천오백 평부터는 부농으로 규정하고, 그들의 땅을 무상 몰수하는 것과 동시에 본인들은 전부 타고장으로 이주시켰다. 이들의 개인적 사정을 알 바 없는 낯선 고장 사람들은 국가가 '친일주구' '역적'이란 딱지를 붙여놓은 추방자들을 심판하기가 어렵지 않았다. […] 심판대에 오른 사람들은 피비린내를 맡기 전에는 직성이 풀리지 않는 군중 히스테리의 제물로 고스란히 바쳐졌다. 군중의 열기가 고조되면 될수록 김일성의

---

2) 강정구, "親日 청산은 북한이 앞섰다" 《데일리서프라이즈》 2005. 5. 3
3) 이훈성, "북 공인작가 남서도 통할까… 변방 넘어서는 탈북자 문학" 《한국일보》 2012. 6. 15
   최진이는 2005년 에세이집 《국경을 세 번 건넌 여자》를 출판했다.

정치적 카리스마는 급상승하였다. 김일성은 북한인들을 '적대계급' 증오 사상으로 자극시킬 때 그것이 가져올 반사작용의 효과를 알았다. 농민들에게 땅을 무상으로 분배해 준 자신에 대한 숭배열이었다. 김일성이 무상분배한 땅은 '국가'의 이름 하에 곧 압수될 정치 미끼일 뿐이었다. 농민들은 얼마 안 가 나라에 땅을 몰수당하고 '사회주의'의 미명 하에 지주의 머슴에서 수령의 노예로 신분 이동을 하였다."[4]

북한의 철저한 친일청산이란 소비에트(soviet)화를 합리화시키고 나아가서 북한을 공산주의 체제로 재편하기 위해 행해진 전체주의적 혁명의 수단일 뿐이었다. 그럼에도 한국(남한) 사회에서는 아무런 확인도 없이 '북에서는 철저한 친일 청산이 이루어졌다'고 믿는 것이 현실이다. 심지어 일부 언론계 인사나 학자들조차도 '북한의 친일 청산이 철저히 이루어진 것은 사실 아니냐'는 믿음을 철석같이 간직하고 있다.

이러한 인식은 대한민국의 정통성을 부인하고 북한 체제를 미화하는 선전 논리를 비판 없이 수용하기 때문에 벌어지는 현상이다. 북한의 친일청산이 실제 어떻게 이루어졌는지를 구체적인 자료와 증언을 통해 규명하지 않고, 북한의 정권기관이 편찬한 몇 가지 체제선전 저작물에 근거해 북한 당국의 논리를 반복한 결과다.

이 글은 북한의 친일청산 실태에 관한 기존 연구 성과를 최대한 활용해 사실을 있는 그대로 밝힘으로써 '북한의 철저한 친일청산'이란 신화를 해체하기 위한 글이다. 나아가서 공산주의와의 대결 상황에서 한국(남한)이 수행했던 친일청산이 아쉬운 측면이 없는 것은 아니지만 북한보다는 오히려 훨씬 더 역사적 의의를 찾을 수 있는 제대로 된 청산이었음도 밝히고자 한다.

---
4) 최진이, "북한의 친일청산은 오히려 친일만 부추겼다" 《데일리서프라이즈》 2005. 11. 18

2. 북한의 친일행위 규정과 처벌: 청산기록 없는 친일청산

만약 북한에서 친일 문제가 철저히 청산되었다면 누가 친일을 어떻게 했고, 그 결과 어떤 처벌을 받았는지가 명백히 밝혀졌어야 마땅하다. 하지만 아직까지 그 누구도 북한의 '친일파' 처리가 어떻게 이뤄졌는지에 대한 명확한 근거와 자료를 제시하지 못하고 있다. 그렇게 역사적 의의가 있는 것이었다면 그런 사실을 수없이 나열하며 자랑했을 북한이나 친북인사들은 왜 이 대목에서 침묵으로 일관하고 있는가? 북한의 누가 어떤 친일행위를 했고 그로 인해 어떤 처벌을 받았냐는 질문에 이들은 그저 '많았고, 철저했다'는 식의 대답만 할 뿐이다.

심지어 북한의 대표적 체제선전 역사서인《조선통사》(1958),《조선전사》(1981), 혹은《현대조선역사》(1983)조차도 단 한 명의 구체적 실명을 들며 누가 어떤 친일행위를 했고, 어떤 처벌을 받았는지를 밝히지 못하고 있다. 오히려, 해방 후 평양으로 들어온 소련과 김일성 세력은 친일파와 민족반역자 척결을 한편으로 주장하면서도 다른 한편으로는 민족진영과의 단합을 역설하는 이중적 태도를 보였다.[5] "해방 직후 북한 각지에서는 인민들의 손으로 친일파·민족반역자들이 인민재판에 회부되어 처벌받고 있었지만, 소련 군정과 북한의 좌익진영은 통일전선 다시 말해 좌우합작을 중시하여 친일파·민족반역자 숙청 문제를 가급적 격화시키려 하지 않았기" 때문이다.[6]

이를테면, 1945년 9월 조선공산당 평남지구위원회가 채택한 '토지문제

---

5) 김국후, "스탈린, '초기에 민족주의자 내세워라' 지령"《비록 평양의 소련 군정》(서울: 한울), 2008, pp. 125-127.

6) 전현수, "해방 직후 북한의 과거청산"《대구사학》69호, 2002b, p. 45.

에 대한 결정서'는 일제 관공리에 임명된 이들을 '반역지주'로 규정하고 이들의 토지와 재산을 몰수한다는 원칙을 천명했으나, 동시에 그것이 본의가 아니라는 인근 주민이나 소작인의 증명이 있을 때에는 '반역지주'로 규정하지 않는다는 이중적 잣대를 보이고 있다.[7] 마찬가지로 김일성은 "10월 14일 평양시 군중대회를 통해 '힘 있는 사람은 힘으로, 지식 있는 사람은 지식으로, 돈 있는 사람은 돈으로 건국사업에 이바지하여야' 한다"[8]고 강조하였는데, 이 언사는 건국 과정에 '유산계층'의 참여를 유도하기 위한 것으로서 공산 측이 통일전선의 범위를 확대할 때 구사하는 전형적인 전략이다.

그러나, 1945년 12월 모스크바 3상회의의 한국 문제에 대한 신탁통치 결정은 남북한의 정치정세를 근본적으로 뒤집어 놓았다. 남한에서는 북한의 지령을 받은 좌파가 하루아침에 찬탁(친소) 입장으로 돌아서면서 반탁(반소) 입장의 우파와 격렬히 대립하게 되었다. 반면에 북한에서는 '좌우합작' 노선이 '우익타도' 노선으로 급선회했다. 소련 군정은 모스크바의 신탁통치 결정에 미온적인 태도를 보인 조만식을 비롯한 조선민주당 지도부를 '모스크바 결정의 의의를 왜곡하는 친일반동분자'로 규정하며 숙청할 것을 지시했다.[9] 1946년 1월부터 조만식과 같은 민족지도자들은 반역반동분자로 탄압받거나 숙청되는 상황이 되었다.

북한지도부가 친일파 처리에 대한 입장을 구체적으로 마련한 것은 1946년 2월 8일 중앙 권력기관인 '북조선임시인민위원회(북임위)'가 수립

---

7) 이강수, 《반민특위 연구》(서울: 나남), 2003, p. 57.
8) 기광서, "친일파 처리, 그 배제와 수용의 메커니즘" 《한국역사연구회웹진》 11월호, 2004, p. 1.
9) 전현수(2002b), pp. 45-46.

된 직후였다. '북임위'는 스스로의 사명을 "친미친일파, 민족반역자, 지주, 예속자본가들에게 독재를 실시하고 인민대중에게는 민주주의를 실시하면서 북반부에서 반제반봉건민주주의혁명을 수행하여 혁명적 '민주기지'[10]를 창설하여 점차 사회주의 혁명단계로 넘어가는 것"이라고 천명한 북한의 정부다.[11]

1946년 3월 7일 '북임위'는 '친일파·민족반역자에 대한 규정'[12]을 채택했다(첨부 1 참조). 이 규정은 북한을 정치, 경제적으로 강화시키는 '민주기지론' 방침을 실행에 옮기는 과정에서 채택되었다. 이 규정에 따르면 친일파의 범주에는 일제에 복무한 고급 관리는 물론이고 경찰 경시, 헌병 하사관급 이상의 관리와 밀정 등이 포함된다. 또한 하위 관리라 하더라도 '인민들의 원한의 대상'이 된 인사들이나 민간인 역시 같은 범주에서 벗어나지 못했다.

그러나 이 규정에 의한 북한의 친일청산은 공정하고 합리적인 원칙과 절차를 따르지 않는 것이었다. 왜냐하면 이 규정은 1945년 8월 해방 이후

---

10) '민주기지'란 1948년 3월 28일 행해진 '북조선로동당 제2차 대회에서 진술한 당중앙위원회 사업결산 보고와 토론'을 정리한 문건에 기술된 다음과 같은 내용 즉 "소련군대가 진주하고 있는 유리한 조건을 이용하여 오직 북조선에서 민주주의적 근거지를 튼튼히 하여 전조선 민족을 완전히 해방하며 조선을 부강한 민주주의 국가로 만들 기지를 닦아 놓아야" 한다는 북한 당국의 주장에 등장하는 용어이다《김일성 선집》1954, 제2권, pp. 20-110. 연세대 대학원 북한현대사연구회 편, 《북한현대사 1: 연구와 자료》(일산: 공동체), 1989, p. 533 에서 재인용). 김일영, 《건국과 부국》(서울: 기파랑), 2010, 개정 신판, p. 43 참조.

11) 조선로동당 중앙위원회 당력사연구소, 《조선로동당략사》 1,(평양: 조선로동당출판사), 1979, p.257. 김종수, "북한의 '친일파'처리에 관한 연구(1945-1948)," 《동국대대학원 연구논문집》 35집, 2005, p.300 재인용.

12) 김일성, '친일파·민족반역자에 대한 규정'(1946. 3. 7), 《김일성 저작집》 2권(평양: 조선로동당출판사), 1979, pp. 113~114. 친일반민족진상규명위원회, 《외국의 식민지·점령지 과거사 청산 법령 I》, 2007, pp. 122-125.

의 '반동행위'도 친일과 같은 민족반역으로 규정하고 있고, 나아가서 청산을 위한 법적 절차 특히 처벌을 위한 사법 절차를 전혀 찾아 볼 수 없기 때문이다.[13] 북한 공산정권은 '친일파'와 '반동분자'를 하나의 범주로 묶어 '친일민족반역자 및 반동분자'를 함께 처벌하였는데, 형법 조문도 없이 '기본원칙'[14] 20조에 의거 사형까지도 언도했다.

기본원칙 20조는 "형사재판은 '조선인민의 이익과 민주주의적 의식'에 따라 범죄자들을 처벌하도록 함으로써 반대세력을 철저하고 체계적으로 숙청할 수 있는 근거를 마련"한 것을 말한다.[15] 그리고 여기서 말하는 '조선인민의 이익과 민주주의적 의식'은 두말할 것도 없이 '공산주의와 공산당 권력에 반대하는 요소라고 심증이 가는 것이라면 증거 유무에 관계없이 무조건 범죄자로 처벌할 수 있는 절대적'[16] 독재행위를 말한다.

---

13) 북한의 친일파 '규정'은 1948년 9월 22일 남한의 국회가 의결한 '반민족행위처벌법'과 내용상 큰 차이가 없다(첨부 2 참조). 다만 북한의 '규정' 가운데 특이한 부분은 전체 15개 조문 가운데 마지막 3개 조문에서 해방 이후의 행동도 처벌의 대상이 될 수 있음을 밝히고 있다는 사실이다. '규정' 13번은 "8·15해방 후 민주주의적 단체를 파괴하며 또는 그 지도자를 암살하기 위한 음모를 꾸몄거나 테러단을 조직하고 그것을 직접 지도한 자와 그와 같은 단체들을 배후에서 조종한 자 혹은 테러행위를 직접 감행한 자," 규정 14번은 "8·15해방 후 민족반역자들이 조직한 반동단체에 의식적으로 가담한 자," 그리고 규정 15번은 "8·15해방 후 민족통일전선을 방해하는 반동단체의 밀정 혹은 선전원으로서 의식적으로 밀정행위를 감행한 자와 사실을 왜곡하여 허위선전을 한 자"를 처벌할 수 있다고 밝히고 있다. 이에 반해, 남한의 '법률'은 제30조에서 1948년 8월 15일 이후의 행위는 문제 삼지 않는다고 밝히고 있다. 또한 남한의 '법률'은 처벌을 위한 사법적 절차를 명시하고 있는데 반해, 북한의 '규정'은 그러한 절차를 전혀 보여주지 않는다.

14) 1946년 2월 8일 수립된 북조선임시인민위원회가 같은 해 3월 6일 제정한 '사법국·재판소·검찰소의 구성과 직무에 관한 기본원칙'을 말한다(김광운, 《북한 정치사 연구 I》, 서울: 선인, 2003, p. 273).

15) 김창순, "북한의 '반인민자'와 '민족반역자'" 《자유공론》 9월호, 1992, p. 114.

16) 김창순(1992), p. 114.

또한 "공개재판에 의해 민중사회에 악영향을 미칠 것으로 판단되는 사건은 아예 비공개 문서재판에 의해 처리할 수 있기 때문에 일단 붙들려 가기만 하면 모든 것을 체념하게 된다. 그러므로 기본원칙 20조는 북한에서 귀에 걸면 귀고리 코에 걸면 코걸이의 악법으로, 북한 당국은 이 악법을 공개 문헌 어느 것에도 남겨놓지 않았다."[17] 그렇기 때문에 "검찰기관들은 계속해서 아무런 법률적 근거도 없이 주민들에게 민족반역자와 반동분자 혐의를 뒤집어씌우고 있었던 것이다."[18]

북한의 소련과 김일성 세력의 '친일 민족반역자 및 반동분자' 처리 목적은 친일에 대한 처벌이 아니라 공산독재 혁명을 추진하는 데 찬성하는 자와 반대하는 자를 이분법적으로 분리하여 결국에는 공산혁명에 반대하는 자를 처벌하는 데 초점을 맞추고 있었다. 따라서 북한의 자의적인 친일파 규정과 처벌의 이면에는 김일성이 초기부터 견지했던 친일파에 대한 이중적 태도가 그대로 유지되어 있다.

1946년 3월 7일 '북임위'가 채택한 '친일파, 민족반역자에 대한 규정'의 부칙 조항 역시 "현재 나쁜 행동을 하지 않은 자와 건국사업을 적극 협력하는 자에 한하여서는 그 죄상을 감면할 수도 있다"고 함으로써 친일 규정의 적용에 있어서 탄력적인 운용을 가능하게 했다.[19] 친일세력으로서는 과거에 대한 속죄가 건국사업에 대한 기여에 따라 운명이 갈리는 형편이 되었고, 결국 생존을 위해서는 모두 '친공'을 하지 않을 수 없었다.[20]

---

17) 김창순(1992), p. 115.
18) 전현수(2002b), p. 48.
19) 기광서(2004), p. 1.
20) 김창순, "친일파 청산, 북한에서는 어떻게 되었나" 《월간북한》 5월호, 1995, p. 46.

실제 북한에서는 '친일청산'에 대한 체계적인 법령은 물론 청산에 관한 기록이 전혀 존재하지 않는다. 실체와 사실관계도 없이 '철저한 친일청산'이 있었다는 선전이나 주장만 있을 뿐이다. 그렇기 때문에 북한에는 친일청산에 관한 독립적인 법률도 없고, 전담하는 국가기구도 없었으며, 그 어떤 정식 재판도 없었다. 있었다면 공산주의 체제를 만들기 위해 재산 있는 사람으로부터 재산을 뺏는 과정에 갖다 붙인 '친일'이라는 딱지와 이를 뒷받침하는 자의적 '인민재판'이 있었을 뿐이다.

결론적으로 북한의 친일청산에 대한 유일한 법령인 1946년 3월 7일 '친일파, 민족반역자에 대한 규정'은 자의적이고 임의적인 규정일 뿐만 아니라 처리 절차가 뒷받침되지 않은 선언적 문구로만 가득 차 있는 전시용이었다. 그 자체가 선전용이고 그 목적도 공산 소비에트 체제로 가기 위한 수단일 뿐이었다.

북한에서 발간한 자료 중에서 유일하게 처벌된 인물을 실명에 가깝게 거론한 경우가 1946년 김일성이 하달한 '친일파, 민족반역자에 대한 규정'의 집행 결과에 대한 《조선전사》(1981) 기록이다. 그 기록에 따르면 "남신의주 동양상공회사에 예속되었던 300여 명의 로동자들은 성토모임을 열고 이 공장의 경영주였던 리 아무개의 형제를 친일파, 예속자본가로 규정하는 리유서를 만들고 그놈의 소유를 몰수하였다. 함경남도에서는 악독한 친일 주구이며 예속자본가였던 방 아무개란 놈을 청산하기 위한 투쟁에서도 과학적인 근거에 기초하여 그놈의 재산을 철저히 몰수하였다"[21]고 했다.

철저했다는 북한의 친일파 처단과 관련된 단 2명조차도 실명 없이 성

---

21) 사회과학원 력사연구소, 《조선전사 23》[현대편 민주건설사 1](평양: 과학,백과사전출판사), 1981, p. 185.

(姓)만 거명하는 데서 그쳤다. 이것은 북한이 무한히 자랑했어야 할 친일청산 사례가 모두 공산화(soviet) 과정의 '재산 빼앗기'였을 뿐임을 웅변하고 있다. 물론 이는 친일에 대한 사실적인 규명 그리고 객관적인 처벌과는 거리가 먼 일이다.

3. 공산 전체주의화 과정의 부담제거 수단

3.1. 지주와 농민 간 계급투쟁의 도구

북한의 친일청산은 무엇보다 농업집단화의 첫째 단계였던 토지개혁의 맥락에서 접근하고 평가해 볼 필요가 있다. 북한에서의 토지개혁은 '북임위'가 계획했던 소위 '민주개혁'[22] 가운데 제일 먼저 시행되었다. 왜냐하면 토지개혁이야말로 식민지 시기부터 누적되어 온 토지소유의 불평등을 해소하고 모스크바 3상회의의 결정 이후 북한 지역에서 인민정권을 수립하려는 사회주의 세력이 민족주의 세력의 물적 토대를 허물고 소작농이 대부분인 북한 전역에서 지지 기반을 확보하기 위한 결정적 수단이었기 때문이다.[23]

'북임위'의 김일성 위원장은 1946년 3월 5일 '북조선토지개혁에 관한 법령'을 선포하고 (a) 일본국가·일본인 및 일본단체 소유지, (b) 반역자·일제의

---

22) 북한의 이른바 '민주개혁'은 반제반봉건 민주주의 혁명 단계에서 사회경제개혁을 통해 사회주의 혁명으로 전환할 수 있는 물질적 기초를 닦는 것이었다. 그러나 제1차 미소공위 개막(1946년 3월 20일)을 목전에 두고 시행된 '민주개혁'은 현실적으로 북한 사회를 공산주의 세력에 유리한 방향에서 재편하고 공고화시키기 위해 더 이상 지체할 수 없는 중차대한 것이었다(김광운, 2003), p. 279).

23) 김종수, "친일파 기술관료 선별 기용하면서 '친일숙청' 강조"《자유공론》4월호, 2005, p. 75.

정권기관에 적극 협력한 자의 소유지와 해방 당시 자기 지방에서 도주한 자의 소유지, (c) 5정보 이상 소유한 지주 토지, (d) 전부 소작 주는 자의 토지, (e) 계속적으로 소작 주는 자의 토지, (f) 성당·승원 등 종교단체의 토지를 몰수하여 농민소유지로 분배하는 토지개혁 방안을 발표하였다.[24] 이 '법령'에 따라 몰수된 토지를 소유자 및 소유 규모별로 정리한 결과가 〈표 1〉이다.

〈표 1〉 북한의 토지몰수 현황, 1946

	면적(정보)	(%)	호수	(%)
일본인, 일본국가, 일본단체 토지 (a)	112,623	(11.3)	12,919	(3.1)
민족반역자 및 도주자 토지 (b)	13,272	(1.3)	1,366	(0.3)
5정보 이상 소유한 지주 토지 (c)	237,746	(23.8)	29,683	(7.0)
전부 소작 주는 자의 토지 (d)	263,436	(26.3)	145,688	(34.5)
계속적으로 소작 주는 자의 토지 (e)	358,053	(35.8)	228,866	(54.2)
성당 승원 종교단체의 토지 (f)	15,195	(1.5)	4,124	(1.0)
합계	1,000,325	(100.0)	422,646	(100.0)

출처: 전현수, "해방직후 북한의 토지개혁" 《대구사학》 68호, 2002a, p. 121.

몰수된 토지 100만325정보는 북한 총경지면적의 52%에 해당하며, 지주가 소유했던 토지의 80% 이상이 몰수된 것으로 알려져 있다. 개인 소유권을 부정하는 공산주의 체제를 전제로 한 토지개혁이라는 특성을 고려하면 당연한 결과라 여겨진다. 그렇기 때문에 〈표 1〉에서 주목할 부분은 친일파의 토지 즉 '민족반역자 및 도주자'의 몰수된 토지가 13,272정보에 그치고 있고, 그 비중 또한 1.3 %에 불과하다는 사실이다. 농가 수 기준으로도 이들의 비중은 전체 개혁 대상의 0.3%(1,336호)에 그쳤을 뿐이다.

이런 사실은 북한의 토지개혁이 토지 소유관계의 변화를 통해 공산독

---

24) 전현수, "해방직후 북한의 토지개혁" 《대구사학》 68호, 2002a, p. 107.

재를 지향하는 방향으로 사회를 개조하는 것을 주요 목적으로 했을 뿐, 일제잔재 청산 다시 말해 식민지 지주제의 해소는 주된 관심이 아니었음을 확인시켜 준다.[25] 다시 말해 토지개혁은 그 목적 자체가 소유권을 부정하거나 소유관계를 바꾸는 데 있었기 때문에 몰수대상을 친일파나 민족반역자의 토지와 재산으로 국한하지 않았다. 따라서 민족/반민족의 구분이 실제로는 생산수단 즉 토지의 소유 여부를 중심으로 한 계급 문제로 전이되지 않을 수 없었다. 소위 말하는 '민족반역자 청산'이란 곧 '자산계급 청산'이었고 그것은 곧 재산의 몰수를 의미했다.

토지개혁을 명분으로 한 개인재산권 부정은 공산주의자들의 전형적인 수법으로, 그들은 '반공반소 분자들의 경제적 근거를 완전히 숙청'하기 위한 목적으로 토지개혁을 이용하였다. 보다 구체적으로 토지개혁은 '반탁세력에 대한 공세의 일환'으로 제기된 것이었다.[26] 북한의 토지개혁에 대한 자화자찬에도 불구하고, 그 당시 북한의 농민들은 '무상으로 토지를 취득하는 것을 바라지 않았다. 농민들은 [지주에게서 토지를 유상으로 매입하여 그 토지를 다시 농민에게 유상으로 매출하는 것을 희망했으며,] 이러한 경우에만 자신이 취득한 토지가 실제로 영원히 농민들 자신의 소유가 될 것이라고 확신했다.'[27] 그러나 북한의 토지개혁은 결국 '무상몰수, 무상분배'가 되었다.

이를 두고 일부에서는 '근로농민적 토지소유'가 확립되었다고 설명하기

---

25) 김종수(2005), pp. 75-76.

26) 전현수(2002a), p. 111.

27) 전현수(2002a), pp. 99~100. [ ] 속은 필자들의 해석.

도 하지만,[28] 농민만이 토지를 경작할 수 있고 매매나 임대차 및 저당 설정은 금지되어 있는 것이어서 사실상 토지에 대해 '소유권'이 없고 '경작권'만 허용된 제도였다. 그 결과 농민들에게는 개인 소유권에 기반한 자본주의적 발전의 길이 봉쇄되어, 북한의 토지개혁은 '토지국유화'와 동일한 효과를 지니게 되었다. 또한 농민의 거주 이전 및 직업선택의 자유를 제한하여 사실상 농민을 토지에 결박시킴에 따라 개인으로서의 자유로운 선택이 사라지면서 북한은 전체주의의 길로 들어서게 되었다.[29]

3.2. 공산 제국주의에 대한 저항을 친일로 규정

북한에서 말하는 친일청산이란 개념은 실제로는 공산주의에 반대하는 세력에 대한 숙청을 의미했다. 실제 "북한의 친일파·민족반역자 숙청은 순전히 과거의 친일 행위만을 대상으로 한 것이 아니라, 소련 군정과 북한의 국가권력에 대한 저항 및 소련 군정과 북한의 국가권력이 시행하는 다양한 시책에 대한 반대라는 현재의 '반동행위'에 대한 처벌과 밀접히 결합되었다. 이 때문에 보안기관과 사법검찰기관에서는 친일행위와 반동행위를 똑같은 정치범죄의 범주로 묶어 파악했고, 이에 대해 광범위한 숙청을 단행했다."[30] 공산 측에 비협조적이고 반공적 태도를 보인 사람들이 '일본과의 적극적인 협조자'라는 이유로 숙청되었다는 소련 자료[31] 및 전술한 《조

---

28) 김한주,《토지개혁 후 조선농촌의 토지소유 관계》(평양: 조선로동당출판사), 1954, pp. 25-29. 전현수(2002a), p. 122에서 재인용.

29) 전현수(2002a), p. 123.

30) 전현수(2002b), pp. 47-48.

31) 전현수(2002b)

선전사》에 나타난 친일 청산으로 거론된 예를 보면 북의 친일청산이란 결국 공산화 과정의 다른 이름이었다.[32]

북한이 친일청산을 공산화과정의 도구로 활용했던 것은 해방 직후 북한에 대한 소련의 제국주의적 지배와 공산체제의 수립이라는 목적과 관련된다. 해방 후 북한에서는 무자비한 소련군의 학정이 수많은 반발을 일으켰다. 소련군은 주민을 상대로 무자비한 약탈을 일삼았고,[33] 소련 군정은 북한 지역의 군수공업·중공업 산업체들이나 공장 등 기간시설과 그 생산물을 전리품으로 생각해 소련으로의 무단 반출을 당연시했다.

소련은 1945년 11월부터 본격적인 공업설비의 철거와 반출을 개시했다. "수풍발전소의 발전설비를 포함하여 1946년 5월 1일까지 반출해 간 목록에는 3,460만 엔의 전리품과 신상품이 소련으로 반출됐다. 반출된 제품 중에는 1,500kg의 금과 5t의 은이 함유된 4,261t의 구리와 납 광석, 78t의 페로텅스텐, 1,550t의 형석 등이 포함되어 있었다.

소련 당국은 석탄 생산 감소에 따라 조업을 중단한 일부 석탄공업 기업소를 폐쇄하고, 모든 고가 장비를 철거해 소련으로 반출할 것을 결정했다. 흑색금속공업 분야에서는 북한 공업과 주민의 수요를 충족시킬 연산 18만t 규모의 설비만 남기고 나머지는 철거해 소련으로 반출하였으며 5개의 알루미늄 공장 가운데 4개를 철거 반출했다."[34]

그 외 소련군은 "9월부터 11월 사이에 북한 각지에서 건물, 쌀, 면포, 기

---

32) 김남직, "친일파의 숙청(북한)," 《쟁점 한국근대사》 제2호, 1993, pp. 50-51.

33) 오영진, 《소 군정하의 북한: 하나의 증언》(부산: 중앙문화사), 1952, pp. 54-71.

34) 전현수, "소련의 북조선 독자정권 구상과 토착공산주의자들의 반발," 《신동아》 11월호, 2005, p. 567.

타 생활필수품 약 40억 원가량을 가져갔다."[35] 또한 북한에서 1946년 3월 토지개혁이 시행되기까지 각급 인민위원회에서는 소련군에 의한 강제적 농산물 징발 정책에 반대한 지주들과 부농들이 친일 반동세력으로 몰려 숙청되는 일이 비일비재하였다.[36]

결국 소련의 군정 정책은 북한 주민들 사이에서 공산주의라는 체제에 대한 의구심과 거부감을 초래했고, 민족 우익세력의 반소반공 운동과 결합되어 각종 시위나 사건으로 이어졌다. 대표적인 것이 1945년 11월 신의주 학생의거와 1946년 3월의 함흥·흥남 대규모 시위 등이다. 신의주 학생의거의 경우 소련군은 탱크를 동원한 무차별 기관총 난사와 전투기의 기총 소사까지 동원하며 진압했다.

이런 사건 이후 공산당은 소련군을 앞세우고 집집마다 뒤지면서 민족주의 인사를 구속하는 한편 '인민재판'을 행하여 수많은 사람을 시베리아로 유배 보냈다.[37] 이러한 소련 중심의 소비에트 체제를 만드는 과정에서 명분으로 활용된 것이 바로 친일반역자 혹은 반동분자에 대한 숙청이었다.[38]

소련 군정은 "북한 주민들의 반소 정서를 무마하고 북한에서 소련의 정치·경제적 영향력을 강화하기 위해 기존의 공업정책을 수정하여 일제의 산업기관들을 북조선 인민정권으로 이관하기로 결정했다. 1946년 8월 10일 북조선임시인민위원회는 일본국가와 일본인의 개인 및 법인 등

---

35) 최영희,《격동의 해방 3년》(춘천: 한림대학교 출판부), 1996, pp. 94-95.

36) 전현수(2002a), p. 93; 전현수(2002b), pp. 46-47.

37) 최영희(1996), p. 99.

38) 김창순(1995), p. 41.

의 소유 또는 조선인민의 반역자 소유로 되어 있는 일체의 기업, 광산, 발전소, 철도, 운수, 체신, 상업 및 문화기관, 은행 등을 무상으로 몰수하여 국유화했다."[39] 그리고 이에 맞선 저항세력에 대해서는 역시나 반동, 친일, 민족반역자라고 규정하며 탄압, 숙청했다.

각종 건물, 재산, 공장 등을 친일파·민족반역자란 명분으로 빼앗았던 것은 결코 친일 행위에 대한 처벌이란 의미의 '친일청산'이 아니었으며, 그것은 소련군의 학정(虐政)에 대한 저항을 진압하고 공산화를 추진하는 과정의 방편으로 선택되었던 수단이었다. 그 결과 1946년 북한 각지에서는 농민반항, 학생저항, 청년 단체들의 반소·반공 무장항쟁이 광범하게 나타나게 되었다. 예컨대 1948년 봄에는 천도교의 3·1 재현운동이 반일독립운동 정신을 이어받아 전개되었다. 이러한 저항적 민족주의 운동을 북한은 '친일파, 민족반역자'라는 낙인을 붙여 탄압했다. 북한 주민의 다수가 남한으로 탈출하는 민족 대이동은 바로 이런 맥락에서 진행된 일이었다.[40]

결국 북한의 친일청산은 곧 인민민주주의 독재를 수립하고 소련 제국주의 국가를 완성해 사회주의 독재를 추진하기 위해 행해진 것이었다. 따라서 지역 시·군에서의 친일파 청산은 최소한의 사법적 절차도 없이 소련 군정 및 공산주의 세력에 대한 협조 여부나 이해관계에 따라 자행되었다.[41] 당시 공산세력이 장악한 인민위원회는 자신들의 정치적 명분과 위

---

39) 전현수(2002b), pp. 55-56.

40) 김창순(1995), p. 45.

41) 예를 들면 1945년 10월 13일 서북 5도당 책임자 열성자 대회에서 채택된 '토지문제에 대한 결정서'에 내린 개념 규정에서 그 내용을 엿볼 수 있다. 결정서에 따르면 토지몰수 과정에서 일제의 관공리에 임명되었다 해도 이것이 본의가 아니라는 인근 주민이나 소작인의 증명이 있을 때에는 '반역지주'로 규정하지 않는다고 했다.

상을 세우고 공산당에 대한 지지를 강화하기 위해 친일파 청산을 수단으로 내세웠을 뿐이다. 특히 공산주의 세력이 득세하기 시작한 1947년부터는 소련 군정과 인민위원회에 협조하지 않거나 스탈린 우상화에 동참하지 않은 사람들을 친일파로 몰아 군중대회에서 처벌하는 일이 허다했다.[42] 반면 일제시대의 밀정이나 악질 친일파라도 공산당에 협조하면 그들의 과거 행적은 전혀 문제가 되지 않았다.

특히, 북한 정권은 친일 민족반역이나 친미 민족반역이 같은 뿌리를 가지고 있다고 규정하였다. 스탈린 팽창주의 시대의 북한에 단 한 사람의 친일·친미 분자도 남겨두지 않고 소탕하겠다는 정책은 요컨대 북한 땅에 공산주의 이외의 세력은 아예 근절하겠다는 시도와 동일한 정책이다. 그것은 부르주아 민족민주주의 세력의 기반이 되는 지주 자본가들을 민족반역자로 규정하여 숙청하고, 또한 자유라는 가치를 추구하는 민족 인텔리들을 친미 민족반역자로 규정하여 숙청하는 것이었으며, 이는 결국 북한을 민중민주주의 기지 국가로 건설하는 기초 작업이었다.

이런 맥락에서 친일파 및 민족반역자 그리고 반동분자는 한 묶음으로 규정되어 혁명적으로 처벌되었다. 법적 근거와 절차를 두지 않았던 '인민재판'은 바로 그러한 목적을 수행하기에 가장 적절한 수단이었다.[43]

3.3. 민족세력을 '친일반역자'로 숙청한 친일청산

점령 초기 북한에 독자적인 정치·조직 기반을 갖는 정당 사회단체를 창설하는 문제에 관심을 기울인 소련군 지도자들은 조만식을 중심으로 하는

---

42) 전현수(2002b), p. 48.

43) 김창순(1992), pp. 118-119.

민족주의 세력의 조직화에 일차적 관심을 보였다.[44] 민족주의자가 각급 자치기관에서 다수를 점하고 있는 상황에서 이들을 배제하고 대북한 정책을 추진한다는 것은 무모한 일이었기 때문이다. 민족주의자들을 연소용공(聯蘇容共)의 방향으로 순치하기 위해 이들을 조직화하는 것이 필요했다.

그러나 1945년 12월 모스크바 3상회의에서 한국문제에 대해 신탁통치 결정이 나온 이후 소련군정은 좌익 지원을 노골화하면서 민족주의 세력에 대한 타도를 본격화했다. "조선임시정부수립과 신탁통치 실시를 내용으로 하는 모스크바 결정에 대한 조만식의 완강한 반대는 임시정부수립을 통해 자국의 이익을 지키고자 했던 소련지도부를 자극했다. 소련군과 북한 공산당 지도부는 조만식을 설득하기 위해 총력을 기울였으나… 결실을 거두지 못하고 결국 조만식의 강제적 퇴장으로 이어졌다."[45] 1946년 1월 5일 평남인민정치위원회에서 조만식이 위원장직을 사임하자, 그날로 조만식은 연금되었다.[46]

이후, 소련 군정은 조선민주당 지도부가 "모스크바 결정에 '찬성도 반대도 하지 않는 침묵으로 일관하는' 조선민주당 지도부를 '모스크바 결정의 의의를 왜곡하는 친일반동분자'로 규정하여 숙청할 것을 지시했다. 민족주의 세력인 조선민주당과의 합작을 포기하고 이를 타도하는 길로 들어선

---

44) 김국후(2008), pp. 125-127.
45) 기광서, "슈티코프, 해방 후 북소관계의 실력자" 《내일을 여는 역사》 여름호(제24호), 2006, pp. 144-145.
46) 이후 조만식은 6·25 전쟁 중 북한인민군이 유엔군에 밀려 평양에서 후퇴하기 전날인 50년 10월 18일 공산정권에 반대하던 민족계열인사 및 치안사범 등 5백여 명과 함께 총살당해 대동강변에 가매장됐다. 주동독·체코 초대 대사 및 외무성 부상 등을 지내다 지난 59년 소련으로 망명한 박길용 박사의 증언, 《중앙일보》 1991. 7. 19

것이었다. 북한에서 친일파·민족반역자 숙청은 찬탁·반탁 투쟁의 소용돌이 속에서 조만식 등 우익 민족주의 세력과 반탁세력을 배제하기 위한 투쟁과 결합되었다."[47]

특히 "신탁통치에 반대하는 우익세력을 배제하기 위한 논리로 등장한 친일파·민족반역자 숙청운동은 미소공동위원회 시기 한층 격화되었다. 조선공산당 북조선분국은 반탁진영의 모든 집단에 대해 전면적인 공격을 시도했다. 북조선 분국은 이승만 박사를 나라의 이권을 팔아먹은 파렴치범으로, 김구에 대해서는 '살인 방화 매국'의 화신으로 단죄하였다. 조만식은 친일파 민족반역자로 몰려 '여론재판'을 받았다. 조만식에 대한 비난은 그가 학도지원병 모집에 협력한 전쟁범죄자라고 주장함으로써 극에 달했다."[48] 또한 "신탁통치에 반대한 북한의 개신교 목사들은 신사참배를 선동하고 학도지원병 모집에 협력한 '왜놈들의 앞잡이'로 성토되었다."[49]

그렇기에 북한에서는 친일청산이 철저했던 것이 아니라 민족지도자에 대한 숙청이 철저했다고 해야 정확하다. 친일청산은 명분이었고 그들이 말하는 친일·민족반역자에 대한 청산이란 곧 공산화였던 것이다. 왜냐하면 북한에서는 식민지 시대의 '친일파'와 해방 후의 '민족반역자'를 한 묶음으로 다루었고, 해방 후의 민족반역자란 두말할 것도 없이 공산당에 반대하는 모든 사람들을 지칭하는 것이었기 때문이다.[50]

---

47) 전현수(2002b), p. 46.

48) 전현수(2002b), p. 46.

49) 전현수(2002b), p. 46.

50) 김창순(1995), p. 43.

4. 공산화에 협조하면 친일이 용납된 친일청산

북한은 친일파 처벌 문제를 단지 공산혁명 투쟁의 도구로 삼았기에 친일파라도 공산 소비에트화에 동참하면 잘못을 덮고 책임을 묻지 않았다. 친일청산의 기준은 공산화와 소련 식민체제의 구축에 협조하느냐의 여부였다. 따라서 해방 직후 기술 간부나 교사 요원을 비롯한 엘리트들의 경우는 일제시기의 행위나 복무를 문제 삼지 않고 대부분 그대로 재임용했다. 일제에 복무한 사실이 있더라도 필요한 능력이 있거나 정권에 적극 협력할 경우 등용했던 것이다. 김광운은 이를 다음과 같이 정리한다.

"각 방면에서 정치기구 확대는 간부 충원을 필수적으로 동반하였고, 이 과정에서 전문직과 기술직의 경우 개인의 능력을 고려하여 구체제 인물의 잔류를 허용하였다. 몇 번의 당원 검열을 통한 출당조치가 있었음에도 불구하고, 1947년 7월 현재 황해도 내 당 간부의 70%가 일제의 기관이나 기업소에 복무한 경력자였다. 당 조직이 이러했다면 기타 정치기구에서는 그들의 비율이 훨씬 높았을 것이다. 이들을 간부로 충원하지 않고서는 광범한 대중의 정치활동을 보장할 수 없었던 것이다. 임시인위는 정치선전과 관계없이 전문성을 갖춘 '친일파·민족반역자'에 대해서 관대한 규정을 내렸고, 그들을 계속 간부로 충원하였다."[51]

해방 후 북한이 당면했던 심각한 전문 기술 인력의 부족 상황은 1946년 8월부터 10월까지 북한을 방문했던 소련인 저널리스트 기토비치와 부르소프가 자세히 기술하고 있다. 그들은 북조선 임시인민위원회 사업국 국장인 이문환과 인터뷰를 했는데, 그에 의하면 "조선의 산업체에 총

---

51) 김광운, 《북한 정치사 연구 I》(서울: 선인), 2003, p. 331.

20,800명의 전문가가 있었는데 이들은 일본인 전문가들이었다. …북한의 산업체에서만 16,000명의 전문가를 필요로 하고 있으나 현재 북한에는 547명만을 보유하고 있다. 이들 외에 950명의 일본인 기사와 기술자들이 북한에 남아 근무하고 있다"[52]고 한다.

이렇듯, 북한에서는 '친일파' 전문가뿐만 아니라 일본인 기술자들도 활용하였다. 해방 후 북한은 거대한 공장을 자체적으로 가동하기에는 기술이 부족하다는 것을 알고, 일본인 기술자들의 귀국마저 중지시키고 강제로 일을 하게 했다. 그리고 북한 기술자들로 하여금 기술 이전을 받도록 조치했다. "이로 인해 북한에 남게 된 일본인 기술자는 1946년 11월 868명이나 되었고 1947년에는 405명이 되었다. …일본인 기술자에게는 월 4,500~5,000원을 지급했다. 당시 임시인민위원회 위원장(김일성)이 4,000원, 동 인민위원회 과장급이 1,500원, 일반 사무원이 800~1,000원이었던 것과 비교하면 얼마나 좋은 대우를 해 주었는지… 흥남공장에서는 일본인 기술자 콘키치(昆吉朗)를 '노력영웅'으로 표창까지 했다."[53]

최초의 인민위원 선거와 관련하여 김일성은 '전 당원들에게 '진정으로 능력 있는 인물이 당선되도록 최대의 노력을 다할 것'을 주문하면서, "친일파·민족반역자 규정에 있어서 일체 기계적이며 공식적으로 되는 해석을 피해야 할 것이며, 8·15 이후 건국사업에 적극 노력하며 개과천선하고 나온 자들에 대하여 관대한 처리를 할 것'에 특별한 주의를 돌리라고 강조하

---

52) 채원호, "해방후 북한의 인적자원 형성에 관한 연구"《사회과학연구》제22집 2권, 2003, p. 106.

53) 오원철은 북한 당국이 일본인 기술자들에게 어떤 상황에서도 생명과 재산을 보장한다는 신분증을 발부하고, 생필품과 주택을 포함해 최고 대우를 해주었다고 증언하고 있다. 오원철, 《한국형 경제건설 제7권》(서울: 기아경제연구소), 1999, pp. 303-4.

였다."[54]

북한의 대표적 역사서 《조선전사》 현대편(23편) '민주건설사 1'은 "김일성 동지께서는 지난날 공부나 좀 하고 일제기관에 복무하였다고 하여 오랜 인테리들을 의심하거나 멀리하는 그릇된 경향을 비판 폭로하시면서, …그들을 새 조국 건설의 보람찬 길에 세워주시었다"[55]고 기록하고 있다. 또한 《조선전사》는 김일성이 당시 과학자, 기술자, 문화예술인 등의 인텔리들을 인민정권기관과 중요 산업 기업소들의 책임적 지위와 그리고 교육, 문화, 보건 기관들의 중요 부서에서 일하도록 배치했다고 적고 있다.[56] 공산화에 적극 동조하면 친일전력이 문제되지 않음을 여실히 보여주는 대목이다.

그러나 일반 대중을 상대로 하는 보도[57]에서는 "북한이 친일파 척결에 나서서 거대한 성과를 세웠지만, 남한은 이들을 고관으로 등용하여 이들과 야합하고 있다"[58]고 사실과 달리 선전하였다. 겉과 속이 전혀 다른 북한의 이중성은 물론, 선전선동에 의한 체제 건설 및 유지가 얼마나 위선적인가를 여실히 드러내 주는 대목이다.

친일파에 대한 관용과 활용은 정권 초기부터 시행되었다. 김일성과 소

---

54) 김일성 동지의 '인민위원회 위원선거 실시에 대한 보고'에 대한 결정서〈당중앙위원회 제2차 회의 결정서: 1946.9.25〉《조선노동당 중앙위원회 결정집(1946.9~1951.11)》 김광운(2003), p. 331에서 재인용.

55) 사회과학원 력사연구소(1981), p. 300.

56) 신주현, "북한의 친일파 청산"《월간조선》 2월호, 2006, pp. 528-530.

57) 《로동신문》 1947. 2. 11. 김광운(2003), p. 331에서 재인용.

58) 김일성 동지의 "인민위원회 위원선거 실시에 대한 보고"에 대한 결정서〈당중앙위원회 제2차 회의 결정서: 1946.9.25.〉《조선노동당 중앙위원회 결정집(1946.9~1951.11)》 김광운(2003), p. 331에서 재인용.

련군 지도부는 권력 기관 내에 친일 혐의가 있는 인사들을 등용하는데 별다른 주저함을 보이지 않았다. 그런 사실은 북한의 초기 내각 명단을 보면 쉽게 확인할 수 있다(첨부 3 참조).

대표적 경우가 일제시대 도의원을 지낸 경력이 있는 강량욱이 1946년 2월 출범한 북임위의 서기장을 역임한 사실이다. 또한 1943년 4월부터 1946년 10월까지 광산을 경영하며 일제에 협력한 혐의가 있는 정준택이 전문성을 인정받아 해방 후 북한 최초의 중앙행정기관인 행정10국[59]에서 산업국장으로 임명된 사실이다.[60] 그는 북한 정부의 공식적인 수립 이후에도 계속해서 국가계획위원회 위원장을 맡아 북한 경제의 총사령탑에 앉았다. 그가 1973년 1월 부총리 재직 중에 사망하였을 때 그의 장례식은 김일성의 눈물 속에 성대하게 치러졌고, 그에게는 최고 영예인 조선민주주의인민공화국 영웅 칭호가 수여되었다. 나아가서,

"일제 말 함흥 철도국장을 지낸 바 있는 한희진은 북조선임시인민위원회의 교통국장에 임명되었다. 친일여부는 분명하지 않지만 의학박사 출신의 윤기녕이 보건국장에, 치과의사 출신의 한동찬은 상업국장에 각각 임명되었다. 또한 지주 출신으로 산업경제가이자 전기산업 원가 이론가로 명성이 있는 리문환도 행정10국과 북조선임시인민위원회의 산업국장을 맡았다. 비록 한희진은 문책성 인사로 1946년 8월에 해임되었고, 9월에는 한동찬이 불만을 품고 진남포항을 통해 북한을 이탈하였지만, 전문 인력에 대한 우대 정책은 이후로도 지속되었다. 이러한 전문인 우대 정책은 교육기관에서도 그대로 적용되었다. 일제시기에 복무한 교원들은 일정한 재

---

59) 당시 북한의 '행정10국'은 내각과 다름이 없다. 국장은 지금의 장관에 해당하는 직책이다.
60) 김광운(2003), pp. 333-334.

교육을 거쳐 다시금 교육 현장에 복귀되는 것이 일반적이었다."[61]

북한에는 친일경력을 가지고 공산화와 소비에트화에 적극 앞장서 정권의 핵심부까지 진출한 인물이 특히 많다. 김일성 자신부터 일본과 전쟁을 하고 있던 미국과 협조한 것이 아니라, 일본과 '중립우호조약'을 맺고 있던 소련의 스탈린 군으로 숨어들어 간 사실이 있으니, 친일은 물론이고 소비에트화에 협조한 대표적인 경우라 할 수 있다.

또한 같은 배경으로 권력 핵심을 장악했던 인물로 김일성의 친동생 김영주(金英柱)를 들 수 있다. 만주에서 일본 관동군 통역으로 활동한 경력이 있는 그는 1960년대 이후 70년대 중반까지 북한의 실질적인 2인자로 행세해 왔다. 만주에서 검사장을 하던 한낙규는 검찰총장을 했고, 일본 제국 군대의 파일럿 출신인 이활은 1961년 인민군 공군사령관에 오르기도 했다.[62]

5. 대한민국(남한)의 친일청산

북한과 비교해 볼 때, 대한민국에서는 합법적인 기준과 절차를 가지고 제도적인 기준을 마련하며 친일청산을 시도했다. 대한민국 건국과정에서 건국 주도세력은 친일파를 배제하여야 한다는 당위를 다양한 조치에 따라 전개하였다. 먼저, 대한민국은 건국을 위한 5·10 선거를 실시하기 위한 선거법을 제정함에 있어서 친일부역자들의 피선거권은 물론 선거권까지 박탈하는 조항을 포함시켰다.

---

61) 기광서(2004), p. 2.
62) 신주현(2006), pp. 528-530.

제헌의회 구성을 위한 선거법 제2조는 ① 일본 정부로부터 작위를 받은 자, ② 일본제국의회의 의원이 되었던 자 등은 선거권이 없다고 규정했다. 또한 선거법 제3조는 ① 일제시대 판임관 이상의 경찰관 및 헌병보 또는 고등경찰의 직에 있었던 자 및 그 밀정행위를 한 자, ② 일제시대 중추원의 부의장·고문 또는 참의가 되었던 자, ③ 일제시대에 부 또는 도의 자문 혹은 의결기관의 의원이 되었던 자, ④ 일제시대에 고등관으로서 3등급 이상의 지위에 있던 자 또는 훈 7등 이상을 받은 자 등은 피선거권이 없다고 규정했다(단 기술관 및 교육자는 제외).

대한민국이 이처럼 친일파 배제 원칙을 준수하면서 건국되었기 때문에 대한민국 정부 초대 내각이나 국회 간부에는 친일파로 규정될 수 있는 인사가 단 한 명도 참여할 수 없었다(첨부 3 참조). 따라서 대한민국이 북한보다 친일청산에 적극적이었고 철저했으며 또한 합리적이었다고 평가할 수 있다. 친일청산에 대한 합법적 기준과 절차를 세우고자 했던 의지는 이후 이어진 현대사의 여러 단계에서도 반복적으로 드러난다.

미군정의 인준 거부로 시행되지는 못했지만 1947년 7월 '남조선과도입법의원'에서 채택된 '부일협력자 민족반역자 전범 간상배에 대한 특별조례'나 1948년 9월 제헌의회에서 채택된 '반민족행위자 처벌법(반민법)'이 바로 그것들이다(첨부 2 참조).[63] 그리고 실제 남한에서는 1948년 반민법에 의거해 반민족행위 특별조사위원회(반민특위)가 구성되어 1949년 8월 말까지 약 1년 동안 682건의 반민족행위 사건을 사법적 절차에 따라 소추했다. 구체적으로는 영장발부 408건, 기소 221건, 재판종결 38건, 처벌 12건의

---

63) 이 법의 내용을 살펴보면 북한이 1946년 3월 7일 공포한 내용과 거의 차이가 없다(첨부 1 참조).

사법적 소추가 있었다.[64]

　반민특위에 의한 친일파 정리 작업이 국민의 기대에 미치지 못했다는 평가가 없지 않지만,[65] 이는 당시의 정치와 안보상황에서 불가피한 선택이었다. 당시 스탈린과 스티코프의 지시를 받은 김일성은 적화통일을 위해서 대구폭동, 여순반란사건, 제주4·3사건 등 폭력노선으로 정부수립을 방해했기 때문이다.[66]

　이승만 대통령으로서는 치안유지와 자유민주 체제의 수호를 위해 친일경력이 있는 경찰과 행정요원이라도 활용하지 않을 수 없었다.[67] 미군정 보고서가 "모든 가능성을 타진한다 하더라도 일제하 많은 수의 공무원들은 친일 또는 반일에 대한 진정한 의식 없이 일했다. …그들이 모두 친일파라고 하는 총괄적인 대가를 치르는 것은 그들 대부분에게 공정치 못하다"[68]라고 쓰고 있듯이, 일제기관 복무자를 모두 친일파로 보는 것은 엄청난 비약이다.

---

64) 허종, 《반민특위의 조직과 활동》(서울: 선인), 2003; 이강수, 《반민특위 연구》(서울: 나남), 2003; 정운현, 《풀어서 본 반민특위 기록 I II III IV》(서울: 선인), 2009; 김학민/정운현 엮음, 《친일파 죄상기》(서울: 학민사), 1993.

65) 이만열, "한국 현대사에 나타난 과거사 청산 문제" 《신학사상》 92집, 1996

66) 유동렬, "남북 공산당, 전국서 테러·폭동·양민학살" 인보길 엮음, 《이승만 다시 보기》(서울: 기파랑), 2001, pp. 200-207.

67) 1949(단기4282)년 2월 22일 이승만 대통령이 발표한 "정당한 공론이 필요"라는 제목의 담화문은 반민특위 특별조사위원들에게 다음과 같은 호소를 하고 있다. "내가 특별조사위원에게 지성으로 설명한 것은 몇십 명 몇십만 명이라도 비밀리에서 조사해서 일시에 다 잡아 가두어 그 법안에 걸리지 않는 사람은 마음 놓고 일하게 하여야 할 것이요 그렇지 않고 시일을 연기하여 공포심을 내게 한다면 이것이 치안을 고려하는 사람이라고 할 수 없을 것이다." 《대통령이승만박사담화집》 공보처, 1953, pp. 14-15.

68) 박태균, "8·15 직후 미군정의 관리층원과 친일파" 《역사와 현실》 제10호, 1993, p. 64.

그렇다면 하급 관리보다는 정치적 비중이 큰 높은 자리에 친일인사가 중용되는 문제를 배제하는 일이 정치 지도자의 바람직한 선택이다. 이승만 대통령은 한반도의 적화를 막고 남한을 기반으로 한 통일을 달성하기 위해 미국과 갈등하면서까지 대한민국을 건국했다. 그리고 그 과정에서 고위층에는 친일파를 철저히 배제했다. 다만 일선의 하급 관료나 경찰에 대해서는 나라의 존립을 위해 일제 기관에서의 복무 여부를 따지지 않고 등용했다.[69]

국가의 안보 위협과 공산주의와의 대결이 계속되는 과정에서 비록 완전하지는 못하더라도 한국(남한)은 친일청산을 했던 명확한 근거와 자료가 있다. 그럼에도 근거와 자료 없이 공산혁명의 수단으로 친일청산을 이용만 한 북한이 친일청산을 철저히 했다고 평가하고, 한국(남한)은 그렇지 못했다고 비난하는 일은 정말이지 편파적이다 못해 일방적이기까지 한 평가다. 균형감각이란 전혀 없는 모습이다.

6. 맺는말

일제 식민체제가 종결되면서 해방 직후 남한과 북한은 모두 친일파에 대한 역사적, 형사적 처벌을 민족적 요구로 여기고 있었다. 그러나 북한을

---

[69] 서북청년단에서 활동한 경력이 있는 이경남은 1992년 9월호 《신동아》에 기고한 글에서 "반공 때문에 친일파를 기용할 수밖에 없었으므로 친일파 등용의 절반의 책임은 공산당에 있다"고 주장했다. 나아가 그는 2002년 3월 10일 MBC가 방영한 제52회 "이제는 말할 수 있다" 프로그램의 특집 방송 '53년 만의 증언, 친일경찰 노덕술'에서 만약 "이승만 대통령 정권이 친일파 위에 세워진 정권이라고 한다면, 지금 김대중 정권도 군사독재 정권이다. 왜냐하면 당시 검사장, 판사, 장관 할 거 없이⋯ 박정희 정권 때 해 먹던 놈들이 아니냐"고 뼈있는 지적을 했다.

점령했던 소련 군정과 김일성 정권은 친일잔재 청산이라는 민족적 염원을 공산화 혁명의 도구로 활용하는 방향으로 나갔다. 공산혁명과 소비에트 체제 구축이라는 목표에 따라 친일청산을 명분으로 기존 질서를 부정하고 재산권을 박탈하는 방법으로 소련 군정과 김일성을 중심으로 한 전체주의 체제를 건설했다. 결국 친일 문제는 공산 전체주의 체제 구축의 수단이었을 뿐, 진정한 의미의 친일 행위 처벌이나 청산은 없었다.

북한이 했다고 선전하는 '친일청산'이란 친일청산이 아니라 소비에트 공산혁명에 반대하는 반공 혹은 민족주의 세력에 대한 탄압과 청산이었을 뿐이었다. 공산혁명에 저항적이었던 유산계급의 재산을 대상으로 한 '재산 빼앗기' 과정이었고, 소련 공산주의 체제를 만드는 데 반대한 세력 즉 '반동분자'에 대한 숙청 과정이었다. 그렇기에 친일을 했더라도 공산혁명에 협력한 자들은 북한의 건국과정에 동참할 기회를 부여받았으며 이들의 친일은 전혀 문제가 되지 않았다.

북한의 친일파 혹은 민족반역자에 대한 숙청은 친일·반민족 행위자를 대상으로 한 것이 결코 아니었다. 그것은 소련 군정과 북한 권력에 대해 저항하고 공산 제국주의를 만드는 것에 반대하는 소위 '반동행위'에 대한 처벌일 뿐이었다. 그렇기에 민족지도자 고당 조만식 선생을 친일·민족반역자로 몰았고, 독립운동의 명실상부한 지도자이자 자유 대한민국을 건국한 이승만을 북한은 민족반역자라 비난했다.

북한이 '철저한 친일청산을 했다'는 거짓 신화는 친일청산과 소련이 북한이라는 위성국가를 만드는 과정에서 있었던 소비에트 공산혁명 과정을 구분하지 못하고 일방적인 북한의 선전과 주장에 동조하는 논리일 뿐이다. '북한의 철저한 친일파 청산'이란 있지도 않았던 역사적 사실을 거짓으로 호도한 결과이며, 그것은 공산주의자들과 친북좌파들에 의해 철저히 강변된 선전선동에 속고 휘둘린 허구일 뿐이다.

〈첨부 1〉

북한의 '친일파·민족반역자에 대한 규정'*
[1946. 3. 7, 북조선임시인민위원회]

다음에 해당되는 자는 친일파 민족반역자이다.

1. 일제의 침략당시 조선민족을 일본제국주의자들에게 팔아먹은 매국노와 그 관계자.
2. 귀족칭호를 받은 자, 중추원 부의장 고문 및 참의, 일본 국회 귀족원과 중의원의 의원.
3. 악질고관(조선총독부 국장 및 사무관, 도지사, 도사무관, 도참여관).
4. 일제경찰 및 헌병 고급관리(경찰경시, 헌병 하사관급 이상) 사상범 담임판사와 검사.
5. 고등경찰 중 악질분자(인민의 원한의 대상이 된 자).
6. 고등경찰의 밀정책임자와 밀정.
7. 해내외 민족운동자와 혁명투사들을 학살 또는 박해한 자와 방조한 자.
8. 도회의원 및 친일단체 파쇼단체(일진회, 일심회, 녹기연맹, 대의당, 방공단체 등) 간부와 악질분자.
9. 군수산업의 책임경영자 및 군수품조달 책임자로 악질분자.
10. 일제의 행정, 사법, 경찰기관과 관계를 가지고 만행을 감행하여 인민들의 원한의 대상으로 된 민간악질분자.

11. 일제의 행정, 사법, 경찰의 관공리로서 인민들의 원한의 대상이 된 악질분자.

12. 황국신민화운동을 전개하여 지원병, 학도병, 징용을 실시하는 데서 이론적 정치적 지도자로서 의식적으로 행동한 악질분자.

13. 8·15 해방 후 민주주의적 단체를 파괴하며 또는 그 지도자를 암살하기 위한 음모를 꾸미였거나 테러단을 조직하고 그것을 직접 지도한 자와 그와 같은 단체들을 배후에서 조종한 자 혹은 테러행위를 직접 감행한 자.

14. 8·15 해방 후 민족반역자들이 조직한 반동단체에 의식적으로 가담한 자.

15. 8·15 해방 후 민족통일전선을 방해하는 반동단체의 밀정 혹은 선전원으로서 의식적으로 밀정행위를 감행한자와 사실을 왜곡하여 허위선전을 한 자.

부칙: 이상의 조항에 대당한 자로서 현재 나쁜 행동을 하지 않는 자와 건국사업을 적극 협력하는 자에 한하여서는 그 죄상을 감면할 수도 있다.

---

*출처: 김일성, "친일파·민족반역자에 대한 규정"《김일성저작집》2권, 평양, 조선로동당출판사, 1979: 113-114쪽.

〈첨부 2〉

대한민국의 '반민족행위처벌법'
[법률 제3호, 1948. 9. 22, 제정]

제1장. 죄

제1조. 일본정부와 통모하여 한일합병에 적극협력한 자, 한국의 주권을 침해하는 조약 또는 문서에 조인한 자와 모의한 자는 사형 또는 무기징역에 처하고 그 재산과 유산의 전부 혹은 2분지 1 이상을 몰수한다.

제2조. 일본정부로부터 작을 수한 자 또는 일본제국의회의 의원이 되었던 자는 무기 또는 5년 이상의 징역에 처하고 그 재산과 유산의 전부 혹은 2분지 1 이상을 몰수한다.

제3조. 일본치하독립운동자나 그 가족을 악의로 살상박해한 자 또는 이를 지휘한 자는 사형, 무기 또는 5년 이상의 징역에 처하고 그 재산의 전부 혹은 일부를 몰수한다.

제4조. 좌의[다음의] 각호의 1에 해당하는 자는 10년 이하의 징역에 처하거나 15년 이하 공민권을 정지하고 그 재산의 전부 혹은 일부를 몰수할 수 있다.

1. 습작한 자.
2. 중추원부의장, 고문 또는 참의 되었던 자.
3. 칙임관이상의 관리되었던 자.

4. 밀정행위로 독립운동을 방해한 자.

5. 독립을 방해할 목적으로 단체를 조직했거나 그 단체의 수뇌간부로 활동하였던 자.

6. 군, 경찰의 관리로서 악질적인 행위로 민족에게 해를 가한 자.

7. 비행기, 병기 또는 탄약 등 군수공업을 책임경영한 자.

8. 도, 부의 자문 또는 결의기관의 의원이 되었던 자로서 일정에 아부하여 그 반민족적 죄적이 현저한 자.

9. 관공리 되었던 자로서 그 직위를 악용하여 민족에게 해를 가한 악질적 죄적이 현저한 자.

10. 일본국책을 추진시킬 목적으로 설립된 각 단체본부의 수뇌간부로서 악질적인 지도적 행동을 한 자.

11. 종교, 사회, 문화, 경제 기타 각 부문에 있어서 민족적인 정신과 신념을 배반하고 일본침략주의와 그 시책을 수행하는데 협력하기 위하여 악질적인 반민족적 언론, 저작과 기타 방법으로써 지도한 자.

12. 개인으로서 악질적인 행위로 일제에 아부하여 민족에게 해를 가한 자.

제5조. 일본치하에 고등관 3등급 이상, 훈 5등 이상을 받은 관공리 또는 헌병, 헌병보, 고등경찰의 직에 있던 자는 본법의 공소시효경과 전에는 공무원에 임명될 수 없다. 단, 기술관은 제외한다.

제2장. 특별조사위원회

．

．

제9조 반민족행위를 예비조사하기 위하여 특별조사위원회를 설치한다. 특별조사위원회는 위원 10인으로써 구성한다. 특별조사위원은 국회의원 중에서 좌기[다음]의 자격을 가진 자를 국회가 선거한다.
 1. 독립운동의 경력이 있거나 절개를 견수하고 애국의 성심이 있는 자.
 2. 애국의 열성이 있고 학식, 덕망이 있는 자.

．

．

제3장. 특별재판부 구성과 절차

．

．

제19조. 본법에 규정된 범죄자를 처단하기 위하여 대법원에 특별재판부를 부치한다. 반민족행위를 처단하는 특별재판부는 국회에서 선거한 특별재판부 부장 1인, 부장재판관 3인, 재판관 12인으로써 구성한다. 전항의 재판관은 국회의원 중에서 5인, 고등법원 이상의 법관 또는 변호사 중에서 6인, 일반 사회인사 중에서 5인으로 하여야 한다.

제20조. 특별재판부에 특별검찰부를 병치한다. 특별검찰부는 국회에서 선거한 특별검찰부 검찰관장 1인, 차장 1인, 검찰관 7인으로써 구성한다.

제21조. 특별재판관과 특별검찰관은 좌[아래]의 자격을 가진 자 중에서 선거하여야 한다.

1. 독립운동에 경력이 있거나 절개를 견수하고 애국의 성심이 있는 법률가.
　　2. 애국의 열성이 있고 학식, 덕망이 있는 자.
　．
　．

　제28조. 본법에 의한 재판은 단심제로 한다. 소송절차와 형의 집행은 일반형사소송법에 의한다.

부칙 〈제3호, 1948. 9. 22〉

　제29조. 본법에 규정한 범죄에 대한 공소시효는 본법 공포일로부터 기산하여 2년을 경과함으로써 완성된다. 단, 도피한 자나 본법이 사실상 시행되지 못한 지역에 거주하는 자 또는 거주하던 자에 대하여는 그 사유가 소멸된 때로부터 시효가 진행된다.
　제30조. 본법의 규정은 한일합병 전후부터 단기 4278년[서기 1945년] 8월 15일 이전의 행위에 이를 적용한다.
　제31조. 본법에 규정한 범죄자로서 대한민국 헌법 공포일로부터 이후에 행한 그 재산의 매매, 양도, 증여 기타의 법률행위는 일체 무효로 한다.
　제32조. 본법은 공포일로부터 시행한다.

〈첨부 3〉

남북한 초대 내각 명단과 친일파

▲대한민국 초대 내각 명단, 1948년 8월(양동안, 2001: 532).

대통령-이승만(李承晩, 상해임시정부 초대 대통령)
부통령-이시영(李始榮, 임시정부 내무총장)
국무총리-이범석(李範奭, 광복군 참모장)
무임소장관-이윤영(李允榮, 국내항일 기독교 목사)
무임소장관-이청천(李靑天, 광복군 총사령관)
외무장관-장택상(張澤相, 청구구락부사건으로 투옥)
내무장관-윤치영(尹致暎, 흥업구락부사건으로 투옥)
법무장관-이인(李仁, 항일변호사, 한글학회사건)
국방장관-국무총리 이범석 겸직
재무장관-김도연(金度演, 2.8독립선언 투옥)
농림장관-조봉암(曺奉岩, 공산당 간부)
상공장관-임영신(任永信, 독립운동가/교육가)
문교장관-안호상(安浩相, 항일교육/철학교수)
사회장관-전진한(錢鎭漢, 국내항일/노동운동가)
체신장관-윤석구(尹錫龜, 국내항일/교육·사회운동가, 6·25 중 인민군에게 총살)
교통장관-민희식(閔熙植, 재미항일/철도교통전문가)

총무처장-김병연(국내항일)

기획처장-이순탁(국내항일)

공보처장-김동성(국내항일)

국회의장-신익희(申翼熙, 임시정부 정내무총장)

대법원장-김병로(金炳魯, 항일변호사)

▲북한(북조선) 임시인민위원회 위원 명단, 1946. 2. 9(김광운, 2003: 267)

위원장-김일성(일제시대 일본과 중립우호조약을 맺은 소련군 장교)

부위원장-김두봉

서기장-강량욱(일제시대 도의원)

보안국장-최용건

산업국장-리문환(일제시대 지주출신, 산업경제 전문가)

교통국장-한희진(일제시대 함흥철도국장, 1946년 8월 해임, 후임 허남희)

농림국장-리순근

상업국장-한동찬(일제시대 치과의사, 1946년 9월 탈북, 후임 장시우)

체신국장-조영렬

재정국장-리봉수

교육국장-장종식

보건국장-윤기녕(일제시대 의학박사)

사법국장-최용달

기획부장-정진태(후임 박성규)

선전부장-오기섭(후임 리청원)

총무부장-리주연

기타 위원-박정애, 무정, 강영근, 강진건, 방수영, 방우용, 김덕영, 리기영, 홍기황, 현창형

▲ 북한(북조선) 인민위원회 위원 명단, 1947. 2. 22(김광운, 2003: 428)

위원장-김일성(일제시대 일본과 중립우호조약을 맺은 소련군 장교)
부위원장(2명)-김책, 홍기주
사무장- 병옥
기획국장-정준택(일제시대 광산 지배인, 1977년 정무원 부총리)
산업국장-장시우
내무국장-박일우
외무국장-리강국
농림국장-리순근
재정국장-리봉수
교통국장-허남희
체신국장-주황섭
상업국장-장시우
보건국장-리동영
교육국장-한설야
노동국장-오기섭
사법국장-최용달
인민검열국장-최창익

총무부장-김정주

간부부장-장종식

양정부장-송태욱

선전부장-허정숙

▲ 북한(북조선) 초대 내각 명단, 1948. 9. 9(김국후, 2008: 282)

수상: 김일성(일제시대 일본과 중립우호조약을 맺은 소련군 장교)

제1부수상: 박헌영

제2부수상: 홍명희(일제시대 임전대책협의회 활동)

제3부수상: 김책

국가계획위원장: 정준택(일제시대 광산 지배인, 1977년 정무원 부총리)

민족보위상: 최용건

국가검열위원장: 김원봉

외무상: 박헌영(겸임)

내무상: 박일우

산업상: 김책(겸임)

농림상: 박문규

상업상: 장시우

교통상: 주영하

재정상: 최창익

교육상: 백남운

체신상: 김정주

사법상: 이승엽

노동상: 허성택

보건상: 이병남

문화선전상: 허정숙

도시건설상: 이용

무임소상: 이극로

▲ 기타 북한(북조선) 역대 고위직 친일 명단

*김영주: 부주석(김일성 동생, 일제시대 헌병 보조원)

*장헌근: 임시인민위원회 사법부장(일제시대 중추원 참의)

*정국은: 문화선전성 부부상(아사히신문 서울지국 기자)

*김정제: 보위성 부상(일제시대 양주군수)

*조일명: 문화선전성 부상(친일단체 '대화숙' 출신, 학도병 지원유세 주도)

*홍명희: 부수상(일제시대 임전대책협의회 활동)

*이 활: 인민군 공군사령관(일제 나고야 항공학교 출신)

*허민국: 인민군 9사단장(일제 나고야 항공학교 출신)

*강치우: 인민군 기술 부사단장(일제 나고야 항공학교 출신)

*김달삼: 조선로동당 4·3사건 주동자(일제시대 소위)

*박팔양: 노동신문 창간발기인 및 편집부장(일제시대 만선일보 편집부장)

*한낙규: 김일성대 교수(일제시대 만주 검사장)

*이승엽: 남조선 로동당 서열 2위, 월북 후 빨치산 유격투쟁 지도(일제시대 식량수탈기관인 '식량영단' 이사)

대한민국 및 북한 초대 정권 구성 비교

◆ 북한 김일성 정권의 친일파 출신 주요 인사

김영주	북한 부주석, 당시 서열 2위, 김일성 동생 (일제강점기 헌병보조원)
장헌근	북한 임시인민위원회 사법부장, 당시 서열 10위 (일제강점기 중추원 참의)
강양욱	북한 인민위원회 상임위원장, 당시 서열 11위 (일제시대 도의원)
정국은	북한 문화선전성 부부상(아사히신문 서울지국 기자)
김정제	북한 보위성 부상 (일제강점기 양주군수)
조일명	북한 문화선전성 부상 (친일단체 '대화숙 출신, 학도병 지원유세 주도)
홍명희	북한 부수상(일제강점기 임전대책협의회 가입 활동)
이 활	북한 초대 공군사령관 (일제강점기 일본군 나고야 항공학교 정예 출신)
허민국	북한 인민군 9사단장 (일제강점기 일본군 나고야 항공학교 정예 출신)
강치우	북한 인민군 기술 부사단장 (일제강점기 일본군 나고야 항공학교 정예 출신)
김달삼	조선노동당 제주 4·3사건 주동자(일제 일본군 소위)
박팔양	북한 노동신문 창간발기인, 노동신문 편집부장 (일제 만선일보 편집부장)
한낙규	북한 김일성대 교수(일제강점기 검찰총장)
정춘택	북한 행정10국 산업국장 (일제강점기 광산지배인 출신, 일본군 복무)
한희진	북한 임시인민위원회 교통국장 (일제강점기 함흥철도 국장)
이승엽	남로당 서열 2위. 월북 후 빨치산 유격투쟁 지도(일제강점기 식량수기관인 식량영단 이사

◆ 북한 김일성 정권의 친일파 출신 주요 인사

이승만	대통령	상하이 임시정부 대통령
이시영	부통령	상하이 임시정부 내무총장
이범석	국방장관	광복군 참모장
이윤영	무임소장관	국내 항일 운동
이청천	무임소장관	광복군 총사령관
장택상	외무장관	청구구락부사건
윤치영	내무장관	흥업구락부사건
이 인	법무장관	항일변호사, 한글학회사건
김도연	재무장관	2·8 독립사건
임영신	상공장관	독립운동가 교육가
안호상	문교장관	항일교육
전진한	사회장관	국내 항일
윤석구	체신장관	국내 항일, 6.25 전쟁 중 인민군에게 총살
인희식	교통장관	재미 항일
김병연	총무처장	국내 항일
이순탁	기획처장	국내 항일
김동성	공보처장	국내 항일
신익희	국회의장(입법.사법부)	상하이임시정부 내무총장
김병로	대법원장(입법.사법부)	항일 변호사

"북 초대내각, 항일파 아닌 '친일파 정부'였다"(문화일보, 2013. 8. 13, 방승배 기자).

연보(年譜)

우남 이승만 연보

1875.3.26	황해도 평산군 마산면 능내동에서 아버지 이경선(李敬善), 어머니 김해 김씨 사이에서 3남 2녀 중 막내로 출생. 두 형이 이승만 출생 이전 사망, 6대 독자
1877.	서울로 이사. 남대문 밖 염동, 낙동을 거쳐 도동 우수현(雩守峴)에서 성장. 그의 호 우남(雩南)은 이 지명에서 유래
1895.4.2	신긍우(申肯雨)의 권유로 Henry Appenzeller가 설립한 배재학당에 입학
1897.1.1	양홍묵(梁弘默) 등과 함께 순한글 주간신문 《협성회회보》 창간, 주필로 활동. 한국 최초의 현대시 "고목가(枯木歌)"를 이 회보에 게재하여 열강의 대한 침략에 대한 경각심을 일깨움
4.9	《협성회회보》를 토대로 최초의 일간지 《매일신문》 창간, 주필로 활동
8.10	이종일(李鍾一)과 함께 《뎨국신문》 창간, 주필로 활동
11.29	남궁억(南宮檍) 등과 함께 중추원 의관(종9품)으로 임명
1899.1.9	전제군주정의 개혁을 통해 독립을 보전하려는 정치활동을 벌이다가 체포되어 투옥
1.30	주시경(周時經, 본명 周相鎬)이 건네준 총을 들고 최정식(崔廷植), 서상대(徐相大)와 함께 탈옥 시도, 실패 후 태형 100대와 종신징역 판결
7.11	옥중에서 상하이 주재 미국인 선교사 Young J. Allen과 청국인 채이강(蔡爾康)이 쓴 《중동전기본말》을 순한글로 편역, 저술(1917년 하와이에서 《청일전긔》로 출판)
1901.2~ 1904.7	옥중 생활 중에서도 《뎨국신문》과 《신학월보》에 수시로 논설을 기고
1902.10	옥중학교를 설립하여 어른 및 어린이 죄수들에게 성경과 찬송가를 가르치고, 한글, 한문, 영어 등을 교육
1903.1	옥중 도서실을 개설하여 운영
1904.6	러일전쟁이 발발하자 영한사전 집필을 중단하고, 《독립정신》 집필(1910년 2월 로스앤젤레스에서 초판 출판, 1917년 호놀룰루에서 제2판 출판, 해방 이후 여러 차례 중복 출판)

	8.9	형집행이 정지되어 출옥
	10.15	남대문 인근 상동교회의 상동청년학원 교장으로 취임
	11.4	대한독립 보전을 위한 미국의 지원을 호소하기 위해 고종의 측근 민영환의 밀사로 미국으로 출국. 일본 고베를 거쳐 호놀룰루에 도착, 윤병구와 합류
	12.31	샌프란시스코, 로스엔젤레스, 시카고 등을 경유하여 워싱턴, D.C.에 도착
1905.2		조지워싱턴대학에 2학년 장학생으로 입학
	2.20	미국 하원의원 Hugh A. Dinsmore의 주선으로 John M. Hay 국무장관 면담
	8.4	뉴욕 동쪽 Oyster Bay의 Sagamore Hill의 'Summer White House(여름 백악관)'에서 윤병구와 함께 Theodore Roosevelt, Jr. 미국 대통령을 면담. 러일전쟁 종전을 위한 포츠머스회담에서 대한제국의 독립을 지원해 줄 것을 요청. 주미 대한제국 공사관의 비협조로 외교공문 발송 좌절
1907.6.5		George Washington University 학부 졸업
	6.9	Harvard University 석사과정 입학
	7.10~15	Colorado주 Denver에서 열린 애국동지대표자대회(The Korean Patriots' Delegation Convention)에서 의장으로 선출
	7.9	Princeton University 박사과정 입학
1910.7.18		Princeton University에서 박사학위(Ph.D.)를 받음. 그의 학위논문 〈미국의 영향을 받은 중립(Neutrality as Influenced by the United States)〉은 1912년, Princeton University Press에서 출간
	10.10	귀국(Liverpool, London, Paris, Berlin, Moscow, Manchuria를 거쳐 서울역에 도착. 5년 11개월 6일 만의 귀국)
1912.3		YMCA 청년학교 학감에 취임하여 교육, 전도 활동. John Raleigh Mott의 Work for New Students를 번역, 출판. 37일(1911.5.16~6.21)간 전국 순회전도 여행
	5.1	미국 Minnesota주 Minneapolis에서 개최된 Quadrennial General Conference of the Methodist Episcopal Church에 평신도 대표로 참석
	6.19	Princeton University 은사인 Thomas Woodrow Wilson(당시 민주당 대통령 후보)을 Sea Girt, New Jersey의 summer home에서 만나 대한 독립 지원을 호소. 윌슨의 추천서를 가지고 워싱턴 등지를 다니면서 대한 독립을 호소
1913.1.28~ 2.3		샌프란시스코에서 출발하여 하와이 호놀룰루 도착
	2.8	한인기숙학원(Korean Boarding School for Boys) 교장에 취임
	4.	105인 사건을 다룬 《한국교회핍박》을 저술, 발간

	9.20	월간《태평양잡지》 창간(나중에 《태평양주보》로 제호를 바꿈)
1914.7.29		한인여자(성경)학원(Korean Girls' Seminary)를 설립
1917		호놀룰루에서 《청일전긔》와 《독립정신》 제2판을 출판
	10.29	뉴욕에서 개최된 25개 약소민족대표회의(League of Small and Subject Nationalities)에 코리아대표로 참석
1918.12.1		대한인국민회에서 정한경, 민찬호와 함께 Paris Peace Conference에 파견될 대표로 선출
1919.1.6		Paris Peace Conference에 참석하기 위해 호놀룰루에서 미국 본토로 출발
	3.3	정한경의 제의에 따라 국제연맹(League of Nations)이 일제를 대신해서 코리아를 위임통치한 후 독립하는 방안을 윌슨 대통령에게 청원
	3.21	노령 임시정부에서 국무경(국무 및 외무총장)으로 추대
	4.11	상해 프랑스조계의 임시의정원이 이승만을 국무총리로 추대
	4.14~16	서재필, 정한경과 함께 필라델피아 시내 '소극장'에서 대한인총대표회의(The First Korean Congress)를 개최. Independence Hall까지 행진
	4.23	13도 대표들이 국민대회를 열어 한성임시정부 수립을 선포하고 집정관총재로 추대
	4.23	워싱턴, D.C에 대한공화국(The Republic of Korea) 활동본부 설치
	6.14~27	'대한공화국' 대통령 이름으로 미국, 영국, 프랑스, 이탈리아, 일본의 국가원수들과 Paris Peace Conference 의장 Georges Clemenceau에게 대한 독립 선포를 알리는 공문 발송
	7.4	국내외 동포에게 독립을 위한 헌신을 촉구하는 '대통령 선언서' 발표
	7.17	워싱턴 D.C.에 대한공화국 임시공사관 설치
	8.25	워싱턴 D.C.에 구미위원부(The Korean Commission to America and Europe for the Republic of Korea)를 설치하고 김규식을 위원장으로 임명
	9.1	상해 프랑스조계의 대한민국 임시정부에서 대통령으로 선출
1919.10~ 1920.6		미국 각지를 순회하며 대한독립 지지 요청 연설
1920.3		미국 상원의원 Charles Spalding Thomas와 John Shields를 통해 대한독립 승인안을 미국 의회에 상정했으나 본회의에서 부결
	11.15	대한민국 임시정부 대통령으로 부임하기 위해 호놀룰루 항에서 비서 임병직과 함께 상해 프랑스조계로 출항(일본이 30만 달러의 체포 현상금을 걸었기 때문에 중국인 노동자들의 시신들을 본국으로 송환하던 화물선을 타고 밀항)

	12.28	상해 프랑스조계 대한민국 임시정부 청사에서 대통령 취임식 개최
1921.5.29		"외교상 긴급과 재정상 절박"으로 인해 미국으로 떠난다는 대통령 교서를 발표하고 상해에서 출항
	6.29	호놀룰루에 도착하여 대한인동지회 결성
	8.10	워싱턴회의에 참석하기 위해 호놀룰루에서 출항
	8.27	워싱턴 D.C.에 도착, 한국대표단(Korean Mission) 조직(대표장: 이승만, 대표: 서재필, 서기: 정한경, 고문: Fred A. Dolph). 대한민국 임시정부는 9월 9일 한국대표단에게 워싱턴회의에 관한 전권 부여
	10.1~12.1	워싱턴회의 미국대표단에게 대한 독립을 호소하는 청원서 제출
1925.3.23~4.10		대한민국 임시정부는 임시대통령 이승만 면직안을 의결하고, 구미위원부 폐지령을 공표
1929.10.5~1930.1.8		미국 본토 전역을 순방하고 호놀룰루로 귀환
1931.11.21		만주사변 발발 후 만주국 문제가 외교적 쟁점으로 부상하자 하와이동포들로부터 외교자금을 조달하여 호놀룰루 출항
	12.7	워싱턴 D.C. 도착 후 국제연맹외교 준비
1932.11.10		대한민국 임시정부, 이승만을 특명전권수석대표로 임명
1932.12.23~1933.1.4		뉴욕에서 출발하여 국제연맹 본부가 있던 제네바에 도착(Liverpool, London, Paris, Lyon 경유)
	2.8	코리아문제에 관한 문건을 국제연맹(League of Nations) 회원국 대표들과 특파원들에게 배포
	2.21	제네바의 러시아호텔(Hotel de Russie) 식당에서 오스트리아 출신 프란체스카 도녀(Francesca Donner) 모녀와 합석
	3.	만주문제와 관련된 한인 문제를 다룬 The Koreans in Manchuria를 서영해 등의 도움을 받아 파리의 고려통신사를 통해 출판
	7.9	비엔나에서 프란체스카와 재회
	7.19~20	소련 비자를 갖고 모스크바에 도착했지만, 소련 외무부의 퇴거 요구로 모스크바를 떠남
	8.2~	피렌체, 로마, 피사, 제노아 여행
	8.10~16	프랑스 Nice를 출발하여 뉴욕에 도착
	10.8	뉴욕시 Lexington가(街), Monclair호텔에서 프란체스카와 결혼
1935.1.24		부인과 함께 호놀룰루 도착. 이후 교육을 통한 독립운동에 매진
1939.3.30		중일전쟁에 이어 미일전쟁이 일어날 것을 예견하고 워싱턴 D.C.로 출발

	4.13	워싱턴 D.C.에 도착하여 구미위원부 재건을 위한 시찰 및 준비활동 수행(8월 10일 호놀룰루로 잠시 귀환)
	11.10	프란체스카와 함께 워싱턴 D.C.로 거주지를 옮김
1941.4.20		호놀룰루에서 9개 단체가 모인 '재미한족연합위원회'가 외교위원장으로 위촉
	6.4	대한민국 임시정부 주미외교위원부 위원장을 맡음
	8.1	일제의 미국 침략을 예견한 Japan Inside Out을 뉴욕에서 출간
	9.	저명 작가 펄 벅(Pearl S. Buck)은 "두려운 것은 이 책에서 말하는 것이 모두 진실"이라고 서평
	12.7	일본이 하와이를 기습폭격하자 Japan Inside Out이 각광을 받음
	12.9	미 국무부 정치고문 Stanley Hornbeck, 대통령 Franklin Delano Roosevelt, 국무장관 Cordell Hull에게 대한민국 임시정부의 선전포고문과 임시정부 승인 요구 공한(公翰)을 전달
1942.1.16		한미협회(The Korean-American Council)를 창설. 미국 상원 원목 Frederick Brown Harris, 전 캐나다 대사 James Cromwell, 언론인 Jay Jerome Williams, 변호사 John W. Staggers가 중심인물. 임시정부 승인과 무기지원을 목표로 활동
	2.27~3.1	워싱턴 D.C.의 Lafayette 호텔에서 대한인자유대회(The Korean Liberty Conference) 개최. 이승만이 이끄는 한미협회와 재미한족연합위원회가 공동 주최
	~3.1	워싱턴 D.C.의 Lafayette 호텔에서 대한인자유대회(The Korean Liberty Conference) 개최. 이승만이 이끄는 한미협회와 재미한족연합위원회가 공동 주최
	6~7	미국의 소리(VOA) 단파 방송을 통해 독립투쟁을 고무하는 한국어, 영어 연설
	10.10	미 육군전략사무처(OSS) Millard Preston Goodfellow 대령에게 항일 게릴라 조직 제의
	12.4	OSS에 통보한 50명의 한국인 중 12명이 선발되어 군사훈련 시작
	12.7	F. Roosevelt 대통령에게 한국인 군사훈련에 대한 지원 요청
1943.3.30		스팀슨 육군장관에게 하와이 한인동포들을 일본인들과 같은 적국민으로 대하지 말 것을 요청. 육군장관의 요청 수락 회신을 받음
	5.15	F. Roosevelt 대통령에게 임정 즉각 승인과 무기 지원을 요청하는 서신 발송
	8.23	제1차 퀘벡 회의에 참석한 루즈벨트 대통령과 처칠(Winston Churchill) 영국 수상에게 전보로 임정 승인과 군사지원 요청

	8.	한미협회와는 별도로 기독교인친한회(The Christian Friends of Korea) 조직
	9.11	제2차 퀘벡 회의에 참석한 루즈벨트와 처칠에게 카이로선언(Cairo Declaration)의 의의와 한계를 지적하고 일본 패망 후 한국의 즉각 독립을 요구하는 전보를 보냄
1945.2.5		미 국무차관 Joseph Grew에게 한반도에 공산정권을 수립하려는 소련의 야욕을 막는 방법으로 임정의 즉각 승인을 촉구하는 전보를 보냄
	5.14	Yalta 회담에서 미, 영이 한반도를 소련의 지배 하에 두기로 하는 비밀협약이 이루어졌다는 주장(얄타밀약설)을 발표, 미 국무부와 충돌
	8.15	해방. 즉각 귀국하려 했으나 이승만을 기피인물로 여기는 미 국무부의 방해로 2개월간 지연
	10.16	33년만의 귀국(김포 비행장). 조선호텔에 투숙. 윤치영, 송진우, 김성수 등을 접견
	10.17	미군정청 회의실에서 기자회견(경성라디오방송 실황 보도)
	10.21	허헌, 이강국 등 좌익 인사들이 이승만을 방문, 인민공화국 주석 취임을 요청
	10.24	돈암장(敦岩莊)으로 이주
	10.25	독립촉성중앙협의회 총재직을 맡음
	10.31	돈암장에서 박헌영과 회담
1946.1.14		신탁통치를 찬성하는 공산주의자들을 매국노로 규정하고 결별 선언
	2.8	독립촉성중앙협의회와 신탁통치반대국민총동원위원회를 통합한 대한독립촉성국민회(大韓獨立促成國民會) 총재가 됨
	2.25	재남조선대한민국대표 민주의원 의장에 선출
	6.3	전북 정읍에서 38선 이북처럼 38선 이남에서도 "임시정부 혹은 위원회 같은 것을 조직"해야 한다고 주장(정읍선언)
	6.29	독립정부 수립의 권리를 쟁취하기 위한 민족통일총본부(民族統一總本部) 결성
	8.14	미국 Harry S. Truman 대통령에게 카이로 선언의 이행을 촉구하는 전문 발송
	9.10	코리아 문제를 미소공동위원회 대신 국제연합에서 다룰 것을 촉구하기 위해 임영신을 미국에 파견
	10.28	Cairo Declaration과 Potsdam Declaration에 위배되는 모스크바 3국 외무장관 합의 취소 요구 성명
	12.2	독립정부 수립을 국제연합에 직접 호소하기 위해 도쿄를 거쳐 미국으로 출발

	12.12	소련이 한국의 통일정부 수립을 허용하지 않을 것이 확실하므로 38선 이남에서만이라도 과도정부 수립이 필요하다고 주장
1947.4.1		귀국하기 위해 워싱턴 D.C. 출발
	4.13	도쿄를 거쳐 상해에 들러 장개석(蔣介石) 총통과 회견. 이청천 장군과 함께 귀국. 공항에서 김구, 김규식 등의 환영을 받음
	7.3	좌우합작을 주장하는 하지 중장과의 협조 포기 선언. 가택연금
	9.16	독립정부 수립을 위한 수단으로 국제연합 감독 하의 총선거를 주장
	9.21	대동청년단 총재 취임. 단장은 이청천(李靑天) 장군
	10.18	독지가들의 모금으로 마련된 이화동의 이화장(梨花莊)에 입주
	11.14	국제연합 총회에서 국제연합 감시 하의 한반도 자유선거 실시 결의
1948.1.8		국제연합 코리아임시위원단 도착. 이승만은 환영군중대회에서 연설
	5.10	국제연합 감독 하에 실시된 최초의 보통, 평등, 비밀, 직접 원칙에 입각한 자유선거에서 당선(동대문 지역구)
	5.31	제헌국회 의장으로 선출
	6.16	헌법기초위원회에 참석하여 내각책임제 반대하고 대통령책임제 주장
	7.20	국회에서 대통령으로 당선(186명 출석 가운데 180표 획득)
	7.24	대통령 및 부통령 취임식
	8.11	제3차 국제연합 총회가 열리는 프랑스 파리에서 대한민국 승인운동을 펼칠 한국대표단 파견. 장면, 조병옥, 장기영(張基永), 정일형, 모윤숙, 김활란 등
	8.15	대한민국 정부 수립 국민축하식 참석
	8.26	한미상호방위원조협정 체결
	10.19	Douglas MacArthur 연합군 최고사령관 초청으로 일본 방문
	12.12	제3차 국제연합 총회(파리, 샤이요 궁Palais de Chaillot) 마지막 날 5·10총선의 결과 수립된 대한민국 독립정부 승인
1949.6.9		일본의 어업구역 확대에 반대 성명
	8.8	장개석과 진해에서 회담
1950.2.14		D. MacArthur 연합군 사령관의 초청으로 일본 방문. 재일동포 중소기업가에 대한 200만 달러 융자 약속
	3.10	농지개혁법 개정법 공포. 봉건적인 지주–소작인 관계의 사회를 자작농–자유인의 사회로 바꾸는 혁명적 계기(4월 5일 농지분배 예정통지서 발송 시작)
	6.25	6·25전쟁 발발. 조선인민군의 전면적 기습 공격

	6.26	D. MacArthur 연합군 사령관과 전화 통화, 즉각 지원을 요청. 장면 주미대사를 통해 Harry S. Truman대통령에게 즉각 지원을 요청하도록 지시
	6.27	기차를 타고 서울역을 출발. 대구에서 대전으로 이동
	7.14	원활한 전쟁수행을 위해 맥아더 국제연합군 총사령관에게 한국군 작전지휘권을 위임
	9.28	한국군에 38선 이북 진격을 명령
	12.24	서울시민에 피난 명령
1951.1.4		1·4후퇴
	7.10	개성에서 정전협상 개시. 백선엽이 한국군 대표로 참석
	9.20	정전 수락 전제 조건으로 중공군 철수, 북한 무장해제, 국제연합 감시 하 총선거를 요구
	11.19	자유당 창당, 총재직 수락
1952.1.18		연안수역 보호를 목적으로 '인접해양에 대한 주권에 관한 선언' 발표, 독도 영유. 이후 이승만이 '한일 양국의 평화와 질서를 위한 평화선'으로 부름에 따라 Rhee Line으로 불리게 됨
	6.25	6·25전쟁 2주년기념식에서 유시태의 이승만 대통령 저격 미수. 배후인물 김시현 의원 체포
	8.5	직선제를 통한 대통령 당선(부통령 함태영)
	8.15	제2대 대통령 취임
	10.18	제33회 전국체육대회 개막식 참석
	12.16	제주도 청사 낙성식 참석
	12.24	제임스 밴 플리트 8군 사령관 부부와 성탄절 예배 참석
1953.1.5~7		마크 클라크 국제연합군 사령관 초청으로 일본 방문
	2.11	제임스 밴 플리트 사령관 이한 인사를 위해 경무대 방문. 후임은 맥스웰 테일러 중장
	6.18	부산, 가야 제9수용소, 광주, 논산, 마산, 영천, 부평, 대구 등지의 포로수용소에 수용 중인 2만 7천 명의 송환불원포로 석방
	7.12	방한한 Walter S. Robertson 과의 협상을 통해 한미공동성명 발표. (1) 정전협정 체결 이후 한미상호방위조약 체결, (2) 미국의 장기 경제원조 보장 및 한국군 병력 증강 등에 합의
	8.8	경무대에서 한미상호방위조약 가조인 참관. 변영태와 John Foster Dulles가 서명
	8.15	서울로 재환도. 세종로에서 3군 분열식
	8.18	한국계 미국 다이빙 선수 새미 리 시범 참관

	9.3	문산, 귀환용사 환영식 참석
	10.8	합천, 해인사 방문
	10.15	해군대 창설식 참석
	11.13	방한한 닉슨 부통령 부부와 정릉 경국사 방문
	11.27	대만을 방문하여 장개석(蔣介石, Chiang Kai-shek) 총통과 반공통일전선 결성 발표
1954.2.11		서울 명동성당에서 스펠만 대주교가 보낸 구호물자 수령
	3.	재건주택 건설현장 시찰
	3.15	백선엽 제1군 사령관이 미 10군단 본부에서 군사분계선 경계 임무를 인수하는 기념식에 참석
	5.20	제3대 국회의원 선거에서 투표
	5.28	자유당 소속 당선자들의 경무대 방문(25세 최연소 김영삼 의원 포함)
	6.15	아시아반공민족대회 주최
	7.25~	미국을 국빈 방문. 미 의회 상하원 합동회의에서 연설. Dwight D. Eisenhower 미국 대통령과 정상회담. 워싱턴D.C. 파운드리 감리교회에서 연설. 뉴욕에서 영웅행진. 국제연합에서 대한민국에 대한 지원을 호소. 미주리주 인디펜던스에서 트루먼 전 대통령 면담. 로스엔젤레스, 샌프란시스코 방문
	8.8~	하와이 방문
	10.31	제2군 창설식 참석
	11.27	연무대 비석 제막식 참석
1955.3.25		맹인복지단체 광명원에 구호물자 전달
	3.26	서울운동장에서 팔순 기념 체조경기 관람
	4.18	부산, 운크라 지원을 받은 어선 인수식 참석
	6.7	기술자 해외파견안 재가
	8.3	미국 4H클럽 관계자들 접견
	11.18	화천, 파로호 비석 제막식 참석
	12.8	브러커 육군장관 일행과 만찬
1956.1.17		국제연합군 장성 부부들과 함께 영주 부석사 방문
	1.22	한강, 전국체육대회 동계 빙상대회 참관
	4.25	전주 이씨 문중의 양녕대군 묘와 지덕사를 방문
	5.15	대통령, 부통령 선거
	5.18	중앙대학교, 파이퍼홀 준공식 참석
	5.22	이승만(자유당) 대통령, 부통령 장면(민주당) 당선 공고

	6.15	렘니처 주한 미군 사령관, 콜터 운크라 단장 등과 지리산 화엄사 시찰
	6.25	"6·25의 날" 기념식 참석
	8.15	제3대 대통령에 취임
	9.22	대통령령으로 10월 1일을 국군의 날로 공포
1957.3.21		우남장학회 발족
	12.3	한글전용을 국무회의에서 지시
1958.3.8		납북된 KNA 민간여객기 송환 요구
	4.26	터키 Ali Menderes 수상에게 대한민국 1등 건국공로훈장 수여
	10.28	원자력 연구 지시
	11.5	Ngô Đình Diệm(吳廷琰) 대통령 초청으로 자유베트남(월남) 방문
1959.1.1		이북동포들을 방송을 통해 위로
	6.8	제5차 아시아민족반공대회 대표들을 환영하는 시민대회에 반공 메시지 전달
1960.1.28		대한민국 독립 이후 최초로 사법부 방문
	3.15	선거에서 대통령 4선 확정(조병옥 야당 후보의 병사로 단독후보)
	3.28	부통령 선거부정에 대한 논란이 커지자 자유당 간부들을 불러 민심수습 5개 항목을 지시
	4.19	경무대 앞 시위대를 향해 경찰이 발포하여 많은 사상자들이 발생
	4.23	사망자들에게 애도의 뜻을 발표하고, 서울대 병원을 방문하여 부상자 위문
	4.24	유혈사태에 책임을 지고 자유당 총재직 사임
	4.25	대학교수단 시위
	4.26	대국민 성명 ①국민이 원한다면 대통령직 사임, ②정·부통령선거 재실시, ③이기붕의 공직 사퇴, ④내각책임제 개헌 등을 약속. 시위대 대표 5명과 면담 후 하야의사 표명
	4.27	대통령직 사임서를 국회에 제출
	4.28	이화장으로 하야
	5.29	하와이로 출국
1965.7.19		호놀룰루 Maunalani 요양원에서 서거
	7.27	가족장으로 정동감리교회에서 장례식을 치른 후 동작동 국립묘지에 안장

색인(Index)

강정구 312, 313
구자룡 98-100, 143, 144, 148, 150, 156, 157, 161, 171, 173, 175, 176, 185-189
《국가는 왜 실패하는가(Why Nations Fail)》 82
국민방위군사건 179, 213
국민보도연맹(保導聯盟) 사건 135-141
국회 프락치 사건 62-65, 82, 95
귀속재산(歸屬財産, vested property) 12, 85-89, 90, 96, 193
김광동 15-17, 19, 208, 312
김구 44, 61, 65-71, 93, 330
김달삼 23, 25, 34, 42, 43, 45, 351, 352
김삼웅 104, 105, 110
김성동 207
김영주 335, 351, 352
김영중 24, 34, 40, 41, 43
김용삼 44, 48, 49, 55, 57
김일성 16, 20, 22, 42, 65, 66, 69, 92, 95, 97-101, 135, 141, 143, 150, 151, 155, 156, 160,
　　　195, 218, 312 317, 319-321, 332-335, 337, 339, 348-352
김일영 10, 80, 192, 226, 227, 317
김종필 227, 298, 300, 304
김창룡 50, 53-58, 76, 217, 244, 246, 247-266, 309
김창룡 암살 244, 246, 248, 250, 263
남북한 초대 내각 명단과 친일파 347
남시욱 63
남정옥 54, 57, 257, 258
남정욱 96
노덕술 13, 16, 94, 95, 338
농지개혁 12, 60, 78-84, 95, 96, 193, 241
다부동 전투 142, 145, 147, 148
맥아더 48, 88, 105, 108, 142, 148, 149, 152, 155, 157-159, 162-168, 170, 171, 174-178,
　　　199, 200, 232, 278
무초(Muccio) 11, 108, 214, 216, 277

민주기지 317
박갑동 26, 33-39, 44, 47
박성환 131-133, 257-259, 308
박정희 49, 50, 53, 55-58, 194, 257, 259-261, 293, 295, 298-302, 304, 338
박종인 118, 127-129, 219
박헌영 20, 34, 36, 37, 39, 44, 47, 50, 100, 141, 143, 155, 156, 160, 350
반공포로 석방 185, 199, 247, 280
반민족행위처벌법 93, 318, 343
반민특위 11-13, 16, 17, 60, 93, 316, 336, 337
배진영 96, 217, 259
백선엽 57, 150, 158, 248, 249, 252, 263, 361
보도연맹(保導聯盟) 135-141, 143
부산정치파동 212, 214, 217, 247
북한 친일(親日) 청산론의 허구와 진실 6, 11, 15, 312
불교 정화 238, 241
사사오입(四捨五入) 개헌 227, 267
서울환도식 148
성시백 61, 67, 69
손세일 11, 59-61, 65-67
송재윤 121, 123-125, 127, 219, 222, 223
《숙명의 하이라루》 54, 257-259, 262
안두희 61, 65-69, 71
애치슨 선언 99, 102
애치슨(Dean G. Acheson) 99, 102, 165, 166, 169-173, 216
양동안 44, 60, 62, 64, 347
에버레디 계획(Plan Ever Ready) 189
여순반란 사건 12, 22, 40, 44, 46, 50, 51, 53, 55, 69, 74, 76, 309, 337
오제도 136
올리버 174, 235
원용덕 189, 215, 247, 248, 252, 263, 264, 268
유동열 208, 337
이기붕 183, 245-247, 254, 255, 263-269, 272-274, 284, 287, 292, 293, 310
이대근 85-90, 96
이덕구 24, 25, 29, 40

이상흔 206, 207
이승만 라인(Rhee Line) 198, 200, 278
이영훈 12, 22
이창록 125, 126
인보길 61, 67, 150-152, 202, 337
인하공대 198, 201, 202, 277
자유일보 4, 6, 181, 305, 311
장진호 전투 155, 159, 161
재일 한인 북송 275
정안기 69, 71, 75, 103, 194, 195, 196
《정일권 회고록》 162, 167
제임스 게일 306
제주 4·3 사건 12, 22-27, 33-45, 48, 50, 53, 136, 195, 209, 337, 351
《제주4·3사건 진상조사보고서》 25, 26, 33, 35, 39, 41
조갑제 55, 56, 75, 162, 164, 165, 169, 171, 172, 194, 196, 207
조만식 316, 328-330, 339
조봉암 81, 95, 225, 242, 245, 273, 284, 287, 347
《조선전사》 315, 320, 333
《조선통사》 315
지창수 48
진실·화해를 위한 과거사정리위원회 138, 140, 208
최인규 267, 286-289, 291, 310
최진이 313
친일반역자 326
친일청산 10, 15-18, 80, 93, 94, 312-315, 317, 320, 321, 324, 325, 327, 328, 330, 331, 335, 336, 338, 339
친일파 15, 16, 93, 194, 309, 312, 315-321, 323-325, 327, 328, 330, 331-333, 335-339, 341, 347, 352
KDRK(Keep Dr. Rhee Korea) 310
트루먼 108, 142, 145, 147, 157, 162-167, 169, 170, 174-176, 232, 362
《파도는 내일도 친다》 131, 132, 257, 308
프란체스카 121, 172, 266, 267, 272, 273, 294-296, 298, 299
하우스만(James H. Hausman) 49, 57, 72-77, 124, 125, 127, 187, 248
하지 11, 46, 72

한강 인도교 폭파 116, 121, 133, 219, 307-309
한국외국어대학교 202, 204
《한국전쟁사》 24, 116, 126-128
《한국전쟁의 기원》 98
《한라산은 알고 있다》 24, 25, 29
한미상호방위조약 185, 189-192, 227, 232, 244, 280
함태영 226, 270, 271, 274
현길언 34, 39, 44
《현대조선역사》 315
히긴스(Marguerite Higgins) 122, 127

이승만 시간을 달린 지도자 3
–나라를 세우고 지킨 후 잠들기까지

초판 1쇄 2025년 12월 10일

지은이 | 류석춘

펴낸곳 | 북앤피플
대　표 | 김진술
펴낸이 | 김혜숙
디자인 | 박원섭
마케팅 | 박광규

등　록 | 제2016-000006호(2012. 4. 13)
주　소 | 서울시 송파구 성내천로37길 37, 112-302
전　화 | 02-2277-0220
팩　스 | 02-2277-0280
이메일 | jujucc@naver.com

ⓒ 2025, 류석춘

ISBN 978-89-97871-73-5 03340

잘못된 책은 구입처에서 바꾸어 드립니다.
값은 표지 뒤에 있습니다.